新视角下的思想政治教育研究

XINSHIJIAOXIADESIXIANGZHENGZHIJIAOYUYANJIU

郭 强 ◎ 著

U0782936

中国社会出版社

国家一级出版社 · 全国百佳图书出版单位

图书在版编目（CIP）数据

新视角下的思想政治教育研究 / 郭强著. –– 北京：
中国社会出版社，2017.5（2024.1重印）
ISBN 978-7-5087-5678-3

Ⅰ.①新… Ⅱ.①郭… Ⅲ.①高等学校 – 思想政治教
育 – 研究 – 中国 Ⅳ.①G641

中国版本图书馆CIP数据核字（2017）第100634号

书　　名：新视角下的思想政治教育研究
著　　者：郭强

出 版 人：浦善新
终 审 人：尤永弘
责任编辑：张友华　侯钰　　　　　　责任校对：籍红兵

出版发行：中国社会出版社　　　　邮政编码：100032
通联方式：北京市西城区二龙路甲 33 号
电　　话：编辑部：（010）58124865
　　　　　邮购部：（010）58124848
　　　　　销售部：（010）58124845
传　　真：（010）58124856
网　　址：www.shcbs.com.cn
　　　　　shcbs.mca.gov.cn
经　　销：各地新华书店

中国社会出版社天猫旗舰店

印刷装订：三河市同力彩印有限公司
开　　本：170mm × 240 mm
印　　张：18
字　　数：297 千字
版　　次：2017 年 8 月第 1 版
印　　次：2024 年 1 月第 2 次印刷
定　　价：60.00 元

中国社会出版社微信公众号

随着高等教育体制改革的深入，高校学生的思想、学习、生活、成长方式发生了巨大的变化，出现了许多新情况和新问题，学生的管理、教育、就业同样面临严重的冲击和挑战。高校思想政治教育要适应日益复杂的变化，必须高度重视机制创新。为研究探讨新常态下高校思想政治教育工作的新思路、新方法、新途径，解决思想政治教育遇到的新问题，本书结合教育学、心理学、管理学、伦理学等多种学科知识，以思想政治教育学原理为研究的理论基础，以当前高校思想政治教育机制运行模式为现实依据，探讨高校思想政治教育整体优化与创新机制的问题。我国要在新世纪里建设学习型社会，跻身创新型国家行列，实现全面小康，进而基本实现现代化，作为基础和支撑、作为培养各领域专门人才的高等教育便一定要注重质量。

本书一共七章，第一章是思想政治教育的本源和价值导向，主要从思想政治教育的本质和主要特征、思想政治教育的本源以及思想政治教育发生的价值导向三方面进行理论的叙述；第二章是思想政治教育的内容与创新，主要包括了大学生人生观教育、大学生人际交往教育、大学生廉洁文化教育、大学生心理健康教育、大学生人文素养教育和大学生国际视野教育；第三章是思想政治教育过程及其规律，主要从思想政治教育的环境与原则、特征与环节以及矛盾与规律这些方面来阐述；第四章是思想政治教育实施方法及策略，主要包括思想政治教育实施的基本方法、探索以及运用；第五章是寻找思想政治教育的新视角，主要包括思想政治教育的目标与任务、队伍建设和发展及思想政治教育载体的开发与运用、思想政治的主客体难题的哲学求解、思想政治教育的现代化借鉴与发展；第六章探讨了思想政治教育的管理、评估及评估反馈；第七章是思想政治教育的探索与创新，其中包括网络思想政治教育的探索、思想政治教育的实践探索、思想政治教育艺术的探索。

前 言

PREFACE

本书在撰写过程中，一方面突出对图、表的应用，直接、清晰，有新意；另一方面，注重理论联系实际。在党的十八大思想的指导下，本书能够结合新的形式，有针对性地对高校思想政治教育理论展开研究。同时，本书也参考、借鉴不少专家学者的理论与作品，吸收了很多专家、学者的最新科研成果，在此向他们表示衷心的感谢。另外，由于时间紧迫，不足之处难免，诚请有关专家、同行及广大读者予以批评指正。

齐鲁工业大学　郭强

2016 年12月

目　录

第一章 思想政治教育的本源和价值导向

思想、政治、道德教育在人类历史上源远流长。思想政治教育学科是我国在争取中华民族独立的解放战争的历程中以及在建设有中国特色的社会主义的实践中创立起来的。在当代社会条件下，思想政治教育及学科建设，既面临着发展机遇，也面对着严峻挑战。在这种形势下，思想政治教育唯有在坚持马克思列宁主义、毛泽东思想、中国特色社会主义理论的基础上，不断推陈出新，才能在建设有中国特色社会主义的实践中散发更大的能量，从而推进社会主义建设的进步与发展。

思想政治教育和思想政治教育学，是既有联系又有区别的两个概念，前者是社会实践活动，后者是对思想政治教育实践的理论概括。思想政治教育要以思想政治教育学的理论为指导，思想政治教育学要以思想政治教育为基础。

第一节 思想政治教育学的概念及基本范畴

一、思想政治教育的阐述

（一）思想政治教育概念的界定

思想政治教育概念的始祖是中国共产党，而这个概念经历了一个概括、提炼的过程。在思想政治教育发展过程中，其概念的内涵不断丰富和充实。

思想政治教育包括思想教育、政治教育以及道德教育，其历史使命是为中国共产党的思想建设以及群众性思想教育而服务。思想政治教育是"教育者按照一定社会或阶级的要求，有目的、有计划、有组织地对受教育者施加系统的影响，把一定的社会思想和道德转化为个体的思想意识和道德品质的教育。"[1]思想政治教育专业最初编写的教材，也仿效了中国大百

---

〔1〕中国大百科全书总编辑委员会《教育》编辑委员会，中国大百科全书出版社编辑部：《中国大百科全书·教育卷》，中国大百科全书出版社，1985年版，第59页。

科全书（教育卷）的这一界定："思想政治教育这一社会实践活动，就是一定的阶级或政治集团，为实现一定的政治目标，有目的地对人们施加意识形态的影响，以期转变人们的思想，进而指导人们行动的社会行为。"[1]随着思想政治教育学科建设的深入，对思想政治教育概念的界定，大体出现了"施加论""转化论"或"培养论""内化论"几种类型的界定。如苏联教育家加里宁对"施加论"的界定是："思想政治教育是对于受教育者心理上所施加的一种确定的、有目的的和有系统的感化作用，以便在受教育者的心身上，养成教育者所希望的品质。"[2]"施加论"的阐释存在的最大的缺陷就是忽略了思想政治教育中受教育者在教育过程中的主体性。于是有些学者提出了"转化论"或"培养论"界定，"转化"界定在中国大百科全书的界定中已经包含。"培养"界定认为："思想政治教育是培养、塑造一定社会新人思想道德素质的教育实践活动。受社会经济政治文化的制约和影响，包括思想教育、政治教育、道德教育。"[3]于20世纪90年代出现的"内化论"指出："教育者按照一定的社会要求，通过特定的教育活动，把特定社会的思想和道德规范内化为受教育者的思想意识和道德品质的过程。"[4]"内化论"在很大程度上弥补了"转化论"这一界定的不足，受教育者在教育过程中的主体性得到了认可。

首先，从根本上来说，思想政治教育的最终目的是满足社会和人的发展需求，因而"思想政治教育是教育者与受教育者根据社会和自身发展的需要，以正确的思想、政治、道德理论为指导，在适应与促进社会发展的过程中，不断提高思想、政治、道德素质和促进全面发展的过程。"[5]这一界定，不仅揭示了思想政治教育要以育人为本的真谛，而且还揭示了要以人为用才能实现教育价值的真理。在学习型社会和终身教育社会，教育，包括思想政治教育，是社会和人的存在与发展方式，不是社会对个体的外在"施加"，而是教育者与受教育者的互动过程。在互动中，教育者有实施教育的一面，也有不断学习、提高的一面；教育者只有先受教育，才能真正做到既言教又身教。其次，强调以正确思想、政治、道德理论为

---

〔1〕陆庆壬：《思想政治教育学原理》，复旦大学出版社，1986年版，第4页。

〔2〕[苏联]米·伊·加里宁：《论共产主义教育与教学》，陈昌浩、沈颖译，人民教育出版社，1957年版，第48页。

〔3〕邱伟光：《思想政治教育学概论》，天津人民出版社，1988年版，第1页。

〔4〕孙喜亭：《教育原理》，北京师范大学出版社，1993年版，第290页。

〔5〕教育部思想政治工作司组编：《大学生思想政治教育理论与实践》，高等教育出版社，2009年版，第2页。

指导。这一方面为教育者与受教育者互动提供了共同的价值取向和遵循准则，另一方面，也是对只教不信的制约。在文化多元化、价值取向多样化的现代社会，极少数教育者以不正确的思想道德教育人们的现象时有发生，因此，正确的思想、政治、道德理论是思想政治教育中最根本的指导思想。再者，思想政治教育旨在提高教育者与受教育者的社会价值与个体价值。

综上所述，思想政治教育以满足人与社会的需要为根本出发点，在思想政治教育实践中，充分体现了人的实践性、社会性、需要性本质，强调社会价值与个体价值的统一，从而揭示了思想政治教育的真谛。

（二）思想政治教育的内涵与外延

思想政治教育的内涵丰富，外延广泛，在我国已经形成了覆盖和辐射全社会的教育体系。

1.思想政治教育的内涵

所谓内涵，从词义上说是一个概念所反映事物的本质属性的总和。内涵隐藏在事物的深处，"眼睛看不见，只能用心思去想一想才能懂得，不用心思去想，就不会懂得。"[1]也就是说，作为本质的内涵，是思维把握的对象。图（1-1）以及表（1-1）将为我们阐释思想政治教育的内涵。

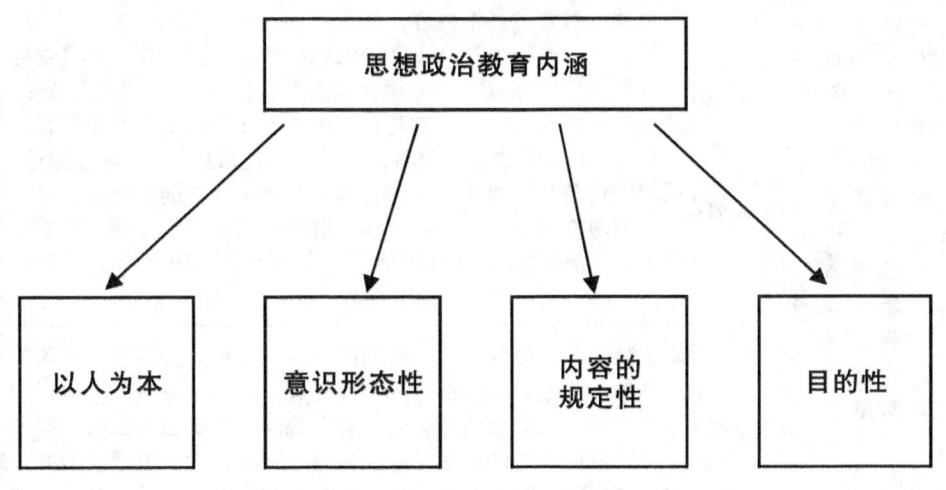

图1-1　思想政治教育的内涵

---

[1]《毛泽东选集》第1卷，人民出版社，1991年版，第177页。

表1-1　思想政治教育内涵的阐释

思想政治教育内涵的概括	思想政治教育内涵的阐释	
思想政治教育的内涵，是指思想政治教育现象存在的根据。思想政治教育是不同时代和不同国家普遍存在的现象，认识这种现象，只有用思维才能把握。思想政治教育系统各构成要素之间的联系，与外部环境的联系以及思想政治教育内部联系与外部联系的关系，构成了思想政治教育现象的特殊矛盾，分析这些矛盾就是概括思想政治教育内涵的基本思路。	思想政治教育坚持以人为本	任何思想政治教育，都是以人为主体的活动，教育者与受教育者是构成思想政治教育的两个基本要素。思想政治教育既具有社会工具价值，也具有个人目的价值。"思想政治教育说到底是做人的工作，必须坚持以人为本。既要坚持教育人、引导人、鼓舞人、鞭策人，又要做到尊重人、理解人、关心人、帮助人。"也就是说，思想政治教育的对象是人，实施者也是人，坚持育人为本是思想政治教育的本质属性。
	思想政治教育的意识形态性	思想政治教育与社会意识形态的关系是基本关系，其性质的规定性，就是意识形态性。思想政治教育只有运用哲学思想、政治思想、法律思想、道德思想等意识形态，教育才能进行。在阶级社会里，不同阶级、不同国家进行的思想政治教育，都具有鲜明的意识形态性。因为"统治阶级的思想在每一时代都是占统治地位的思想"。统治阶级都要通过各种形式的思想政治教育来实现思想统领。所以列宁曾强调："在为阶级矛盾所分裂的社会中，任何时候也不能有非阶级的或超阶级的意识形态。"在当代中国，思想政治教育实际上是社会主义意识形态教育。
	思想政治教育内容的规定性	思想政治教育的基本内容，就是坚持用马克思列宁主义、毛泽东思想、中国特色社会主义理论体系教育人们；深入开展党的基本理论、基本路线、基本纲领和基本经验教育；开展中国革命、建设和改革开放的历史教育；开展基本国情和形势政策教育。这几个方面的教育不仅具有独立性，而且相互联系、相互渗透。思想政治教育的内容，虽然要随着时代、社会的发展而发展变化，但内容的思想性、政治性、道德性规定不会改变。只有把握思想政治教育内容的规定性，才能满足社会和个体形成灵魂、坚持方向、提供动力、遵循规范、推进发展的需要。
	思想政治教育的目的性	思想政治教育的意识形态性和内容的规定性，决定了思想政治教育的目的性。目的性与现实性的关系，也是思想政治教育的基本关系。思想政治教育既要源于现实，又要超越现实，即推进社会发展和人的全面发展，实现一定的目标。思想政治教育的目的，既要根据一定社会的生产力和经济、文化发展水平，根据主导意识形态的要求，遵循社会发展方向，体现一定社会的发展目标并为实现社会发展目标服务，又要体现人的能动性特点和人的发展需要，形成理想信念，实现人的自觉、全面发展。

2.思想政治教育的外延

外延与内涵相对应，是指一个概念所概括的思维对象的数量或范围。思想政治教育的外延是指思想政治教育的边界或范围，它受思想政治教育内涵的制约与调控。思想政治教育的外延如图1-2所示。

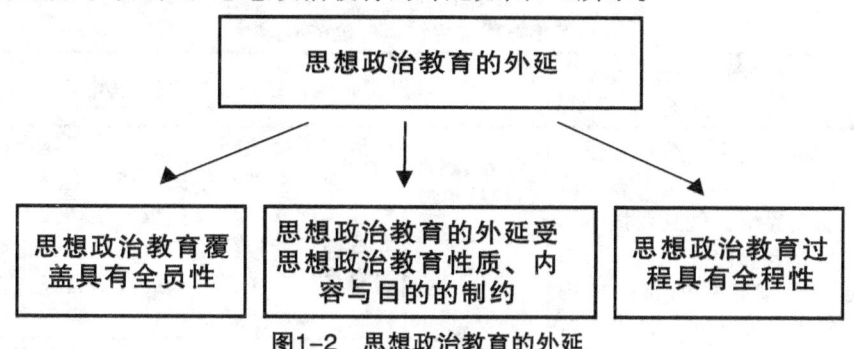

图1-2　思想政治教育的外延

（1）思想政治教育覆盖具有全员性

思想政治教育具有全面性，见表1-2所示。

表1-2　思想政治教育覆盖的全员性

全员性的概念	全员性的涵盖面
所谓全员性，是指所有社会人员都要参与、接受思想政治教育，他们既是教育者，又是受教育者。	其中共产党员特别是党政干部、青少年学生是思想政治教育的重点，各级党组织、共青团组织和工会组织，担当着思想政治教育的重要职责，各行各业有不同类型的思想政治教育。

（2）思想政治教育过程具有全程性

思想政治教育具有全程性，具体体现在表1-3上。

表1-3　思想政治教育过程的全程性

思想政治教育过程全程性的概念	思想政治教育过程全程性的涵盖面
所谓全程性，就是思想政治教育过程的持续性，包括思想政治教育自身环节的健全、思想政治教育长远性与各个阶段实施教育的衔接，也包括把思想政治教育渗透到工作、学习、生活的各个方面，营造思想政治教育的良好社会环境。	宣传、理论、新闻、文艺、出版等单位，要弘扬主旋律，为思想政治教育提供丰富的精神食粮，营造良好的社会氛围；各类网站要牢牢把握正确导向，开展形式多样的网络思想政治教育；各类博物馆、纪念馆、展览馆、烈士陵园等爱国主义教育基地，要充分发挥励志、育人作用；各个单位要优化育人环境，把思想政治教育渗透到业务工作中去。

（3）思想政治教育外延受思想政治教育性质、内容与目的的制约

思想政治教育的外延是有界限的，是受思想政治教育性质、内容与目的的制约的，见表1-6。

表1-6思想政治教育外延的界限

思想政治教育外延界限存在的意义	思想政治教育外延界限的分类	
思想政治教育虽然覆盖广泛、过程持续，但其外延是有界限的。这个界限，就是要按照思想政治教育的内涵展开，要根据思想政治教育的目标、内容、任务综合判定。把思想政治教育的目标、内容、任务综合起来，思想政治教育的界限就很清晰。如果超出了思想政治教育特定的目标、内容和任务，就会突破思想政治教育的外延，并从内涵上否定思想政治教育。	思想政治教育坚持的目标	包括中国特色社会主义现代化建设的共同理想、实现中华民族伟大复兴的中国梦和实现共产主义；也包括"四有"新人目标、学校的培养目标、人的全面发展目标；还包括个人的政治目标、道德目标、事业目标等。
	思想政治教育运用的内容	主要是与世界观、人生观、价值观相关的思想内容，与政治立场、政治观点相关的政治内容，与道德品质、道德行为相关的道德内容。
	思想政治教育的任务	主要有理想信念教育、爱国主义教育、社会主义教育、道德法制教育、全面发展教育等。

3.思想政治教育外延与内涵的关系

思想政治教育的外延与内涵密切相连，外延的广泛性决定了思想政治教育内涵的丰富性、方式和特色的多样性。只有思想政治教育的外延与内涵紧密结合，才能形成教育合力，促进人们的健康成长与全面发展。思想政治教育外延与内涵的关系如图1-3所示：

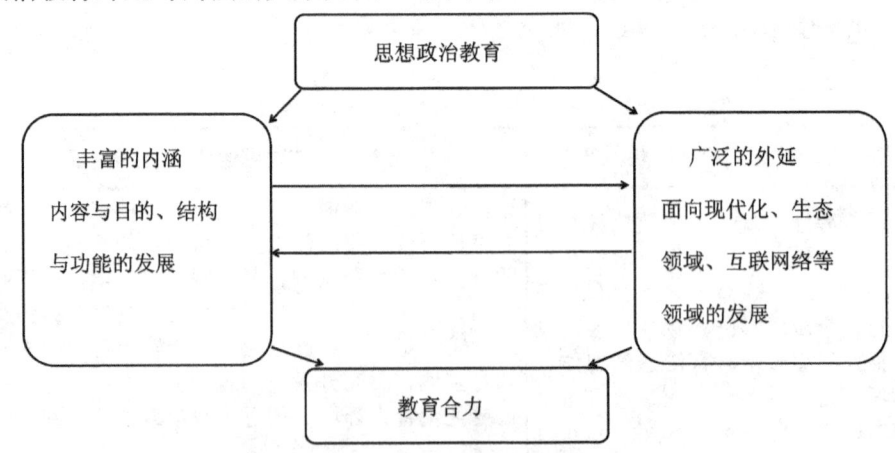

图1-3　思想政治教育外延与内涵的关系

二、思想政治教育学的基本范畴

范畴是"认识世界的过程中的梯级，是帮助我们认识和掌握自然现象之网的网上纽结。"范畴是对事物本质属性和普遍联系的反映，是主体和客体联系的纽结，概括性以及稳定性极高。

思想政治教育学的基本范畴，是指反映和概括思想政治教育学所研究的领域中各种现象之间最本质、最稳定、最普遍的特性和关系，构成思想政治教育学科的样式并区别于其他学科的根据，为思想政治教育及学科建设限定主题、提供理论依据和分析方法的范畴（图1-4）。

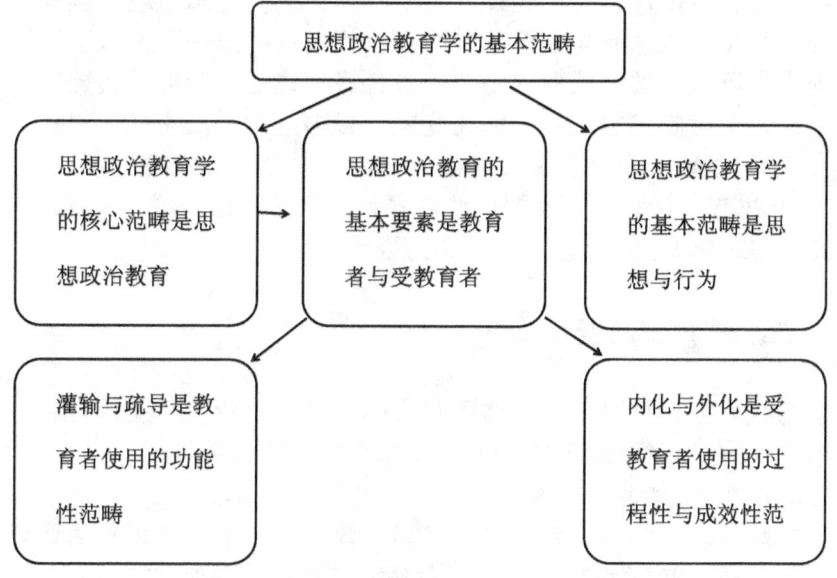

图1-4 思想政治教育学的基本范畴

（一）思想政治教育

思想政治教育是思想政治教育学的核心范畴，也是思想政治教育学的特定概念，是集中体现思想政治教育的本质属性，也是把思想政治教育学与其他学科区别开来的概念。

1.思想政治教育范畴的本质属性

我国的思想政治教育，有着十分突出而鲜明的本质属性，即社会主义意识形态性，具体体现为以马克思主义理论体系为学科理论基础，以马克思主义理论教育为学科主旨和灵魂，以巩固和发展马克思主义在我国意识形态领域的指导地位为学科使命。

各个社会、各个国家的思想、政治、道德教育，都与本国以及本国所处的社会的意识形态有着密切的联系。而如果想要使统治阶级的"思想体系"成为社会主导，成为社会成员认同、接受和行动的指南，必须通过各种类型、各种方式的宣传和思想政治教育才能实现。因此，只要不同性质的国家存在，反映、维护统治阶级的意识形态的任务就存在，就一定要发挥思想教育、政治教育、道德教育的作用，不管这种教育采用什么样的概念，运用什么样的方式，始终是一定社会或国家的意识形态教育。

2.思想政治教育特定的内容和目的

我国将思想教育、政治教育、道德教育，综合为思想政治教育，成为我国社会的特定概念而与其他学科的概念相区别。思想政治教育所采用的教育内容、承担的教育任务和坚持的教育目标也是特定的。我国有关法律条文也进行了明确规定："国家在受教育者中进行爱国主义、集体主义、社会主义的教育，进行理想、道德、纪律、法制、国防和民族团结的教育。"[1]思想政治教育要承担这些内容和任务的教育，培养四有新人，从而提高人的综合素质，促进人类社会的进步。

（二）教育者与受教育者

思想政治教育是以人为主体和对象的活动。教育者与受教育者，是思想政治教育的基本要素，构成思想政治教育的主要关系。

1.教育者与受教育者的含义

思想政治教育的教育者，是指在思想政治教育活动中以教为职责的承担者。思想政治教育者的"教"，主要教"做人"，促进"做事"。教育者包括政党、团体和个人，他们在思想政治教育活动中要决策、实施、组织、指导以及协调思想政治教育活动；要开展教育者和受教育者之间的互动，共同实现思想政治教育的目标。教育者的教育质量在很大程度上制约着受教育者思想政治素质的提高，影响着受教育者的全面发展，决定着思想政治教育的效果，因而在思想政治教育活动中居于主导地位。

思想政治教育中接受教育的团体和个人被称作受教育者。受教育者

---

[1]《中华人民共和国教育法》第六条，中国法制出版社，1998年版。

所接受的教育内容，主要是形成思想品德的内容，目的是提高思想道德素质。受教育者是构成思想政治教育活动的基本要素，在思想政治教育活动中具有主动性和选择性，不仅可以对教育影响进行评价并作出符合自身需要的取舍，还能主动适应思想教育环境，并对其进行改造，同时还能直接体现思想政治的教育成果。因此，受教育者同时也是思想政治教育的主体之一。

2.教育者与受教育者是主体范畴

教育者与受教育者之间的关系，是思想政治教育的主要关系，这一关系构成的范畴是思想政治教育学的中心范畴。该范畴贯穿于思想政治教育过程的始终。教育者与受教育者的关系不是固定不变的，在一定条件下可以互相转化。

教育者与受教育者的关系，构成"教"与"学"的特定关系，只有教，没有学，难以形成思想政治教育活动。只有教与学相互配合，并遵循思想品德形成发展的规律，思想政治教育才能有效进行。因而，科学认识和正确处理教育者与受教育者之间的关系，有利于思想政治教育的实行者与接受者的相互配合。

（三）思想与行为

思想与行为是思想政治教育学中最普遍、最基本的范畴。这对范畴是思想政治教育活动目标、内容、评价的主要体现。因而，思想与行为是思想政治教育学的起点、过程与归属范畴。

1.何谓思想与行为

列宁在分析马克思所著《资本论》时指出："马克思在《资本论》中首先分析资产阶级社会(商品社会)里最简单、最普通、最基本、最常见、最平凡、碰到过亿万次的关系：商品交换。"[1]进行思想政治教育活动与研究的道理一样，也要从人们基本的、现实的思想与行为开始，以达到提高思想、规范行为的目标。

"思想是指客观存在反映在人的意识中经过思维活动而产生的结果。无数客观外界的现象通过人的眼、耳、鼻、舌、身这五个官能反映到自己的头脑中来，开始是感性认识。这种感性认识的材料积累多了，就会产生一个飞跃，变成了理性认识，这就是思想。"[2]思想可以继承、借鉴、传

---

〔1〕《列宁专题文集 论辩证唯物主义和历史唯物主义》，人民出版社，2009年版，第150页。
〔2〕《毛泽东文集》第8卷，人民出版社，1999年版，第320页。

播、交流和创造。

思想与行为，之所以能够成为思想政治教育学的基本范畴，是因为可以用它来说明其他的范畴。尤其是"思想政治品德""思想政治教育"所蕴含的思想与行为，本身是不需要说明的。同时，思想与行为同思想政治教育学的研究对象相互规定。作为研究起点的思想与行为，是思想政治教育学本身特有的或者是特殊规定的基本范畴，与研究对象的范畴在性质上相同或者接近。思想政治教育学的研究对象，实际上是思想政治教育产生的现象和规律。对于思想政治教育现象来说，其构成的主要要素是思想与行为，思想政治教育的规律更离不开思想与行为。

2.思想与行为是思想政治教育的起点、过程与归属范畴

首先，思想政治教育活动与研究，都要从人们现实的思想与行为入手，诸如调查人们的思想倾向、思想情绪、思想矛盾、行为表现、行为规范等；分析人们思想与行为同社会经济、政治、文化、思潮的关系；研究人们思想与行为的主流、问题及其原因。这些调查研究活动，都是围绕思想与行为展开的。

其次，思想政治教育的实施和研究过程，实际上是改变思想与行为的过程。这种改变，或通过正确理论、知识的阐述、传授，塑造新思想；或通过正确与错误、先进与落后思想观念的比较、辨析，改变错误思想；或通过坚持制度保证、行为规范，防止行为不端，养成良好行为习惯；或通过思想与行为调查资料的整理、研究，找出思想与行为发展变化的特点、趋向等。也就是说，思想政治教育的实施过程和研究过程，是一个提高思想认识、遵循行为规范的过程。

最后，思想政治教育和研究的结果，只能通过思想与行为的效果体现和检验。思想的效果体现在：个体思想认识提高、群体思想认识统一的程度；行为的规范性、主动性、积极性、创造性增强的表现；人际关系和谐、学习和工作向前推进的效果。在此基础上，总结、提炼思想政治教育的经验，加深对思想政治教育规律的认识。

总之，思想与行为范畴，在思想政治教育的各个环节都要运用，离开思想与行为范畴，思想政治教育则无法进行。恩格斯在讲到人类发展的历史过程与思想关系的论述，同样适用于思想政治教育的思想与行为的关系。恩格斯说："历史从哪里开始，思想进程也应当从哪里开始，而思想进程的进一步发展不过是历史过程在抽象的、理论上前后一贯的形式上的反映。"这段话说明历史的起点和思想的起点具有同一性。同样，思想政治教育同思想与行为具有不可分割性。

（四）灌输与疏导

思想政治教育要取得实际效果，必须正确发挥其特有功能。这里主要讲灌输与疏导对思想政治教育功能的体现。

1.灌输的界定与内涵

马克思在《黑格尔法哲学批判·导言》中指出："理论一经掌握群众，也会变成物质力量。理论只要说服人，就能掌握群众；而理论只要彻底，就能说服人。"[1]这一理论中所提到的"用彻底的理论""说服群众""掌握群众"，实际上就是"灌输"。恩格斯在《新道德世界》杂志上发表文章指出："请允许我提一下优秀的德国画家许布纳尔的一幅画；从宣传社会主义这个角度来看，这幅画所起的作用要比一本小册子大得多……这幅画在德国的好几个城市里展览过，当然给不少人灌输了社会的思想。"[2]列宁提出了"灌输论"并进行了深刻的阐述。列宁说："工人本来也不可能有社会民主主义的意识。这种意识只能从外面灌输进去，各国的历史都证明：工人阶级单靠自己本身的力量，只能形成工联主义的意识……"[3]"从外面"是指从工人群众头脑的外面，"阶级政治意识只能从外面灌输给工人，即只能从经济斗争外面，从工人同厂主的关系范围外面灌输给工人。"[4]"从外面"灌输就是指向工人灌输他们原来并不了解和掌握的社会主义思想，指导工人明确无产阶级的历史使命。因而列宁提出灌输社会主义的思想，是指这种先进思想体系工人们不可能不学而知、不用就会自发地形成，只能通过灌输引导工人群众自觉学习、运用，才能掌握科学的世界观和方法论。

新中国成立后，在谈到农村思想政治工作时，毛泽东提出："政治工作的基本任务是向农民群众不断地灌输社会主义思想，批评资本主义倾向。"[6]因此，灌输这个范畴是思想政治教育的特定范畴，就是正确、先进的思想体系不可能在头脑中自发产生，只有通过学习、教育、实践才能自觉形成。

2.疏导的界定与内涵

就字面而言，疏即疏通，导即引导。思想政治教育中的"疏"，是指广开言路，集思广益，让人们把各自的观点和意见都充分发表出来。思想

---

〔1〕《马克思恩格斯文集》第1卷，人民出版社，2009年版，第11页。

〔2〕《马克思恩格斯全集》第2卷，人民出版社，1957年版，第589—590页。

〔3〕《列宁选集》第1卷，人民出版社，2012年版，第317页。

〔4〕《列宁选集》第1卷，人民出版社，2012年版，第363页。

〔5〕《毛泽东文集》第7卷，人民出版社，1999年版，第209页。

政治教育中的"导"，就是说服教育，把各种不同的思想和言论引向正确的轨道。思想政治教育过程中的疏导，就是对人民内部的思想认识问题，既不堵塞言路，又要善于引导，帮助人民群众提高思想认识。疏与导是辩证统一的关系，疏通是为了正确地引导，是引导的前提；引导是疏通的目的。

现如今，随着人们对生活环境以及信息社会的深入认识，人们对工作、生活、价值观念会进行更多的比较与选择；大量的大众传媒信息不断更新着人们的思想与行为；激烈竞争难免带来一些矛盾，这需要沟通与调解；深化改革的步伐同时会涉及一部分人的利益。所有这些在现实生活中经常出现的问题，除了要运用相应的制度进行规范外，更需要及时沟通、说服引导。

3.灌输与疏导是思想政治教育的功能性范畴

所谓功能，是指事物或方法所固有和发挥的有利作用。从灌输的本意看，它蕴涵着自发与自觉两个相对应的概念，即反对自发，主张自觉。所谓自发，是指未认清方向、未掌握规律的盲目行动；所谓自觉，是指主动用自己的意识调整自己的行为，以符合社会发展的目标与要求。因而，灌输所蕴含的自觉，包含着主观能动性、目标导向性，具有思想政治教育的导向功能。而且，我国灌输所运用的理论就是马克思主义理论，这一理论蕴含着远大目标、正确原则与战略方针的导向、保证和规范作用。同样，疏导中的"导"，不仅本身既具有指引、带领、传向、启发的作用，而且用来引导、倡导的思想、观点、制度，也具有导向、保证和规范作用。

（五）内化与外化

如果说前面的灌输与疏导主要是教育者使用的功能性范畴的话，那么，灌输与疏导则主要是受教育者使用的过程性与成效性范畴。习近平总书记在《认真学习党章，严格遵守党章》一文中，运用内化与外化概念，强调要学好和用好党章，他说："在各级党组织的全部活动中，都要坚持引导广大党员、干部特别是领导干部自觉学习党章、遵守党章、贯彻党章、维护党章"，"通过学习教育，使全党同志对党章内化于心、外化于行。"[1]

1.内化与外化的含义和关系

思想政治教育的内化过程，就是教育者传授的思想政治教育目标、

---

[1] 习近平：《认真学习党章，严格遵守党章》，《人民日报》2012年11月20日。

内容和要求，转化为受教育者个体意识，是由外在的知识、理论、规范向个体内在思想领域转化的过程。思想政治教育不能只由教育者的教育来推进，必须通过受教育者自己的思想矛盾运动，即受教育者参与、认同、接受，教育才能实现；教育者不但要把准确无误的政治思想以及道德规范传授给受教育者，更重要的是促进受教育者把正确的政治思想、道德规范内化于一体，否则，教育难以顺利进行，也不可能有效果。

与内化相对应的概念是外化。在教育心理学领域上，外化是指内部智力动作向外部实际动作的一种转化方式，或是个人所积累的知识经验的客观化。在思想政治教育过程中，外化是指受教育者将自己的个体意识转化为外在的实际行动的过程，是由内在思想向外在行为的转化，也就是个体在正确理论指导下的实践、行动，即外化于行。

思想政治教育的内化与外化，实际上是受教育者在教育者的教育引导下所进行的自我教育、自我改造。自我教育是受教育者按照思想政治教育的目标、内容和要求，自觉提高自身思想道德素质水平的过程，自我改造是受教育者改正自己错误思想，主动按照正确思想付诸实际行动的过程。因而自我教育、自我改造包含着内化与外化过程。

2.内化与外化是过程性和成效性范畴

思想政治教育的内化与外化，既需要个体具有自觉性，也需要具备内化与外化的能力，因而不可能自发产生，需要在教育者的引导帮助下逐步形成和发展起来。教育者的教育，同受教育者的内化与外化，是外因和内因、手段和目的的关系。教育者的教育是受教育者的外部条件，受教育者的内化与外化是思想政治教育的内在依据，外因只有通过内因才能起作用。思想政治教育本身并不是目的，目的是要引导、激发受教育者自觉进行内化与外化的自我教育，实现"教"与"自教"在受教育者身上的统一。

受教育者能自觉进行内化与外化，既是思想政治教育的目的，也是思想政治教育的效果。因为进行内化与外化，需要受教育者具备一定条件。

首先，能够自觉进行内化与外化的个体，一定要有自我认识的基础，有内化与外化的愿望和能力。其次，在目标指示以及实践过程中，人们能够明确内化和外化的目标，对自己的言行加以自我监督和自我调节，从而达到实际效果，这是进行内化与外化的关键。没有实际效果的内化与外化，思想政治教育是难以坚持下去的。总之，内化与外化充分体现了受教育者在思想政治教育活动中的主体性、自觉性、目的性特征，是思想政治教育所要达到的最高状态。

在当代社会条件下，社会发展与人的发展向思想政治教育提出了更新、更高的要求。人们要想不断增强自主性、竞争性和创造性，就需要不断提高自我教育的自觉性与水平。联合国国际教育发展委员会早在1972年就提出："受教育的人必须成为教育他自己的人；别人的教育必须成为这个人自己的教育。"[1]因而，更需要人们提高自我教育、自我改造的自觉性与能力。

第二节 思想政治教育的本质和主要特征

一、思想政治教育的本质

（一）思想政治教育本质的揭示

思想政治教育的本质就是要弄清思想政治教育的主要矛盾是什么。

在思想政治教育的诸多矛盾中，社会发展所需要的思想政治素质，与人们的思想政治素质状况之间存在的差距，就是思想政治教育的主要矛盾。教育者是否能采取有效的办法，帮助受教育者接受思想政治教育的目标、内容，提高自己的思想政治素质，达到社会发展的要求，这是检验思想政治教育实效性的根本依据。受教育者能不能接受社会主义意识形态的教育，能不能掌握马克思主义的科学世界观，取决于教育者的教育是否正确得当，教育的内容是否符合社会发展的需要和受教育者的实际，教育的环境是否有利于受教育者接受教育。总之，取决于教育者的教育是否科学化。运用什么样的概念来揭示思想政治教育的本质呢?许多学者都认为，思想政治教育的本质，要运用列宁提出的"灌输论"来揭示。

思想政治教育学科所使用的"灌输"概念，一方面是指理论体系的教育、学习、运用的自觉性，而非自发性；另一方面是指揭示"思想政治教育本质"的一种表述，而不是在方法层面上的运用。

首先，思想政治教育作为一个过程的本质，用"灌输"来揭示。从

---

〔1〕联合国教科文组织国际教育发展委员会编著：《学会生存：教育世界的今天和明天》，华东师范大学比较教育研究所译，教育科学出版社，1996年版，第196页。

思想政治教育者的角度来看，进行科学世界观和社会主义意识形态的"传递和输送、注入和渗透"，体现的是教育者的责任和使命，标示的是教育的方向与目标。从受教育者的角度来看，科学世界观和社会主义意识形态的内容，在自己的头脑里从无到有、从低到高，提升了自身的思想政治素质，这个过程就是"吸收和接受"，是内在的"容纳和充实"。从思想政治教育的客观角度来看，这是社会主义社会占主导地位的意识形态和科学世界观的传承。教育者的教育和受教育者的吸纳过程，其本质就是教育者把科学世界观和社会主义意识形态的内容"灌输"进了受教育者的头脑，并由受教育者内化为自己的思想观念。自阶级社会以来，任何一个社会的主导意识形态，都有一个对民众、特别是对青少年一代进行灌输的使命，以使社会占统治地位的思想成为统治阶级的思想。因此，无论运用客观角度的"传承"，还是受教育者的"吸纳"，都不足以表达思想政治教育的责任和使命意义，都不能替代"灌输"的意义。思想政治教育运用意识形态"感召""熏染""感染"等引导、影响、熏陶受教育者，只是教育的一些有效方式，而唯有"灌输"这一方式才能揭示思想政治教育过程的本质。这一本质，既体现了教育者的使命和责任，也体现了受教育者对社会发展进步和个人全面发展的需求。

任何一个社会，占统治地位的思想，都是统治阶级的思想。如果一个社会的思想政治教育者不能自觉地履行"灌输"的使命，这个社会就会陷入思想混乱。每个社会，都要对一代代新的社会成员进行传统和主导意识形态教育，实际上就是灌输统治阶级思想的过程。任何社会的统治阶级，必然会采取思想、政治、道德教育的途径与方式，有效地把主导意识形态灌输给民众及其后代，以便统一民众的思想，培养接班人。

中国封建主义社会，统治阶级就懂得对人们进行封建主义的意识形态灌输。秦始皇的焚书坑儒，汉武帝的"罢黜百家、独尊儒术"，显然都是灌输统治阶级意识形态的重大举措。封建主义的统治阶级不甘心人们的思想领域处于单纯的底色，而是强调灌输统治阶级的、以等级和特权为核心的"三纲五常"等意识形态。为此，中国的封建社会自汉朝始，不但把《论语》当成经典，还陆续编制了四书五经和《千字文》《三字经》《弟子规》《幼学琼林》等意识形态的经典读物，提炼了仁、义、礼、智、信等价值观的信条；在思想政治教育的实践方面，对妇女开展了"三从四德"的规范和"烈女""贞女"的典型教育，其实质都属于进行思想政治教育的灌输范围。可见，任何社会形态下，统治阶级都是坚持对人们进行主导地位的意识形态灌输。只不过在剥削阶级占统治地位的社会里，剥削阶级常常对进行的意识形态的灌输加以掩饰，这是他们狭隘的阶级利益和局限性决定的。

在当代资本主义社会，资产阶级统治阶级常常把本阶级的狭隘观念和意识形态诸如"自由""平等""博爱"等粉饰成所谓"普世价值""主流意识"，并且借助于强大的军事、政治实力强行向全世界各国推销这些意识形态及其价值观，这就更带有混淆视听的迷惑作用、欺骗作用和破坏作用。世界上只有无产阶级政党不屑于隐瞒自己的观点和政治主张，坦率地向全世界宣布一切思想政治教育、包括自己进行的思想政治教育的本质是灌输。

社会主义社会是在无产阶级先进政党领导下实现的人民当家做主的法治社会，社会主义的意识形态和马克思主义的科学世界观代表了人民追求彻底解放的根本利益。在社会主义国家，人民具有接受社会主义意识形态和马克思主义科学世界观的有利条件。但是，人的正确思想不是从天上掉下来的，也不是人的头脑里固有的，而是通过学习、教育和实践获得的。况且，现实中初级阶段的社会主义社会制度的不完善，经济、政治、文化的不够发达，旧社会意识形态的残余和资本主义意识形态的影响依然存在，加之国际社会的资本主义势力和敌对势力的影响和渗透，使得无产阶级政党不得不坚持社会主义意识形态的灌输。在这方面，不进则退。任何对社会主义意识形态灌输工作的淡化、退让和背离，都等于向资产阶级意识形态出让阵地。

在社会主义社会的思想政治教育中，确定了科学世界观、人生观和价值观要进课堂、进教材、进头脑。宪法规定学习和掌握辩证唯物主义和历史唯物主义、批判封建主义和资本主义的腐朽思想，绝不是个人、单位、团体自发的兴趣选择，也不是可以回避、抗拒的事情，而是必须以严肃、认真的态度对待，自觉学习、接受、运用马克思主义理论，解决工作、学习、生活中的思想与实际问题。

在当代社会条件下，不仅新情况、新问题不断涌现，各种因素、关系相互交错，机遇与挑战往往并存显现，社会思潮变化多端。面对这样复杂多变的局面，更要担当起"灌输"的使命，广泛开展思想政治教育，自觉学习、运用马克思主义理论，特别是中国特色社会主义理论体系，坚定不移地坚持中国特色社会主义方向。否则，就会模糊目标、迷失方向，陷于自发状态。

其次，揭示思想政治教育本质源于列宁的"灌输论"。列宁当时之所以提出"灌输论"，其主要根据有以下几个方面。

一是工人不具备自发地产生科学社会主义思想的条件，这种思想只能从外在形式灌输到群众的头脑中。历史经验证明："工人阶级单靠自己本身的力量，只能形成工联主义的意识，即确信必须结成工会、必须同厂主斗争、必须向政府争取颁布对工人是必要的某些法律，如此等等。"[1]"阶级政治意识只能从外面灌输给工人，即只能从经济斗争外面，从工人同厂主的关系范围外面灌输给工人。只有从一切阶级和阶层同国家和政府的关系方面，只有从一切阶级的相互关系方面，才能汲取到这种知识。"[2]在资产阶级占统治地位的社会里，工人阶级所受的思想影响是占统治地位的资产阶级思想。代表工人阶级的思想理论不可能在工人群众的头脑中自发形成。当然，工人阶级受压迫、受剥削的地位也能够产生反抗资产阶级的思想，但是这种思想不可能是系统的、科学的。如果不能自觉地接受科学社会主义思想，或者先进的无产阶级政党不注重向工人灌输科学社会主义思想，工人群众只能充当资产阶级思想的俘虏。所以，要强调对工人群众"灌输"科学社会主义，而不是强调工人群众自发地产生科学社会主义思想。

二是科学社会主义思想体系的创造和传播是革命知识分子的神圣使命。列宁认为，"社会主义学说则是从有产阶级的有教养的人即知识分子创造的哲学理论、历史理论和经济理论中发展起来的。现代科学社会主义的创始人马克思和恩格斯本人，按他们的社会地位来说，也是资产阶级知识分子。俄国的情况也是一样，社会民主党的理论学说也是完全不依赖于工人运动的自发增长而产生的，它的产生是革命的社会主义知识分子的思想发展的自然和必然的结果。"[3]这是列宁对马克思、恩格斯为代表的无产阶级导师在历史上形成过程和所起作用的深刻论证。这种开创新世界的理论创造，只有站在已有的资产阶级旧社会创造的全部的思想成果上，经过艰苦的批判和理论创造，才能超越资产阶级社会占统治地位的思想体系，提出科学社会主义学说。一般工人群众并不具备这样的条件。而工人群众只有接受了这样的科学社会主义的学说，才能提升自己的斗争水平，最终实现本阶级的远大理想。

三是不坚持灌输科学社会主义思想，就等于接受资产阶级思想。资产阶级思想的优势，使得工人阶级政党不得不坚持灌输科学社会主义理论。如果不坚持把科学社会主义思想灌输到工人运动中去，"就是把资产阶级思想和资产阶级因素灌输到社会主义运动中来[4]"。不是正向灌输，就是反向灌输；不是无产阶级先进思想、科学社会主义灌输到工人群众中去，

---

〔1〕《列宁专题文集论无产阶级政党》，人民出版社，2009 年版，第 76 页。
〔2〕《列宁选集》第 1 卷，人民出版社，2012 年版，第 363 页。
〔3〕《列宁专题文集 论无产阶级政党》，人民出版社，2009 年版，第 76 页。
〔4〕《列宁专题文集 论无产阶级政党》，人民出版社，2009 年版，第 55 页。

就是资产阶级思想、修正主义思想灌输到工人群众中来；二者必居其一。

这是两种灌输的斗争。这正如列宁所指出的："或者是资产阶级的思想体系，或者是社会主义的思想体系，这里中间的东西是没有的。因此，对社会主义思想体系的任何轻视和任何脱离，都意味着资产阶级思想体系的加强。"[1]在资本主义社会环境中，崇拜自发性，轻视理论自觉性，只能是继续接受资产阶级的思想控制。

四是积极对工人阶级进行思想政治教育，发展工人阶级的政治意识。真正有觉悟的工人运动，应当超越经济斗争的局限性。离开政治斗争，无产阶级也不可能进行大规模的经济斗争。同时列宁还指出："根据经济利益起决定作用这一点，决不应当做出经济斗争(等于工会的斗争)具有首要意义的结论。因为总的说来，各阶级最重大的、'决定性的'利益只有通过根本的政治改造来满足，具体说来，无产阶级的基本经济利益只能通过无产阶级专政代替资产阶级专政的政治革命来满足。"[2]

列宁从无产阶级政党进行思想政治教育的必要性入手，提出了广大工人阶级和劳动群众学习和掌握科学社会主义理论的必要性。同时明确指出了这种思想政治教育的本质就是灌输；这种灌输论就是无产阶级政党提高坚持马克思主义指导的自觉性，是思想政治教育学的重要理论。但国内外对这一重要理论产生过误解、质疑甚至否定，影响了对列宁灌输论的坚持和贯彻。最早曲解乃至否定灌输论的是20世纪50—60年代的美国教育界。当时美国在杜鲁门、麦卡锡反共高潮的影响下，一些教育界的人著书立说否定灌输论。杜威指责，"在传统学校里那么普遍的一种外部的灌输，不仅不能促进反而限制了儿童的智慧和道德的发展。"[3]英国教育哲学家彼得斯认为："灌输作为一种教育过程，缺乏对学习者的尊重。"[4]保罗·弗莱雷甚至总结了"灌输式教育"的十大弊端。[5]这些反对灌输论的思潮，或简单地把灌输归为方法，或有意冲击社会主义国家的意识形态教育，显然与当时丑化、攻击苏联的社会主义制度氛围有关。但这种攻击与否定，并没有给资本主义国家带来好处，反而导致了思想、政治、道德教

---

〔1〕《列宁专题文集 论无产阶级政党》，人民出版社，2009年版，第85页。

〔2〕《列宁选集》第1卷，人民出版社，2012年版，第333页注解1。

〔3〕[美]杜威：《杜威教育论著选》，赵祥麟、王承绪编译，华东师范大学出版社，1981年版，第341、379页。

〔4〕R. S. Peters：Ethics and Education，George Allen & Unwin Ltd.，1966，p. 17.

〔5〕[巴西]保罗·弗莱雷：《被压迫者教育学》，顾建新等译，华东师范大学出版社，2001年版，第25—26页。

育的相对主义和放任主义思潮，结果在一些西方发达资本主义国家的青年中，曾一度出现了"反叛的一代""分裂的一代""垮掉的一代"，弄得学潮汹涌、极端行为盛行。20世纪70—80年代，西方教育界又出现道德灌输的呼声。[1]可以看出，近些年国内有些教育者对灌输论态度的种种误解与质疑，与受西方教育界否定灌输论思潮的影响有关，并不是什么新的见解与发现。

（二）思想政治教育的本质是坚持主流意识形态的主导和灌输

习近平指出："我们是马克思主义者，对待政治问题，不能只看现象不看本质，而要善于透过现象看本质。"[2]透过现象找到本质，坚持本质、不断加深认识本质，才能够为思想政治教育提供正确的导向。

历史在不断地前进，在前进的历程中总结出思想政治教育本质就是按照一定的社会意识形态的一种教育及灌输。思想政治教育是直接体现和揭示这一本质的学科。根据列宁提出的灌输论，依据当今社会新的实际，可以把思想政治教育的本质确定为"坚持主流意识形态的主导和灌输"。下面，我们将用表1-4阐释"主流意识形态的主导和灌输"，来揭示思想政治教育本质的意义。

表1-4 以"主流意识形态的主导和灌输"来揭示思想政治教育本质的意义

意义	内涵
1. 坚持以"主流意识形态的主导和灌输"来揭示思想政治教育的本质，使思想政治教育有贯穿始终的主线。	坚持思想政治教育的本质是社会主义意识形态的主导和灌输，有利于奠定思想政治教育学科发展的基础，使思想政治教育的其他概念和内容有遵循的主导，并形成一个完整的体系。无论把灌输作为理论依据之一，还是从其特点上来看待思想政治教育的本质，都能把本学科的主要矛盾、基本过程、基本规律、教育者与受教育者、内容和方法内在联系起来。

[1] 首都师范大学思想政治教育学科编：《思想政治教育：反思与构建》，中央编译出版社，2014年版，第168页。
[2] 转引自《文汇报》2014年6月30日。

意义	内涵
2.坚持以"主流意识形态的主导和灌输"来揭示思想政治教育的本质，有利于提高思想政治教育工作者的理论自觉和高度的责任感。	一定社会的统治思想实际上都是统治阶级的思想。任何社会都需要对民众进行意识形态的教化和灌输。社会主义国家坚持马克思主义指导，都体现了用统治阶级的意识形态教化和灌输的本质。社会主义国家最大的政治优势就是思想政治教育，重要的"文化软实力"也来自思想政治教育。在建设中国特色社会主义的关键时期，明确认识思想政治教育的灌输本质，能够启发和调动广大思想政治工作者的积极性和使命感，提高理论自觉，增加自身的责任感。
3.坚持以"主流意识形态的主导和灌输"来揭示思想政治教育的本质，有利于坚持思想政治教育的方向和党性原则。	社会主义意识形态的教化和灌输，就是要把社会主义意识形态通过大众化、中国化、时代化的途径灌输到人民群众中去，启发和提升思想政治觉悟，调动主观能动性，为实现全面建成小康社会的目标和中国特色社会主义共同理想作贡献。这是现实的必然要求，也是历史发展进步的大趋势。
4.坚持以"主流意识形态的主导和灌输"来揭示思想政治教育的本质，有利于促进思想政治教育方法的改进和创新。	思想政治教育的生命力在于不断增强其针对性和实效性。坚持"灌输论"，不但规定了教育者的方向和使命，同时也规定了思想政治教育方法的运用与创新的准则。思想政治教育的本质，就是社会主义意识形态的主导和灌输，这是一个我国社会思想政治教育的历史使命。为了完成这一使命，方法越生动、灵活多样，就越具有针对性和实效性，越能够创新和与时俱进，就越能受到受教育者的欢迎，就越体现思想政治教育的本质。

二、思想政治教育的特征

思想政治教育的特征取决于思想政治教育的本质。社会主义国家是坚持党的领导、人民当家做主、依法治国有机统一的国家，社会主义制度是迄今为止人类历史上最先进的社会制度。因此，其思想政治教育也应该体现人类对最先进思想文化成果的追求。深刻认识思想政治教育的特征，是做好思想政治教育的关键。思想政治教育的特征主要有以四下方面。

（一）导向性

社会主义社会的思想政治教育的本质是坚持主流意识形态的主导和灌

输，这个定义本身就决定了思想政治教育具有导向性的特征。党的思想政治教育的导向性要求，必须把坚定正确的政治方向放在首位，做到是非分明、立场坚定、敢于斗争，坚持社会主义的主旋律，善于引领各种思想倾向和社会思潮，坚定地掌握意识形态工作的领导权、管理权以及话语权的大方向。思想政治教育同时要始终坚持正确导向，讲导向不含糊，抓导向不放松。思想政治教育的导向性主要体现在以下三个方面：

1.坚持马列主义、毛泽东思想和中国特色社会主义理论体系的指导

没有科学的理论指导，就没有思想政治教育的实效性。马克思列宁主义、毛泽东思想，包括邓小平理论、"三个代表"重要思想和科学发展观在内的中国特色社会主义理论体系，是党的行动指南，是一切工作的指导思想。现在，思想政治教育的环境、对象、范围、方式发生了很大变化，但思想政治教育的根本任务没有变，也不能变。思想政治教育首要的就是要巩固马克思主义在意识形态领域的指导地位，巩固全党、全国人民团结奋斗的共同思想基础。这就要求思想政治教育的主体力量必须在工作中坚持马列主义、毛泽东思想和中国特色社会主义理论体系的指导。

首先，要认真学习马克思列宁主义、毛泽东思想和中国特色社会主义理论体系。共产党人的崇高信仰、坚定信念不会自发产生，只有懂得马克思主义，才能谈得上坚持马克思主义。对于马克思主义的理论，要做到真学、真懂、真信、真用。所以要真学。处于思想政治教育主体地位的人们，必须老老实实、原原本本地学习和研读马克思主义的基本著作，系统掌握马克思主义的基本理论，系统掌握科学的世界观和方法论，这是共产党人的看家本领。攻读马克思主义著作的学习水平，决定了思想政治教育的工作水平和引领水平。只有认真学习和掌握马克思主义基本理论，才能不断增强自己的责任心，才能提高自己的思想境界，才能完善自己高尚的人格，才能增强解决问题的能力和吸引受教育者的魅力。一些思想政治教育者的教育效果之所以不尽如人意，除了教育方法的原因之外，不读马列主义的著作，理论修养不高，恐怕是个重要原因。有些散布"马克思主义过时论"的人，甚至没有读过马克思、恩格斯的著作。作为思想政治教育者，"以其昏昏，使人昭昭"，是绝对行不通的。马克思主义的科学世界观是个"总开关"，如果连这个"总开关"都不能掌握，那就谈不上思想政治教育的实效性了。

其次，要理论联系实际，养成注视意识形态领域动向的良好习惯，敢于和善于开展思想领域的斗争，敢于亮剑，在引领社会思潮中坚持正确的政治导向。"风起于青萍之末"，"合抱之木，生于毫末"，一切重大的思想意识形态问题都是从细小的思想动态开始的。在思想政治上，只有

明察秋毫，洞察真相，才能保持正确的导向。社会上一度出现的"普世价值"的思潮，西方"宪政民主"的思潮，以否定新中国历史为特征的历史虚无主义思潮，都严重地冲击和干扰了社会主义意识形态的主导地位，只有对其敢于和善于开展思想斗争，才能取得坚持正确导向的实际效果。

最后，必须坚持马克思主义的政治立场，坚持无产阶级的立场，坚持对一切政治问题进行阶级分析。马克思主义的立场首先就是阶级立场。阶级分析始终是我们分析一切纷纭复杂的政治现象的钥匙。有人说阶级分析的方法过时了，这种说法是不对的。阶级斗争不是我们社会的主要矛盾，并不是说阶级斗争在一定范围内不存在了，在国际大范围内也不存在了。

改革开放以来，中国共产党章程的总纲部分，始终写着："由于国内的因素和国际的影响，阶级斗争在一定范围内长期存在，在某种条件下还有可能激化，但已经不是主要矛盾。"[1]面对国内外阶级斗争的存在，国内社会经济生活中利益关系的复杂变化，特别是国际上阶级斗争必然反映到国内来的问题，坚持党的四项基本原则、反对资产阶级自由化的斗争仍然是长期的。在全球化浪潮的冲击下，意识形态出现多样化甚至多元化的局面，社会主义意识形态的主导地位受到严重挑战。在这样的社会现实面前，必须强调阶级分析的方法。这正如毛泽东所说的："在阶级社会中，每一个人都在一定的阶级地位中生活，各种思想无不打上阶级的烙印。"[2]只有运用阶级斗争的学说和阶级分析的方法，才能透过现象，看清事物的本质。

2.坚持中国特色社会主义道路和共同理想

中国共产党从诞生之日起，就把马克思主义写在自己的旗帜上，同时把实现共产主义确立为最高理想。在理想信念这一点上，从党的"一大"到"十八大"，我们党从来没有动摇过。这也是科学社会主义事业在中国不断取得进展，在全世界范围内"风景这边独好"的原因所在。一些丢掉共产主义旗帜的社会主义国家，最后落得亡党亡国的结局，造成全世界20世纪历史上的最大悲剧，教训十分深刻。面对新的历史时期，党的干部和思想政治教育者，更需要坚定马克思主义、共产主义信仰，踏踏实实地为实现党在现阶段的基本纲领而不懈努力，扎扎实实做好每一项工作。习近平总书记在政治局学习会上强调指出："坚定理想信念，坚守共产党人精神追求，始终是共产党人安身立命的根本。对马克思主义的信仰，对社会主义和共产主义的信念，是共产党人的政治灵魂，是共产党人经受住任何

---

〔1〕《中国共产党章程》(中国共产党第十八次全国代表大会部分修改，2012年11月14日通过)，人民出版社，2012年版，第7页。

〔2〕《毛泽东选集》第1卷，人民出版社，1991年版，第283页。

考验的精神支柱。""把践行中国特色社会主义共同理想和坚定共产主义远大理想统一起来，坚决抵制抛弃社会主义的各种错误主张，自觉纠正超越阶段的错误观念和政策措施。"〔1〕

中国特色社会主义共同理想是共产主义远大理想对我国现阶段提出的具体要求，是马克思主义与中国社会主义现代化建设实际相结合的理论成果。因此，坚持中国特色社会主义道路，就是坚持党的共同理想，就是坚持共产主义事业对今天的要求，就是坚持马克思主义。

习近平总书记指出："中国特色社会主义道路是实现途径，中国特色社会主义理论体系是行动指南，中国特色社会主义制度是根本保障，三者统一于中国特色社会主义伟大实践。这是中国特色社会主义的最鲜明特色。""党的十八大要求全党坚定对中国特色社会主义的道路自信、理论自信、制度自信，其根本原因就在这里。"〔2〕理想信念教育必须面向党员干部以及全社会开展，只有把全国各族人民团结和凝聚在中国特色社会主义伟大旗帜之下，把全党凝聚在共同理想的旗帜下，全国各族人民的力量就必定能汇集成磅礴的力量，成为实现中国梦最强大的支撑。这是思想政治教育工作者的历史使命，也是思想政治教育工作者的无上光荣。〔3〕

3.坚持中华民族振兴与共产主义理想

共产主义的远大理想是全世界共产党人和广大人民的共同远大理想。只有到达共产主义，人们才能进入真正理想的社会，那时候消灭了阶级和压迫，每个人的自由发展将成为一切人自由发展的条件。按照马克思的论证，共产主义社会必须具备两个方面的物质条件才能实现：一是在全世界范围实现生产力的普遍发展；二是在全世界范围内实现世界交往的普遍发展。马克思、恩格斯从分析成熟资本主义的基本矛盾出发，依据社会历史发展的规律，指出了共产主义必然胜利和资本主义必然灭亡的发展趋势。这个远大理想鼓舞着全世界无产阶级及其先进政党为之前赴后继，努力奋斗，流血牺牲。这个理想的生命力，在160多年的历史中，由理论上升到运动，由运动上升到现实社会制度。虽然社会主义运动和社会主义国家出现了低潮和曲折，但是人类社会向着共产主义社会发展的方向和历史潮流不可抗拒。

---

〔1〕习近平：《紧紧围绕坚持和发展中国特色社会主义　学习宣传贯彻党的十八大精神》，《人民日报》，2012年11月19日。

〔2〕本书编写组：《新思想新观点新论断新要求深入学习习近平同志重要讲话精神》，中共中央党校出版社，2014年版，第9页。

〔3〕评论员文章：《凝聚在共同理想的旗帜下》，《人民日报》，2013年8月25日。

中国梦的实现，不仅涉及中华民族的命运和前途，而且涉及全世界社会主义事业的前途和世界人民的处境。中国共产党是一个具有坚实阶级基础与广泛群众基础，而且特别能战斗的无产阶级政党；具有实事求是、群众路线、独立自主的优良传统，完全能够担起这副重担。党的十八大产生的以习近平总书记为首的党中央领导集体也完全能够把握好手中的这一接力棒。正如党的十八大报告所说的："只要我们胸怀理想、坚定信念，不动摇、不懈怠、不折腾，顽强奋斗、艰苦奋斗、不懈奋斗，就一定能在中国共产党成立一百年时全面建成小康社会，就一定能在新中国成立一百年时建成富强民主文明和谐的社会主义现代化国家。"[1]

在当代，社会主义国家的前途命运关键取决于执政党的路线方针是否正确。其中核心的要素就是执政党的主要的骨干队伍的理想信念如何。习近平总书记指出，苏联解体的根本原因是理想信念动摇了。最后"城头变幻大王旗"，只是一夜之间，教训十分深刻。其实，苏联等社会主义国家的改革，从人民群众的主观愿望来说，当初也是盼望增加国家的经济活力，能够过上更加幸福的生活。但是由于国家的上层领导者已经丧失了共产主义理想，变成了追名逐利的官僚，他们在所谓"改革"的过程中，改旗易帜，彻底背叛工人阶级和广大人民群众的利益，公开丢弃共产主义的旗帜，犯下了历史性的、亡党亡国的巨大错误。中国共产党吸取了历史和现实中的国际共产主义运动的正反两个方面的经验，提出了"既不走封闭僵化的老路、也不走改旗易帜的邪路"的正确主张。[2]这对于防止出现苏联、东欧国家的历史性大错误，保证中国特色社会主义事业的健康发展，保证民族复兴的中国梦的实现具有重大意义。

中国共产党人在为民族复兴的中国梦奋斗的时候，不但没有忘记共产主义的远大理想，而且还把实现中国梦当成考验共产党人理想信念的重要实践。党的十八大报告在谈到党的建设时，第一条就明确指出："坚定理想信念，坚守共产党人精神追求。"[3]只要在追求中国梦的进程中不丢掉共产主义的远大理想，中国特色社会主义事业就会在共产主义远大理想的指导下，保持正确的方向，不断取得新的进展。

---

〔1〕胡锦涛：《坚定不移沿着中国特色社会主义道路前进　为全面建成小康社会而奋斗——在中国共产党第十八次全国代表大会上的报告》，人民出版社，2012年版，第16页。

〔2〕胡锦涛：《坚定不移沿着中国特色社会主义道路前进　为全面建成小康社会而奋斗——在中国共产党第十八次全国代表大会上的报告》，人民出版社，20t2年版，第12页。

〔3〕胡锦涛：《坚定不移沿着中国特色社会主义道路前进　为全面建成小康社会而奋斗——在中国共产党第十八次全国代表大会上的报告》，人民出版社，2012年版，第50页。

（二）群众性

思想政治教育具有群众性的特征，这是由无产阶级政党的群众路线决定的。马克思、恩格斯在《共产党宣言》中指出："过去的一切运动都是少数人的或者为少数人谋利益的运动。无产阶级的运动是绝大多数人的、为绝大多数人谋利益的独立的运动。"[1]这就是党的群众路线的理论渊源。列宁、斯大林在领导俄国和苏联的社会主义革命和建设中，更加深刻地把社会主义事业看成千百万人的事业，教育党员和干部一刻也不要脱离群众。毛泽东集中了马克思列宁主义的人民群众观念，在革命和建设中把它提炼为党的群众路线。党的思想政治教育具有的群众性，就是党的群众路线在思想政治教育中的体现。

1.思想政治教育覆盖对象的广泛性

思想政治教育的群众性特征首先体现在对一切人员覆盖的广泛性。思想政治教育对象的覆盖面是全社会的所有人员。

社会主义事业是千百万人的事业。只有为了群众，才能动员群众的积极性；只有动员和依靠群众的积极性，才能进行社会主义建设。动员群众的主要渠道就是开展思想政治教育。

思想政治教育覆盖对象的广泛性在不同的历史时期有不同的形式。在革命战争年代，人群划分为敌、我、友的时期，需要依靠革命阶级自己的力量，团结朋友的力量，瓦解敌人的力量，思想政治教育的覆盖面是很广大的。在新中国和平建设时期，人群主要划分为先进、中间、落后的时期，需要鼓励先进，团结中间，带动落后，思想政治教育的覆盖面几乎是全面的了。在改革开放的新时期，社会结构和利益群体发生了巨大而复杂的变化，要求团结一切可以团结的力量，针对不同的社会层次进行有效的思想政治教育，这个时期的覆盖面是更全面的。现在，只要是社会主义社会的一个成员，就不能让他处于思想政治教育的范围之外。在学习和践行社会主义核心价值观的过程中，党的领导同志提出了追求"最大公约数"的概念，其核心思想也体现了思想政治教育覆盖全面的性质。

思想政治教育的针对性原则也体现了其覆盖面的广泛。我们强调针对不同层次的人群开展思想政治教育，就是力图有效地覆盖一切不同层次的群众。我们强调"一把钥匙开一把锁"，就体现了针对不同文化背景、

---

〔1〕《马克思恩格斯文集》第2卷，人民出版社，2009年版，第42页。

不同个性的群众进行思想政治教育的广泛性。现在，党的思想政治教育工作不仅向新社会组织和新经济组织伸展和渗入，而且向各种不同的人群伸展和渗入。思想政治教育要覆盖各个职业层次：工人、农民、解放军、干部、知识分子；各个年龄层次：老人、青年、孩子；各群体各层次：蚁族、北漂、海归、海待、散户等。对于这些不同层次的群众，都必须进行有针对性的思想政治教育。

无产阶级只有解放全人类才能最后解放自己。无产阶级先进政党能够代表最广大人民群众的根本利益，因此具有通过思想政治教育调动最广泛的群众积极性的条件。只有坚持思想政治教育的最大限度的覆盖面，才能真正调动群众的社会主义建设的积极性，凝聚广大群众的理想追求，取得社会主义事业的胜利。

2.思想政治教育依靠对象的全员性

如果说人员覆盖的广泛性是指思想政治教育涉及的对象或客体方面，那么依靠对象的全员性则主要指思想政治教育的主体方面，即从事思想政治教育和发挥思想政治教育作用的一切人员。其中，也包括在思想政治教育过程中起到反馈教育作用的对象或客体方面的人员。

一个单位或地区，无论一个人处于什么样的工作岗位，无论是什么职业，无论处于什么状况，都具有发挥思想政治教育主体功能的潜在可能性。如何开发每一个人的思想政治教育的积极性和主动性，形成全员性的思想政治教育的局面，是社会发展对思想政治教育提出来的一个重要课题。所以，从思想政治教育的大视野来看，思想政治教育的主体具有全员性。这也是思想政治教育具有群众性的一个重要表现。

思想政治教育依靠对象的全员性包括两层含义：一切单位或部门的人员都要重视和从事思想政治教育，发挥应有的积极作用；一个单位或部门的所有岗位的人都应该重视和从事思想政治教育，发挥应有的积极作用。

第一，思想政治教育是不可缺少的塑造人们灵魂的工程，需要动员方方面面的力量发挥积极作用。毛泽东在《关于正确处理人民内部矛盾的问题》中就强调了这个思想："思想政治工作，各个部门都要负责任。共产党应该管，青年团应该管，政府主管部门应该管，学校的校长教师更应该管。"[1]首先必须依靠专职性的思想政治教育的队伍。一般说来，一切单位的党、政、工、团、妇联各个有关部门的人员，党的思想宣传机构的人员，社会科学研究界有关的人员，高校的马克思主义学科的人员，思想

---

〔1〕《毛泽东文集》第7卷，人民出版社，1999年版，第226页。

政治理论课教师队伍，是构成思想政治教育主体的主要人员，属于专职的思想政治教育人员。加强和提高思想政治教育的实效性，首先要依靠这支专职的队伍。但是，由于思想政治教育是一项需要各个方面协调配合的工作，所以仅依靠这支队伍是远远不够的。思想政治教育的工作涉及社会的方方面面，是一项典型的需要综合治理的工程。政府各个部门，教育、卫生、文化、社区、财政、公安、安全、军队都有配合做好思想政治教育工作的义务和使命。只有全社会各个方面都重视并积极从事思想政治教育，才能形成一种全员教育的局面，才能取得思想政治教育的好效果。

第二，一个单位或部门的一切岗位的人都应该重视和从事思想政治教育，只有充分挖掘各个工作岗位上的人的思想政治教育功能的潜力，才能形成全员思想政治教育的局面。一个单位的各个工作岗位、各个部门都要意识到自身存在的思想政治教育的义务和责任，积极发挥思想政治教育的功能。比如在高校，一个招生部门的干部和工作人员是不是正派，是不是坚持国家的方针政策和学校规定的招生标准，对学生和家长都有很大影响，具有较强的思想政治教育的功能；学校教务部门的干部和工作人员，对教师的教学工作评价是不是坚持明确的标准，奖励和物质待遇有没有徇私舞弊或不公正现象，对教师的影响极大，也具有较强的思想政治教育的功能；职工或学生食堂的服务人员，售饭菜的态度是否具有服务意识，对待服务对象是否和蔼，工作效率是否高，是否在服务中兼有维持秩序的责任心，对师生影响极大，也具有较强的思想政治教育的功能；一般的学校办事机关，工作中接待师生是否热心，态度是否和气，是否在政策范围内尽量为解决师生困难着想，对师生影响极大，也具有较强的思想政治教育的功能。只有全面开发出各个岗位的思想政治教育的功能，一个单位的思想政治教育工作才能出现全员参与、全员发挥作用的局面。

总之，思想政治教育涉及社会的方方面面，必须调动各方面的人的积极性，才能取得理想的实效性，才能使思想政治教育普照一切人员，形成社会进步的合力。这是思想政治教育领域的一个新的认识和新的思路。国外的某些学者和管理者有的已经从不同的角度和不同程度上意识到了全员教育的问题，可见这是一个具有一定共识的问题。但是真正做到思想政治教育人员覆盖和依靠对象的全员化，只有在社会主义社会的条件下才是最有希望的。

（三）渗透性

成功的思想政治教育具有渗透性的特征。思想政治教育的渗透性，就像春雨一样，"随风潜入夜，润物细无声"；就是使教育的渠道丰富多样，细致入微；就是引而不发，使受教育者觉得是自己按照自己的意志和愿望在选择方向。所以，那种不宣称教育的教育往往是最有效的教育。

渗透就是结合相关的过程和因素一齐起作用，体现教育渠道的多样性和细微性。思想政治教育只有结合其他社会工作一起进行才能取得好的效果。

1.思想政治教育渗透到业务工作中

思想政治教育渗透到业务工作中，就是思想政治教育工作要结合业务工作来进行。换句话说，就是在业务工作中渗透思想政治教育。在革命战争年代，中国共产党人创造了"党指挥枪""支部建在连上"等先进经验，开创了思想政治教育渗透到军事工作中的传统。在新中国的社会主义建设时期，这个传统得到了发扬光大。

首先，业务工作需要思想政治教育的指导和支持。在社会主义国家，业务工作都是社会主义事业的一部分。思想政治教育工作是一切工作的生命线，当然也是一切业务工作的生命线。任何业务工作是不可能脱离政治的。没有正确的政治观点，就等于没有灵魂。毛泽东指出："思想工作和政治工作，是完成经济工作和技术工作的保证，它们是为经济基础服务的。思想和政治又是统帅，是灵魂。只要我们的思想工作和政治工作稍为一放松，经济工作和技术工作就一定会走到邪路上去。"[1]结合业务工作进行思想政治教育，就会形成良好的互动和配合，取得较好的效果。在20世纪50年代，清华大学水利系100多名师生担任了北京密云水库建设的设计任务，"真刀真枪搞设计"，集体协作克服困难，圆满完成了设计任务。清华大学工物系的学生，一进学校，领导就告诉他们，选择工物系就要准备为祖国的原子弹试验事业默默无闻地干一辈子。这种民族振兴的责任和炽烈的爱国胸怀，成为广大师生搞好业务工作的动力。仅工物系1956—1966年入学的学生，就出现了10位中科院或中国工程院院士，17名成为少将或国家相关尖端科技部门的总工程师。[2]

其次，有些社会科学教育的业务工作中本身就存在着以什么样的意识

---

[1]《毛泽东文集》第7卷，人民出版社，1999年版，第351页。

[2]黄圣伦主编：《党的旗帜高高飘扬》，清华大学出版社，2005年版，第146—151页。

形态指导的问题。在这些领域就更加应该做到思想政治教育与业务工作相结合，把思想政治教育渗透到业务工作中。这就需要在这些学科领域中开展思想政治教育工作，确立社会主义的意识形态的指导地位，在各个学科专业方向上，培养社会主义事业的建设者和接班人。

提倡马克思主义的指导和思想政治教育渗透到业务里去，不会影响学术研究，更不会降低学术研究水平。毛泽东曾经批评过将业务工作与思想政治工作对立起来的观点。他说："学习马克思主义，是要我们用辩证唯物论和历史唯物论的观点去观察世界，观察社会，观察文学艺术，并不是要我们在文学艺术作品中写哲学讲义。马克思主义只能包括而不能代替文艺创作中的现实主义，正如它只能包括而不能代替物理科学中的原子论、电子论一样。……马克思主义就不破坏创作情绪了吗？要破坏的，它决定地要破坏那些封建的、资产阶级的、小资产阶级的、自由主义的、个人主义的、虚无主义的、为艺术而艺术的、贵族式的、颓废的、悲观的以及其他种种非人民大众非无产阶级的创作情绪。对于无产阶级文艺家，这些情绪应不应该破坏呢？我以为是应该的，应该彻底地破坏它们，而在破坏的同时，就可以建设起新东西来。"〔1〕

2.思想政治教育渗透到社会交往中

社会交往活动是人们生活方式的主要组成部分。人们通过社会交往活动了解信息、交流经验、征询参考、比较判断，不断推进自身社会化的程度。人们的交往对象、交往内容、交往方式，随着社会发展而变化，是一个流动的、渐变的潮流。在30多年的时间里，由于社会的急剧变革，人们的交往状态也越来越开放、密切和广泛。社会交往领域对于人的发展、世界观的确立，是一个十分重要的领域。

现在人们交往的特点值得注意。一般来说，群体性的交往较多，同龄人的交往较多，互联网交往较多，职业范围的交往较多。思想政治教育要向社会交往领域渗透，就要向着这些相关的人群渗透。要使思想政治教育进入各种社会群体，进入各种年龄段的人群，进入各个不同的职业范围。

由于人们的社会交往是自主进行的，交往对象也是自己选择的，因此这种社会交往中获得的信息和参考，具有真实感、可信性和参照性。思想政治教育渗入这个领域，无疑是发挥作用的捷径。

党的十八大作出了代际交流的榜样，对老一辈的尊重，对同辈人的尊重，对青少年一代的理解和关心，特别是中国梦的提出，承认个人合理的

---

〔1〕《毛泽东选集》第3卷，人民出版社，1991年版，第874页。

梦与中国梦的统一，将有利于人们的交往和理解。

3.思想政治教育渗透到日常生活中

人们的日常生活领域是人们自主生活的主要内容。日常生活的触角伸展到社会的方方面面，无所不及。在日常生活领域，人们的思想是敞开的，行为是不掩饰的，因此更能反映人们的真实思想情况。思想政治教育渗透到日常生活中，就会以人们的真实的思想和行为状况为根据，作出科学的、通情达理的分析和引导，取得思想政治教育的实效性。思想政治教育渗透到人们的日常生活领域，就会取得举一反三的良好效果。

把思想政治教育工作做到人民群众的日常生活中去，这也是自革命战争年代以来党的优良传统。1934年2月27日，毛泽东在江西瑞金革命根据地所作的报告就贯彻了这一精神。他指出："我郑重地向大会提出，我们应该深刻地注意群众生活的问题，从土地、劳动问题，到柴米油盐问题。妇女群众要学习犁耙，找什么人去教她们呢?小孩子要求读书，小学办起了没有呢?对面的木桥太小会跌倒行人，要不要修理一下呢?许多人生疮害病，想个什么办法呢?一切这些群众生活上的问题，都应该把它提到自己的议事日程上。应该讨论，应该决定，应该实行，应该检查。"[1]这就是毛泽东留下的关心人民群众生活的好传统。

在日常生活领域做好思想政治教育工作，对人的影响是最大的。在思想政治教育方面，有时群众主要不是看我们的思想政治教育者说的理论怎么样，而是看我们能不能在解决实际问题的时候，理论联系实际。

（四）综合性

思想政治教育作为一个后起的新兴学科，还具有综合性的特征。这种综合性主要表现在以下四个方面。

1.教育目标的综合性

思想政治教育要达到的目标是由思想政治教育的本质决定的，也是由社会主义国家的性质、国家发展的需要和国家的大政方针决定的。思想政治教育目标的综合性主要包括两个层次的含义：一是决定思想政治教育目标的因素的综合性，二是目标内容的综合性。我们可以从决定因素的诸方面，分析教育目标内容的综合性。

首先，决定思想政治教育目标的党的教育方针是综合性的。思想政治

---

[1]《毛泽东选集》第1卷，人民出版社，1991年版，第138页。

教育目标必须适应党的教育方针所规定的培养目标。"我们的教育方针，应该使受教育者在德育、智育、体育几方面都得到发展，成为有社会主义觉悟的有文化的劳动者。"[1]在新时期，思想政治教育目标逐步形成了"德育为先、全面发展"的综合目标体系。

其次，党的基本路线的要求的综合性决定了思想政治教育目标的综合性。党在新时期的基本路线是："领导和团结全国各族人民，以经济建设为中心，坚持四项基本原则，坚持改革开放，自力更生，艰苦创业，为把我国建设成为富强民主文明和谐的社会主义现代化国家而奋斗。"[2]思想政治教育首先要起到团结人民凝神聚气的作用，同时坚持为经济建设中心工作服务，成为坚持四项基本原则的主渠道，鼓舞人民坚定不移地自力更生、艰苦奋斗，最终使我国成为富强民主文明的社会主义现代化国家。不仅如此，思想政治教育还担负着保证使党的基本路线一百年不动摇这样的政治任务。所有这些教育的目标，构成了一个围绕着党的基本路线的系统的目标体系。

再次，思想政治教育目标必须适应社会主义核心价值体系和社会主义核心价值观的综合要求。对自由、平等、民主、法治、公正等内容，如何作出马克思主义的解读，与西方资产阶级的"普世价值"及其类似概念划清界限，是思想政治教育工作中迫在眉睫的重要任务。

最后，思想政治教育目标必须适应人的全面发展的要求。共产党人作为无产阶级的先进政党，其突出政治特点之一就是在当前的运动中代表着运动的未来。人的全面发展，是共产主义远大理想追求的崇高目标。但是在现阶段也必须根据历史条件的实际，尽可能多地创造促进人的全面发展的条件。在社会主义初级阶段的现实面前，人的全面发展的目标，就是人的全面素质提升的目标。思想政治教育要促进人的发展的这些目标，就应该设计相应的教育任务，形成系统的、具体的综合教育目标。

2.教育内容的综合性

思想政治教育不仅具有目的综合性，同时还具有内容综合性，是一个综合的教育内容体系（图1-5）。

思想政治教育的内容具体阐释如下：

第一，科学世界观教育。科学世界观教育就是辩证唯物主义和历史唯物主义的教育。现行《中华人民共和国宪法》第二十四条规定："进行辩

---

[1]《毛泽东文集》第7卷，人民出版社，1999年版，第226页。
[2]《中国共产党章程》(中国共产党第十八次全国代表大会部分修改，2012年11月14日通过)，人民出版社，2012年版，第8-9页。

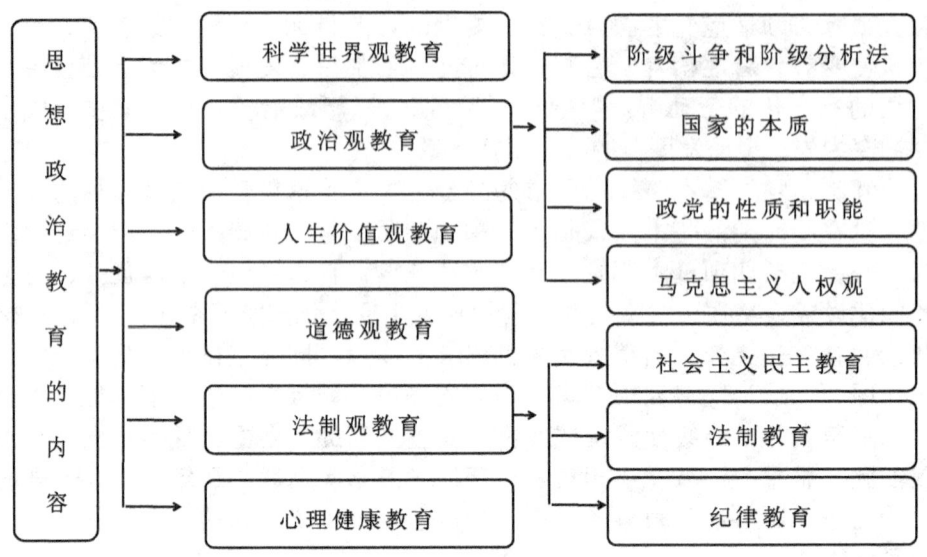

图1-5 思想政治教育的内容

证唯物主义和历史唯物主义的教育，反对资本主义的、封建主义的和其他的腐朽思想。"[1]这就是科学世界观教育的最高法律依据。马克思主义哲学在科学实践的基础上，实现了唯物主义与辩证法的有机统一。马克思主义的唯物主义是辩证的唯物主义；马克思主义的辩证法是唯物主义的辩证法。这种既唯物又辩证的科学世界观，不仅回答了世界本质是什么的问题，也回答了世界状况是怎么样的问题。辩证唯物主义的显著特点是它的实践性，它是人们改造客观世界和主观世界的科学思想武器。

历史唯物主义是马克思的第一大发明，是辩证唯物主义原理在社会生活和社会历史领域的运用。

以辩证唯物主义和历史唯物主义为主要内容的科学世界观，是人的思想素质的核心内容，是提高一切素质和能力的"总开关"。掌握科学世界观是提高人的素质的根本，也是思想政治教育的根本。

第二，政治观教育。

（1）阶级斗争的观点和阶级分析的方法是最突出的政治观点。新时期，国家宪法和党的章程一贯坚持认为，尽管阶级和阶级斗争在我国现阶段不是主要的社会矛盾，但是在一定范围内还是存在的。阶级和阶级斗争的存

────────

[1]《中华人民共和国宪法》，人民出版社，2004年版，第66页。

在是一个现实，否认和回避阶级和阶级斗争的倾向是错误的。在存在着阶级的社会中，必须坚持阶级分析的方法，这是我们观察一切复杂的政治现象的钥匙。资产阶级为了掩盖剥削和压迫劳动大众的现实，一向抹杀阶级区分，他们在历史上曾经宣扬"超阶级"的学说，近年又鼓吹"普世价值"的舆论，攻击马克思主义的阶级和阶级斗争学说。苏共领导人戈尔巴乔夫提出的"全人类的利益高于一切"，实际上是对阶级分析方法的背叛。

（2）国家的本质和职能的观点。马克思主义的国家观指出：国家的本质是阶级矛盾不可调和的产物，是阶级统治和阶级压迫的工具，是一个阶级镇压另一个阶级的暴力机器。所谓的国家在本质上是指在经济上占统治地位的阶级维护自己的经济利益和特殊地位的工具；无产阶级专政的国家，实现了新型的民主与新型的专政相结合，是绝大多数劳动人民对极少数剥削者的专政。这个专政是向着无阶级社会过渡的需要，是通向共产主义最高理想的必经之路。

（3）政党的性质和职能的观点。马克思主义认为，政党是社会经济和阶级斗争发展到一定历史阶段的产物。它是社会发展到资本主义大工业生产阶段形成的政治组织，是阶级斗争和政治斗争的产物。政党的本质属性是其阶级性。任何一个政党，都是代表一定的阶级、阶层或社会集团根本利益的组织。所谓"全民党"的说法，是一个非科学的概念。

（4）马克思主义人权观。人权最初是近代资产阶级思想家提出的一个概念。早期资产阶级思想家宣扬"天赋人权"。马克思主义不承认"天赋人权"，认为人权是阶级斗争的产物。人们在阶级社会中，由于经济、政治地位不同，不可能享受平等的人权。中国的社会主义人权观的特点是：广泛性、公平性、真实性。这是西方资产阶级社会无法比拟的。尊重国家主权，实现世界范围内的人权对话，是促进人权发展的正确道路。

第三，人生价值观教育。人生观是根据一定的世界观去观察和对待人生的目的、人生价值和人生道路的根本看法和态度。西方流行的社会思潮中反映各种消极人生观的类别有：享乐主义人生观，悲观主义人生观，权力意志主义人生观。社会主义国家坚持马克思主义科学人生观和为人民服务的人生观。为人民服务的人生观包括的内容有：树立崇高的人生理想；确立以劳动和奉献为人生价值的衡量标准；树立积极向上的人生态度；选择正确的人生道路；坚持把集体主义作为精神文明建设的总原则。

第四，道德观教育。这方面的教育内容主要包括：自觉把握良好道德素质形成的规律；继承中华民族优秀道德传统，适应社会主义建设的现实，建设以为人民服务为核心、以集体主义为原则的道德品质。在个人道德修养方面，应该强调：为人坦诚、先人后己或不损害别人、模范的公德意识、善于与人合作的精神、慎独正派。

第五，法治观教育。法治即重视法律与制度的国家治理方式。树立国家根本大法宪法至上的观念，认识和遵守社会主义法律。

第六，心理健康教育。即心理疏导的教育。人们在社会实践中接触社会现象，形成了低层次的社会意识。这就是心理层面的意识。这些心理方面的意识对人的思想状态和行为方式影响很大。抓住人们心理层面的丰富现象，将其提升到理性认识的高度，就是思想政治教育不可推卸的责任。

3.运用方法的多样性和灵活性

思想政治教育方法的多样性就是在思想政治教育实践中运用方法的灵活性。为了达到一定的教育目的、完成一定的教育任务，可以而且应该采取各种有效的方法，并且根据需要不断变换教育的方法，才能达到预期的效果。

第一，思想政治教育实践中运用方法的灵活性要求体现内容的针对性。在思想政治教育中，一把钥匙开一把锁，具体情况需要具体分析。不同的教育对象、不同的场所、不同年龄段的人群、不同的文化层次，采取的教育方法是不应该一样的，选择的切入点和风格也是不一样的。根据具体情况，选择具体教育方法，本身就是一门艺术。

第二，思想政治教育实践中运用方法的灵活性要求选择或更换既定的逻辑过程。思想政治教育过程中，演绎逻辑过程与归纳逻辑过程的适当变换使用，能够为受教育者带来新意和积极的效果。在整个思想政治教育的过程中，教育者都需要察言观色，在不断观察效果中适时改换自己的逻辑思路。

第三，思想政治教育实践中运用方法的灵活性要求超越人们的逆反心理。由于长期以来，我们的理论与社会实际的许多方面产生差距，人们在不同程度上都产生了一定的反向思维的"逆反心理"。思想政治教育者必须突破逆反心理的障碍，才能使教育产生积极的效果。摆脱陈旧的口吻、语调、案例、思路，采取更加鲜活的新姿态、新事例、新角度、新思路，往往能够取得积极的教育效果。有时，需要在受教育者思想上"不设防的地段"发动进攻，迅速接近核心问题，破解一般认为难以解决的问题。

4.知识借鉴的丰富性

思想政治教育以马克思主义的基本理论为指导，构建自身的理论体系。同时，马克思主义要求思想政治教育工作者必须以人类创造的全部知识武装自己，才能更好地行使自己进行意识形态灌输的历史使命。因此，思想政治教育应该借鉴的知识是多方面的。特别是在经济全球化和信息传播网络化的新时期，广博丰富的知识对于思想政治教育工作者是更加需要的。除了最基本的马克思主义学科之外，思想政治教育在实践中需要吸收和借鉴的知识涉及哲学、教育学、历史学、政治学、心理学、新闻传播学、美学、伦理学、社会学、法学等学科。这些学科的有关部分，常常能够为思想政治教育的实践提供某一层面的深刻的分析。

思想政治教育可以借鉴的知识和学科的丰富性是无与伦比的，只有借鉴丰富的其他学科知识，思想政治教育学才能真正得到发展。

思想政治教育需要借鉴其他丰富的学科知识，主要是要借鉴和吸收这些学科研究的领域、研究的对象、研究的角度、主要的规律、科学性的结论。在这里，思想政治教育自身的学科是本，其他可以借鉴的学科是末，不能本末倒置，更不能走旁门左道。如果把思想政治教育学讲成了其他的学科，那就违背了借鉴其他学科的初衷了。所以，借鉴其他学科的知识，不仅存在"古为今用"和"洋为中用"的问题，还存在"为我所用"的问题。处理好思想政治教育学与借鉴学科之间的关系，思想政治教育学科才能真正受益。

第三节 思想政治教育的本源

由于思想政治教育是伴随着阶级与国家的产生而产生的，因此在不同的社会形态之中，思想政治教育存在的形式也是不同的，其性质也会因社会形态的变化而变化。无产阶级政党的思想政治教育实现了人类思想政治教育史上的划时代变革。中国共产党自成立以来，历经90余载，思想政治教育理论的研究结出了累累硕果，为在新的历史条件下推动思想政治教育的创新发展奠定了坚实的理论基础。思想政治教育是不以人的意志为转移的社会实践活动，是通过改造主观世界来更好改造客观世界的社会实践活动，具有客观发生的本源及其标志。科学认知思想政治教育的本源及标志，对于被教育者思想政治教育的自觉性以及全民思想政治教育的科学化水平的提高，都有着巨大的推动作用。

一、思想政治教育本源的诠释

（一）思想政治教育的认识本源

解决人类在认知过程中主观与客观产生的矛盾，是思想政治教育产生的本源。在人类的实践活动中，人的头脑能动地反映客观世界的过程是人们认识活动的开始，同时也是主观反映客观的过程。离开了人的认识的客观对象，离开了人的头脑的主观能动反映，离开了实践基础上主观与客观的相互作用，就不可能形成人的主观反映客观的思想认识。

1.解决受教育者的认识水平问题

思想政治教育首先要解决的问题是受教育者的认识水平问题，即主观是否反映客观的问题，即主观是否符合客观的问题。人的正确思想，既不是从天上掉下来的，也不是人的头脑中固有的，而是在实践基础上人的头脑对客观世界正确反映的结果。由于人们不可能事事亲自实践、亲自直接接触和认识事物，因此，人们的思想认识，既有来自于自己直接实践和认识事物的结果，更多的、大量的则来自间接地实践和认识事物的结果，即掌握前人和他人思想认识的成果。而前人和他人的思想认识的成果，既有正确的、也有错误的，或者部分正确、部分错误兼有，这就使得思想政治教育必须在实践的基础之上，对前人以及他人的思想认识成果进行甄别和对比，引导被教育者确立正确的世界观、人生观、价值观，从而确保被教育者思想认识和觉悟的提高，进而推动社会实践的发展，最终实现人类社会的进步。

2.解决受教育者的认识方法问题

思想政治教育其次要解决的问题是受教育者的认识方法问题，即主观如何反映客观的问题。在思想政治教育中，如何掌握正确的思想认识方法，是至关重要的一个环节，是"授之以渔"的环节，对被教育者将思想政治的被动教育转为主动的自我教育，对推进客观世界的改造，有着决定性的作用。

由此可见，在人类社会的进程中，规划性以及目标性的思想政治教育是解决人们主观与客观认识矛盾的必不可少的手段，因此人类的进步离不开思想政治教育。

（二）思想政治教育的实践本源

人们在社会的实践过程中，会产生对思想政治教育的需求（表1-5），而这种客观需求则使社会实践成为思想政治教育发生的本源。

处理好实践过程中四个方面的关系（图1-6）是解决思想政治教育中思想与行为矛盾的基础（表1-6）。

表1-5　社会实践对思想政治教育的需求

社会实践对思想政治教育的需求	具体阐释
自发活动与自觉活动对思想政治教育的需求	马克思曾指出："自由的有意识的活动恰恰就是人的类特性。"[1] 为了加强正确的思想对人们社会实践活动的指导，减少人们社会实践活动的自发性和盲目性，增强人们社会实践活动的自觉性和目的性，提高人们社会实践活动的自觉程度和科学水平，激发人们的积极性、主动性和创造性，必须使人们掌握正确的、先进的、革命的理论，这就需要进行思想政治教育。自觉活动的最高要求不仅要有目的，而且要有理想和信念。理想和信念是人类自觉意识的最高表现形态，理想社会是人类自觉活动的终极目的。理想和信念的形成离不开思想政治教育。
精神力量转化为物质力量对思想教育的需求	在推动精神力量向物质力量转化的过程中，思想政治教育是一个不可缺少的环节。
个体实践与群体实践对思想政治教育的需求	人类历史发展的过程是社会实践主体不断扩大的过程。在社会实践中，必然存在着如何处理个体实践和群体实践的关系，而处理这两者关系的关键，在于如何使个体在实践过程中形成群体共识和群体精神，产生群体实践的合力。马克思指出："工人的一个成功因素就是他们的人数；但是只有当工人通过组织而联合起来并获得知识的指导时，人数才能起举足轻重的作用。"
经济发展与政治保障对思想政治教育的需求	在社会实践活动中，人们容易受到个体的、局部的、暂时的经济利益驱动，形成自发的、眼前的利益诉求，难以形成反映整个阶级利益的政治目标。要克服经济建设中的自发意识和自发诉求，由经济的自发意识上升到政治的自觉意识，由对经济利益的自发诉求上升为对政治利益的自觉诉求，将人们的思想统一到反映人民群众根本利益、长远利益和全局利益的政治目标上，形成政治共识，从而推动经济建设的健康、长足发展，最终实现人民群众的根本经济利益，更需要加强思想政治教育。

---

〔1〕《马克思恩格斯选集》第1卷，人民出版社2012年版，第56页。

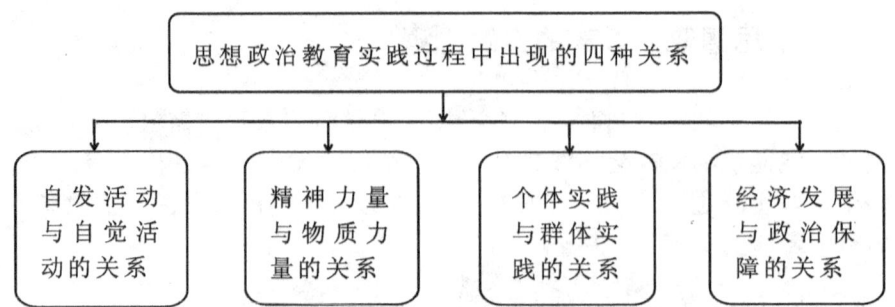

图1-6　思想政治教育实践过程中出现的四种关系

表1-6　思想政治教育对于实践过程中的四种关系的作用

思想政治教育对于实践过程中的四种关系的作用		具体阐释
自发活动与自觉活动的关系	自发活动与自觉活动的区别	自发活动与自觉活动是人们活动的两种状态，自发活动受自发意识的影响，带有很大的盲目性和盲动性，是自发的、本能的活动。自觉活动是由自觉意识影响和支配的活动，具有远大、明确的目标，并能够以这种目标指导行动，是一种"自觉"的活动。
自发活动与自觉活动的关系	思想政治教育对这两种活动的作用	思想政治教育可以通过引导人们树立正确的理想，确立共同的奋斗目标，使人类实践活动由个体的自觉走向群体的自觉继而走向社会的自觉。
精神力量与物质力量的关系	精神力量与物质力量的内在联系	社会实践活动是把观念转化为现实，把精神力量转化为物质力量的过程，因而，精神力量在一定的条件下可以转化为物质力量，在精神力量向物质力量转化的过程中，离不开思想政治教育。
	思想政治教育对这两种力量的作用	思想政治教育可以帮助人们实现观念的变革和创新，成为实践发展的先导和推动力；可以通过调动人的积极性、主动性和创造性，激发人的精神动力，开发人的潜能，产生巨大的精神力量，把精神力量转化为物质力量；可以形成社会的凝聚力、向心力，增强团体竞争力和国家竞争力，源源不断地创造精神财富和物质财富；可以通过构建和巩固社会的主导价值观念，传承和弘扬民族精神，形成推动历史发展的强大力量。

思想政治教育对于实践过程中的四种关系的作用	具体阐释	
个体实践与群体实践的关系	个体实践与群体实践的内在联系	社会实践活动的主体是人，不仅有个体，更有群众。人民群众是历史的创造者，也是社会实践活动的最重要主体，而人类历史发展的过程是社会实践主体不断扩大的过程。
	思想政治教育对解决两者关系的作用	思想政治教育可通过用科学的理论武装实践主体，用符合社会需要的道德规范塑造实践主体，用正确的价值观引导实践主体，用团队精神和民族精神凝聚实践主体，从而达到动员、协调和激励实践主体，增强实践主体的社会凝聚力，有效地实现社会整合、增强社会合力、推动社会实践实现目的。
经济发展与政治保障的关系	经济发展与政治保障的内在联系	经济是政治的基础，政治是经济的集中表现。政治集中体现经济基础的性质，表达了一定阶级的经济利益诉求，是促进经济发展、实现一定阶级和集团经济利益的有力保证。一定的社会集团或阶级，必须善于从政治的高度来看问题，通过政治的途径来实现和维护自身的经济利益。相对于经济建设而言，政治保证是关系到一定社会阶级、集团和群体根本利益、长远利益和全局利益的根本条件。
经济发展与政治保障的关系	思想政治教育对解决两者关系的作用	思想政治教育是增强人类实践活动的主体能动性、群体协作性、政治自觉性，激发实践活动的精神动力，推动实践活动由主观形态向现实形态转化的中心环节。人类社会的发展，始终离不开社会实践的推动和贯穿社会实践全过程的思想政治教育活动。

（三）思想政治教育的价值本源

思想政治教育产生的主要本源是其价值本源，即满足对思想教育产生客观需求的主体的需要，以及实现对思想教育产生客观需求的主体的根本利益。

综上所述，思想政治教育的本源主要涉及以下几对矛盾（图1-7）。

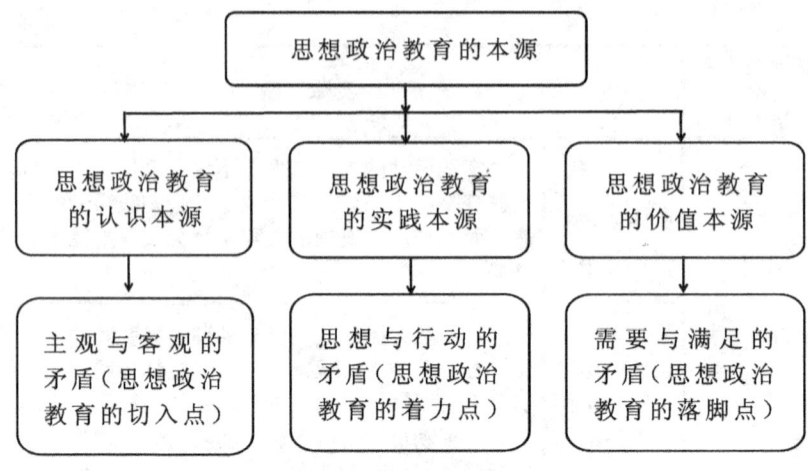

图1-7　政治思想教育涉及的主要矛盾

　　思想政治教育的产生、存在与发展，源于人们的认识活动、社会实践活动以及价值实现活动。因此，要以解决主观与客观的矛盾为切入点，以解决思想与行动的矛盾为着力点，以解决需要与满足的矛盾为落脚点，从根本上加强和改进思想政治教育。

二、思想政治教育的发生与发展

（一）思想政治教育的发展史

　　在原始社会的氏族阶段，人们意识的形成、传播很大程度上还停留在自发的诸如图腾崇拜、祖先崇拜、宗教活动等象征仪式上，也仅属思想政治教育的萌芽形态。据考古学、社会学、文化人类学、政治人类学所提供的科学知识和丰富资料来看，人类在进入母权制的氏族社会以后，就开始出现了政治生活的萌芽。美国民族学家摩尔根在《古代社会》一书的出版序言中指出："政治的萌芽必须从蒙昧社会状态中的氏族组织中寻找；然后，顺着政治制度的各种演进形态，下推到政治社会的建立。"他认为："人类在蒙昧社会的后期和整个野蛮阶段之中，一般都是按氏族、胞族和部族而组成的。在整个古代世界，这些组织到处流行，遍及各大陆；它们是古代社会赖以构成、赖以团结的手段。这些组织的结构，这些组织作为一系列有机体的组成部分而存在的相互关系，以及氏族成员、胞族和部族成员所具有的权利、特权和义务，都是足以说明人类思想中政治观念萌芽的例证。人类的各种主要制度都起源于蒙昧社会、发展于野蛮社会，而成熟于文明社会。"〔1〕因而，从广义上理解政治，根据"已知的史实，完全可以确认，人类社会政治事实的发生，是同人在劳动生存中必然形成的社会关系直接相关联的，它最初产生于以血缘关系为基础的母系氏族组织体制之中。"氏族既是最早的社会组织，也是最早的准政治组织。氏族都有从氏族成员中选出的酋长和军事首领。选举时全体成年男女进行自由投票。氏族酋长是部落议事会和联盟议事会的成员。氏族可以罢免酋长和军事首领，由氏族成年男女共同决定，部落议事会也可以不通过氏族而直接撤换他们，一个首领被罢免后就成为普通成员。氏族为了维护自身的共同利益，也进行着相应的政治活动。政治组织的产生，政治活动的出现，催生了反映社会共同利益的意识形态，只是这种意识形态是自发的、内容是粗糙的、作用于社会成员的途径是自然的。考古学家发现，在一些原始遗址中，氏族首领们基于对普通民众的宗教的或超自然的信仰的控制，行使着意识形态的权力。这些控制可以从一些考古学遗址中的宗教象征物获得证明，也可以在艺术作品中获得证明。在拉文塔的许多大石雕和巨大祭祀建筑中，汇集了许多的宗教画像。在遗址里还有一些描写托着虎形人面的个人的雕刻。学者们认为这些雕刻在奥尔梅克宗教中具有政治象征的意义。由于原始社会氏族内部利益关系的高度一致性，政治活动的内容也往往只是涉及生产、战争、联姻、联盟等具体的事务，不涉及阶级之间的斗争，不涉及国家政权问题。因此，原始社会的政治活动不具有阶级性，原始社会的政治也不是严格意义上以国家政权为根本的政治。在这种政治活动中，自觉、系统、理论化的意识形态还没有产生。

阶级和国家的出现，标志着思想政治教育正式诞生。恩格斯在谈到国家产生时说道："曾经有过不需要国家，而且根本不知国家和国家权力为何物的社会。在经济发展到一定阶段而必然使社会分裂为阶级时，国家就由于这种分裂而成为必要了。"〔2〕"由于国家是从控制阶级对立的需要中产生的，由于它同时又是在这些阶级的冲突中产生的，所以，它照例是最强大的、在经济上占统治地位的阶级的国家，这个阶级借助于国家而在政治上也成为占统治地位的阶级，因而获得了镇压和剥削被压迫阶级的新手

〔1〕[美]路易斯·亨利·摩尔根：《古代社会》，杨东莼等译，商务印书馆，1971年版，第2页。
〔2〕《马克思恩格斯文集》第4卷，人民出版社，2009年版，第193页。

段。"[1]恩格斯的这些论断，客观地揭示了国家的本质，为人类探寻思想政治教育发生的根源指出了正确的方向。马克思指出："占统治地位的思想不过是占统治地位的物质关系在观念上的表现，不过是以思想的形式表现出来的占统治地位的物质关系；因而，这就是那些使某一个阶级成为统治阶级的关系在观念上的表现，因而这也就是这个阶级的统治的思想。"[2]统治阶级需要一定的、符合自己阶级利益的政治思想以及政治理念，以便国家机器进行牢固的思想统治。统治阶级的思想统治是国家的必然产物，是一定政治意识形态的生产、传播和社会化的活动。

（二）思想政治教育产生的主要表现

阶级与国家的诞生最直接的结果是产生了思想政治教育，思想政治教育正式产生主要体现在思想政治教育的内涵、主体以及本质三个方面（表1-7）。

表1-7　思想政治教育产生的体现

思想政治教育产生的体现	具体阐释
思想政治教育的内涵	思想政治教育是一定社会的阶级或集团运用一定的思想观念、政治观点、道德规范，对其成员进行有目的、有计划、有组织的教育，使他们形成符合一定社会群体和阶级所需要的思想政治品德的社会实践活动。其核心内容是政治教育，而政治又与阶级的政治统治和根本利益密不可分，思想政治教育是伴随着阶级的产生而产生的，是阶级的一种重要的实践活动和存在方式，是实现阶级政治目的和根本利益的一种重要手段。没有阶级的根本利益和政治统治，就没有相应的思想统治活动，也就没有维护和实现这种思想统治进而实现政治统治和根本利益的真正的思想政治教育活动。因此，思想政治教育的发生和阶级的产生具有历史和逻辑的一致性。

〔1〕《马克思恩格斯文集》第4卷，人民出版社，2009年版，第191页。

〔2〕《马克思恩格斯文集》第1卷，人民出版社，2009年版，第550—551页。

思想政治教育产生的体现	具体阐释
思想政治教育的主体	阶级和国家的产生创造了思想政治教育的重要主体——一定社会的阶级或集团。思想政治教育是阶级的一种存在和活动方式，只有在国家这种控制阶级冲突的社会组织中和制度框架下，才产生了系统的、有计划的、经常性的运用意识形态的力量，进行一定阶级的思想统治进而实现政治统治和根本利益的需要；也只有统治阶级才有能力、有条件生产思想政治教育的主要内容——社会占有主导地位的意识形态，并且拥有对思想政治教育社会资源的占有权和分配权。而被统治阶级要想改变自己的阶级地位，实现自己的阶级利益，也必然会通过广泛、深入的思想政治教育，凝聚阶级共识，扩大社会影响，争取思想舆论的主导权，进而争取本阶级的思想统治和政治统治，最终实现本阶级根本的经济利益。因此，阶级和国家的产生，是思想政治教育产生的前提。
思想政治教育的本质	思想政治教育从本质上说是一定社会的阶级或集团为实现自身政治目的而进行的社会实践活动。而政治的根本问题是国家政权问题。思想政治教育是国家的统治阶级或争取统治的阶级为实现自身阶级利益而开展的实践活动。当人类社会进入阶级社会，产生了阶级和国家时，思想统治的迫切性和必要性才充分显现出来，思想政治教育的本质才得以充分地展现出来，思想政治教育也才发展出自身现实的、显在的、完整的存在形态。

第四节　思想政治教育发生的价值导向

一、思想政治教育价值的解读

价值是研究思想政治教育价值的逻辑起点。因此，正确认知思想政治教育价值的内涵与本质特征（表1-8）十分重要。

表1-8　思想政治教育价值的内涵

内涵属性	具体内容
定义	思想政治教育的价值，是人和社会在思想政治教育的实践与认识的活动中建立起来的，以主体的思想政治品德形成和发展规律为尺度的一种客观的主客体关系，是思想政治教育的存在及其性质是否与人和社会的发展需要与目的等相一致、相适合、相接近的关系。
外在性质	思想政治教育的功能是最外在的性质，它与人的需要之间构成最直接的关系，还可再分解为诸多方面。这些客体功能属性的发挥，与思想政治教育过程中所运用的教育内容、方式和手段等客体的内在性质有关。在主客体的相互作用中，首先主观要符合客观，主体要客体化，然后，才能让思想政治教育的变化与主体的生存发展的需求一致。这时表现出来的客体的主体化方向，就是思想政治教育价值的取向。
思想政治教育中主体和客体与思想政治教育的联系	思想政治教育价值概念中主体的需要对象是客体，与思想政治教育过程发生直接联系。对此，我们可以从三个方面来认识：首先是按需要对象的内容可分为物质的以及精神的其次是按需要的性质可分为社会的（人民对社会环境的需要）和个人的（人们对教育者人格的需要）；最后是按需要的来源可分为主体以外的客观世界和主体自身的主观世界。在这里，之所以把主体自身的主观世界也看作价值关系的客体，是因为当一个人对自己进行认识、评价、反省的时候，实际上是思想着的"我"对存在着的"我"进行价值选择。思想政治教育中的"自我教育"正是这一形式的表现。同样，当一个人对自己未来发展目标进行选择的时候，实际上是把将要实现的"我"作为客体来认识的，这样，存在于主体自身的主观世界在一定条件下可以转化为思想政治教育价值关系中的客体。

二、思想政治教育价值的本质特征

综上所述，思想政治教育价值本质是价值主体的需要与思想政治教育属性之间的对应关系的总和。

思想政治教育价值具有普遍的客观基础和复杂的表现形式。换句话说，一切具有价值特征的事物和人，总是以一定形式的主客体关系表现出来。在思想政治教育的过程中，思想政治教育是客体，人是主体，思想政治教育的价值与人的需求成正比。只有充分满足人的需求，思想政治教育才能最大程度地显示其价值。人们通常会根据社会客观条件以及自身发展水平的实际状况去满足自己的需要。因此，思想政治教育价值客体是构成思想政治教育关系的客观基础，思想政治教育价值主体是思想政治价值关系的直接承担者，而思想政治教育的主体与客体的关系又是相辅相成、缺一不可的。

思想政治教育价值的本质特征有以下两点（表1-9）。

表1-9　思想政治教育价值的本质特征

特征属性	具体内容
思想政治教育价值具有合目的性	思想政治教育具有合目的性，这种合目的性只与思想政治教育对于主体认识能力的适合性和主体需要满足的合理性相关，因而具有向"善"的特点。就人的发展而言，思想政治教育的合目的性体现在促进人的思想政治素质的发展以及人格的完善和主体性的提升上。马克思把人的发展划分为三种层级，即："人的依赖关系（起初完全是自然发生的）是最初的社会形态，在这种形态下，人的生产能力只是在狭窄的范围内和孤立的地点上发展着。以物的依赖性为基础的人的独立性，是第二大形态，在这种形态下，才能形成普遍的社会物质交换，全面的关系，多方面的需求以及全面的能力的体系。建立在个人全面发展和他们共同的社会生产能力成为他们的社会财富这一基础上的自由个性，是第三个阶段。"显然，马克思所预设的人的发展层级要求思想政治教育在人摆脱对物的依赖的基础上发展和完善自己独特的个性品质中实现自身的目的价值。思想政治教育不仅要合乎个人的目的，还要合乎一定阶级和集团的目的，满足一定阶级或集团的需要。思想政治教育要实现一定阶级或集团的政治目的和经济利益。就社会的发展而言，由于全球化进程的日益加快以及我国社会主义市场经济体制的日益完善，思想政治教育只有在"以人为本"的价值观指导下，创造一个和谐的、文明的、精神健康的有机社会，才能真正揭示思想政治教育价值的本质。

续表

特征属性	具体内容
思想政治教育价值具有合规律性	思想政治教育活动的一个本质特征就是思想政治教育价值的成果应体现出合规律性与合目的性的统一。思想政治教育活动的特点在于它不仅能满足主体的生存和发展需要，而且能通过提升主体的精神素质来满足自身的生存和发展需要。也就是说，"人类所做和所想的一切都关系到要满足迫切的需要和减轻苦痛"，都应该符合人类和社会发展的规律。合规律性与合目的性是人类活动的本质，不合规律的活动，人类不可为之；不合目的的活动，人类不想为之。"人是生来就要活动的创造物"，思想政治教育作为人类意识进化的一种必要的精神提升活动，其活动的本质亦是合目的性与合规律性的统一。

综上所述，人类的一切思想政治教育活动，都是为了发现自身价值、创造自身价值、实现自身价值和享用自身价值。思想政治教育价值的实现，是对人的品德的形成发展规律、对思想政治教育的客观规律、对自身价值的实现规律的认识、对满足人和社会需要的价值关系运动规律的认识。思想政治教育本身的规律和它对人和社会的价值运动规律就构成了评论思想政治教育价值本质的两个尺度，就是合规律性和合目的性。

第二章

思想政治教育的内容与创新

第一节 人生观与人文素养教育

一、人生观的形成与人生观教育

人生目的是人生价值观的核心，是对人生的目的、意义和道路的根本看法和态度，是人生命存在和活动的总目标，是确立人们实践活动的前提，左右着人生道路的方向。

（一）人生价值观教育

人生价值是一个人的一生对自我、他人和社会所具有的意义和作用。它不仅包括个人对社会的责任和贡献，而且也包括社会对个人的尊重和满足。人生价值观就是人们对人生价值的总体看法和根本观点，它在人生观中居于核心地位，在深层次上影响、制约和指导人们的实践活动。加强人生价值观教育，对于帮助人们正确处理个人和社会的关系，实现人生的价值，具有重要意义。

1.确立正确的人生价值目标

人生价值目标是指从根本方向和原则上指明人生应该追求什么和怎么做的基本取向，表现为人生"应当如何"的态度。它直接或间接地联系着人生的一切实践活动，为实现人生价值提供目标导向，是人生实践的重要指南。进行人生价值观教育，要注重引导受教育者选择和确立正确的人生价值目标。要帮助受教育者认识到，社会主导的价值目标在客观上制约着个体的价值目标，因而个体的价值目标必须符合社会主导的价值目标；要引导受教育者从自身实际条件出发确定个人价值目标。

2.引导受教育者正确进行人生价值评价

人生价值评价是依据一定的价值标准，通过个人心理活动、群体意识倾向和社会舆论，对自己或他人的价值观念和社会行为进行衡量、分析和判断的过程。进行人生价值评价，必须正确把握人生价值评价标准。人生价值评价的根本尺度，是看一个人的实践活动是否符合社会发展的客观规律，是否通过实践促进了历史的进步。而评价人生价值的基本尺度，是劳动以及通过劳动对社会和他人作出的贡献，这是社会评价一个人的人生价值的普遍标准。同时，还要把握正确的人生价值评价方法。要坚持能力有大小与贡献须尽力相统一；坚持物质贡献与精神贡献相统一；坚持完善自身与贡献社会相统一；坚持动机和效果相统一。

3.引导受教育者努力实现人生价值

一是要帮助受教育者认识到，实现人生价值要从客观条件出发。人生价值是在劳动创造活动中实现的，人的创造力的形成、发展和发挥都要依赖于一定的客观条件；只有从社会客观条件出发，充分发挥自己的主观能动性，才能更好地实现人生价值。二是要引导受教育者不断提高自身的素质和能力。个人的素质和能力在很大程度上决定着一个人的人生价值的实现程度。要实现人生价值，就必须不断提高自身素质，提高认识问题和解决问题的能力。三是引导受教育者发扬艰苦奋斗精神。要坚决抵制拜金主义、享乐主义、个人主义腐朽思想，反对贪图安逸、追求享乐、满足现状、不思进取、个人利益至上的思想，做到积极进取，敢于拼搏，吃苦耐劳，勤勉敬业，无私奉献。四是要引导受教育者在实践中创造人生价值。实践是创造人生价值的源泉和基本途径。在当前，要引导受教育者积极参与推进社会主义现代化、实现中华民族伟大复兴的实践，在实践中实现和创造人生价值。

（二）生命价值观教育

生命是世界存在和发展的基础，"全部人类历史的第一个前提无疑是有生命的个人的存在。"[1]而人类的生命存在及其实践活动，总是在一定的生命价值观的指导下进行的。生命价值观就是人们对于生命价值问题的根本看法和态度，也是一种生活态度和生活理想。一个人是否具有正确的生命价值观，对其生命质量及其发展有重要影响，也在一定程度上对社会发展产生影响。因此，必须加强生命价值观教育，引导受教育者认识生命、尊重生命、珍爱生命、欣赏生命，树立正确的生命价值观。生命价值观教育的分类如下（表2-1）：

---

[1]《马克思恩格斯选集》第1卷，人民出版社，1995年版，第67页。

表2-1 生命价值观教育的分类

类型	具体内容
认识生命教育	帮助人们正确地认识生命和理解生命，是生命价值观教育的首要内容。人的生命包括自然生命和文化生命两个层次。人的自然生命即物质形态的生命是所有生命发展的最高阶段，是大自然演化的杰出结果；人的文化生命即精神形态的生命是人的生命区别于其他生命的根本标志。人的生命是人类社会存在和发展的重要的基础性条件。
尊重生命教育	世界上最宝贵的就是生命，生命是人的其他价值创造、实现和评估的先决条件，脱离生命的存在和延续过程，就无所谓生命价值的实现。要把生命的尊严看作最高价值，尊重生命，不仅要尊重自己和他人的生命，而且要尊重一切生命。
生命意义教育	人是一个探询意义的生命存在，正是意义决定了人的生命存在和发展的方向，体现了生命的价值和尊严，生命的真谛就在于对意义的追寻。生命价值观教育要引导和帮助受教育者正确认识生命意义，积极寻找和发现生命的意义，并在实践中实现和创造生命意义。
人生幸福教育	幸福是人生的根本目的和最终追求。生命价值观教育要引导人们尤其是青少年追求幸福、实现幸福、享受幸福，过有意义的幸福生活。首先，培养受教育者体验幸福的生命情感。其次，引导受教育者追求个性化的幸福生活，在认识并不断反思自我的过程中，形成自己生命的终极价值。最后，引导受教育者通过合理的手段获得幸福。
死亡教育	生命价值观教育要引导人们认识死亡，接受死亡，征服死亡，超越死亡，并在这一过程中实现生命的价值。只有科学地认识和思考死亡，向死而生，我们才能更加珍惜现在的生活，更有计划地安排自己的生命，努力于当下，提高生命的质量，实现和创造生命的价值。

二、大学生人文素质教育与方法

大学生人文素质教育从教育与人的发展、教育与社会的发展两条基本规律出发，能够促进个体成长与社会进步两方面，从而将其与"国民素质的提升"连接到一起。

人文素质教育是大学生思想政治教育的重要内容，具体来说就是以培养学生人文素质为主要目的的教育。人文素质教育的核心追求是人文精神，它将人类在长期发展过程中形成的优秀文化传承给下一代，帮助大学生在优秀文化成果的滋养下，提升自己的人格魅力和气质修养，形成稳定的内在品质。从高校教育角度来说，大学生人文素质的教育实质上就是学校通过教育内容的改进和教育环境的改善，来提高大学生的内在修养。大学生人文素质教育的具体分层如下（图2-1）。

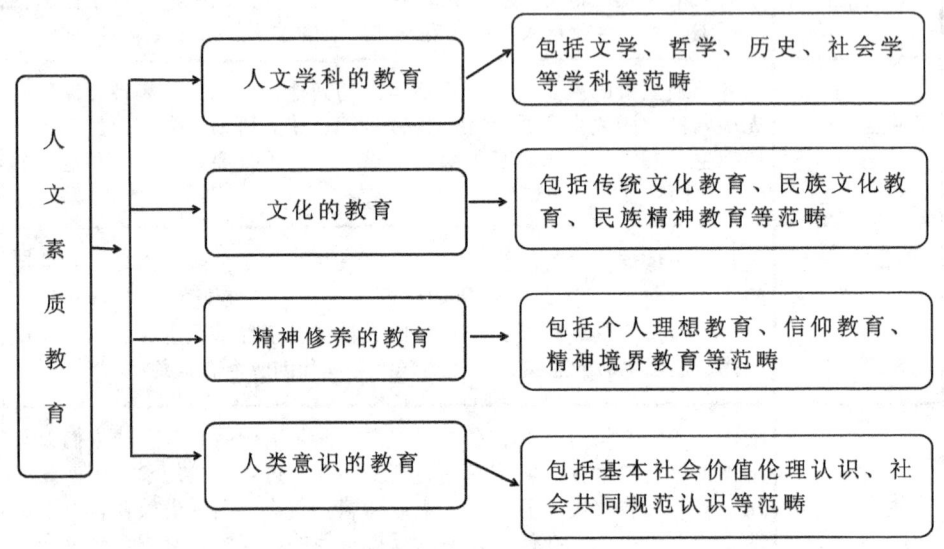

图2-1人文素质教育的分层

（一）大学生人文素质教育的意义

大学生思想政治教育内容的发展基本思路是同社会文化的发展思路一致的：保持自身合理的优秀的成分，促使自身对象化并与社会同步。因此，大学生思想政治教育要保持自身的合理成分，夯实基础，关注教育对象的重大问题，以及同社会的发展紧密协调。大学生人文素质教育有着极其重要的意义（表2-2）：

表2-2 大学生人文素质教育的意义

意义的属性	具体内容
时代的要求和需要	社会的快速发展对大学生适应社会的能力和文化道德素质提出了较高的要求，缺乏适应社会的能力会逐渐被时代所抛弃，而文化道德素质的缺乏使人们迷失在快速的社会发展之中。教育承担着培养人才的基本任务，新世纪高等教育的目的已经不再是对学生进行单纯的学术、专业教育，而是要培养一个既掌握了专业知识，又具有优秀个人素质和文化修养的建设者。
经济发展和社会进步的需要	无论是经济体制的改革还是经济增长方式的变化，要想取得根本的改变要从改造人们的观念入手，而这一点的实现恰恰需要教育要以转变人民思想、提高人民素质为根本目标。高级人才的培养需要花费很多的时间和精力，人才的价值极为珍贵，他们思想道德水平和科学文化素质关系到我国社会主义建设的品质和走向。
培养丰富创造力的优秀人才的需要	高等教育的根本任务是根据社会发展的需求，培养具有创新精神和社会实践能力的高水平的专业化人才。在教育过程中，我们要重视学生创造能力的培养，鼓励他们开拓进取、勇于创新的勇气。著名科学家钱学森说："创造性思维往往在不同学科知识和思维方式的交叉渗透中产生。"国家的文化和传承良久的民族精神是一个国家和民族最大的财富，这些非物质因素的传承是每一个教育者的责任和历史使命。在社会发展的过程中，高等教育必须肩负起自己应该承担的责任和使命。
人才竞争的需要	当今世界是一个竞争的世界，以教育为基础的人才和公民素质的竞争尤为激烈。我国教育必须承担起为社会发展培养合格人才的历史使命，要将优秀的民族文化与民族精神传承下去，还要转变人的观念，提高人的综合素质。
帮助塑造青年理想人格	人格的核心是人的内在素质。一个国家的发展，一个民族的进步，任何外部力量所能起到的作用都是辅助，而内在的素质与品质才是动力不断产生的根本保证。专业知识的授予能够帮助青年学生找到自己生存与实现机制的手段，而人文知识的授予能够为学生的发展指明发展的方向。

（二）大学生人文素质教育的方法

大学生人文素质教育的方法多种多样，其中，最为重要的有学科交叉法、经典阅读法、中西融合法、就地取材法、古今搭桥法（表2-3）。

表2-3　大学生人文素质教育的方法

方法	具体内容
学科交叉法	学科交叉方法是一种对高校和高校教师要求较高的教育方法，学校不仅要具备综合教学的能力，教师也必须涉猎广泛，能够胜任学科交叉教学的需求。学科交叉教育能够使受教者迅速提高自己的知识范围，提高自己对专业知识的理解与认识；学科交叉教学还能够帮助学生建立起综合考虑问题的思维习惯，提高利用不同知识解决问题的能力，对学生个人素质和能力的提高有重要的意义。
经典阅读法	经典阅读法是传承已久的一种人文素质提升教学法，也是人文素质教育中采用最为广泛的一种教育方法。经典是智慧的结晶，经历了时间的考验，是人类文明的瑰宝，其闪耀着的精神价值永远是人们学习的内容。一个著作要称得上"经典文本，最少需要两个方面的条件：第一，它具有原创性，在某一个领域或者某一个时期具有典范作用；第二，其内容着眼长远，并且在一定的时期或者范围内体现出了自己的这种优势。
中西融合法	中国的人文素质教育要紧跟时代的步伐，吸收各种先进的文化的精髓，将其与中国传统文化相融合。一般来说通过该方式进行人文素质教育的方式主要让学生欣赏外国经典，教师加以引导让学生将这些思想精髓与中国的传统文化相结合。在教育的过程中，教育者必须把握西方经典教育的度，不能舍本逐末，放弃传统文化与思想的教育，造成教育的片面性。
就地取材法	就地取材法就是利用现有的资源安排教学，通过引导提高学生的认识。可以根据当地的政治、经济、文化、民族等发展需要，利用地方人文资源而开发，反映地方社会发展实际及其人才培养的需求，实现与学生的现实生活发生多方面的、多层次的联系，重建学生的精神生活，真正赋予学生生活的意义价值，让学生成为学习活动的主体、个体生活的主体和社会活动的主体。
古今搭桥法	古今搭桥法是指人文素质教育者本着传承与扬弃的目的，从历史典籍以及传统文化中充分发掘和整合人文素质教育在不同历史时期的素材的教育方法。不仅要做到知古守根，还要做到知今守望。

第二节 人际交往与心理健康教育

人际交往是一门学问，一种艺术。在人际交往中，有的人能让人感到一见如故，心心相印；有的人交往数载，却给人知人知面不知心的感叹。这与掌握交往的方法有关。要想获得成功的人际交往，不仅要掌握人际交往的原则，拥有良好的人际交往的愿望，还必须掌握一定的人际交往的方法和艺术。

一、大学生人际交往的基本原则

大学生人际交往要本着平等待人、真诚守信、理解尊重、宽容大度、互利互助五大原则（图2-2）。

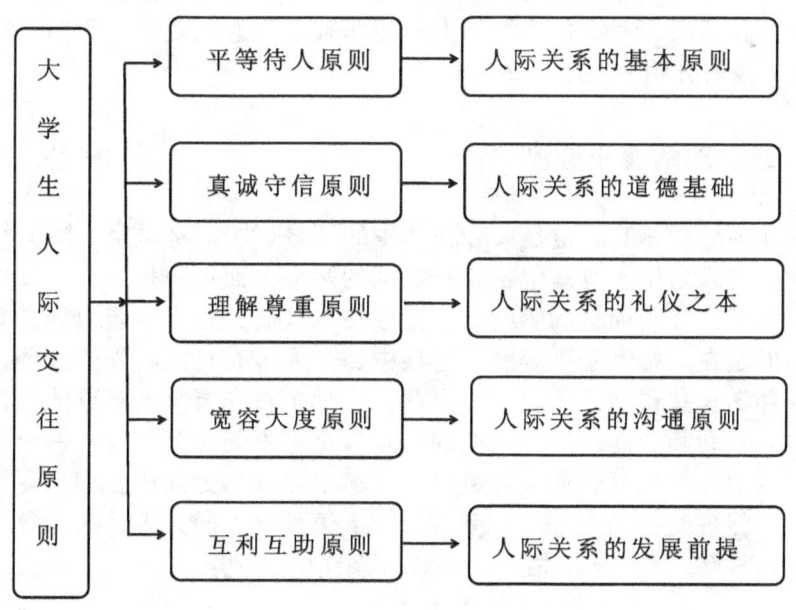

图2-2 人际关系交往原则

（一）平等待人原则

人际交往中最基本的原则就是人与人之间相互平等，这是建立人际关系的基础。平等交往，首先是指在与不同的人交往时应做到平等相处，一视同仁。其次，在交往的过程中，交往平等是指平等地对待自己以及他人。总之，平等待人就是要求人们在人际交往中要学会换位思考、将心比心，只有平等对待所有人，才能换取别人对自己的平等相待。正如孔子所说的，"己所不欲，勿施于人"；"己欲立而立人，己欲达而达人"。

（二）真诚守信原则

在人际交往中，处理人际交往最基本的道德要求是诚实、诚恳和守信。只有彼此抱着诚信的态度和动机，待人推心置腹，才能达到相互理解、信任，使交往得以巩固、发展和深化。人际间一旦失去了信任，彼此之间相互提防，相互猜忌，必然引起关系紧张，其交往也难以进行下去。那种表里不一、口是心非的人在人际交往中是最不受欢迎的。以诚相待、相互信任是现代人处世待人、取得理想交往效果的重要原则。但是，大学生应该特别注意，除了表达自己的真情实感外，还要学会分辨那些虚情假意之辈。孔子曰："唯仁者能好人，能恶人。"这就是说，我们对待"仁者"要有爱憎分明的态度。

（三）理解尊重原则

相互理解、相互尊重是人际交往中的"绿灯"。尊重是人际交往的礼仪之本、待人之道。尊重包括相互联系的两个方面：一是自尊，二是尊重他人。由于主客观因素的影响，人在性格、气质、知识、能力等方面存在差异，但是在人格上是平等的。生活中每个人都有自己的人格尊严，并期望在各种场合获得他人的尊重。因此，大学生首先要学会尊重他人，包括其人格、权利和劳动成果。人们的相互尊重离不开相互理解，一个人既要努力理解他人，也要让他人理解自己。尊重以理解为前提，相互理解是人际沟通、促进交往的条件。"爱人者，人恒爱之；敬人者，人恒敬之。"只有相互尊重，才能融洽相处，营造和谐的人际环境。

（四）宽容大度原则

人际交往是以观点、信息的交流为载体，在交往中，双方难免会出现观点的不同，进而产生一些误解和矛盾。在人际交往中由于经历、文化、修养等差异的存在，因误会、不理解而产生人际矛盾是不可避免的，这时就要求遵循宽容的原则。对大学生来说，就要求其逐步提高自身的素质和修养，在人际交往中不要斤斤计较，要谦让大度、克制忍让。宽，是宽以待人、宽大为怀；容，是容忍、忍让。大学生们由于在成长环境、道德修养、社会阅历等方面存在着一定差异，因此在交往中因认识不一致而产生误解甚至矛盾都是难免的，因此，当代大学生只有在交往中做到宽容、谦逊，与他人之间才能很好地进行沟通，消除人际关系中的误会和矛盾冲突，为社会所接纳，达到感情上的共鸣和交融，从而扩大交往空间。

（五）互利互助原则

互助是人际交往继续和发展的前提。互助表现为交往双方的相互关心、相互帮助、相互扶持、相互理解。人们交往的目的之一，是为了获得帮助的需要。帮助总是相互的，在他人需要帮助时你帮助了他人，那么在你需要帮助时他人就会帮助你。如果一个人在帮助他人时，首先想到的是他人将来如何回报自己，那么这种帮助就不是真诚的。而在他人需要帮助时你帮助了他，对方由衷的感激会使交往双方在心理上更加贴切，感情上更加融洽。只有我为人人，才可能人人为我。当代大学生在社会主义市场经济条件下，应该努力遵循这一交往原则。

二、提高大学生人际交往能力的意义

提高大学生人际交往能力有着十分重要的社会意义（图2-3）：

（一）有助于促进大学生提高自我意识以完善自我

自我意识是人对自己以及自己与周围环境关系的认识，包括对自己存在的认识以及对自我身体、心理、社会特征等多方面的认识，是一个完整

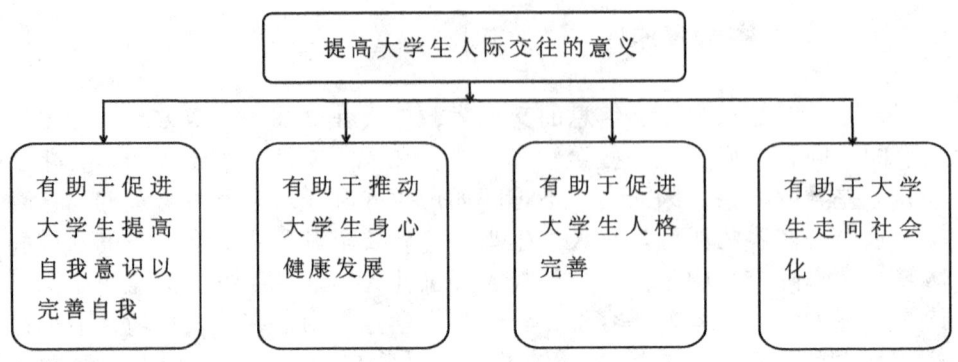

图2-3　提高大学生人际交往能力的意义

的多维度、多层次的心理系统。人贵有自知之明，古往今来，人们最想了解但又最难了解的正是自己。正确地认识自我，从而合理地评价自我，对于每个人来说都不是一件简单的事，尤其是对于初涉人世的大学生，更是困难。"以人为镜，可明得失。"经验表明，自我认知和自我完善是在一定的社会关系中，通过与他人的沟通而实现的。人们对自己的认识需要以他人为镜，需要在同他人的交往与比较中，把自己的形象反射出来而加以认识。

由此可见，大学生在交往过程中可以找到一把人生的尺子，量出自己的长处与短处，确定自我形象，磨砺性格，砥砺品行，从而促进自我意识的形成。

（二）有助于推动大学生身心健康发展

马克思指出："一个人的发展取决于和他直接或间接进行交往的其他一切人的发展。"一个人的个性除了受先天遗传因素影响外，更多的是受到后天环境的影响。人都是有感情的，人的感情是需要沟通和交流的，情感的沟通和交流通过交往来实现。只有通过积极交往，寻求知己，求得认知上与感情上的共鸣，才能达到思想上的解脱、心理上的平衡。积极开展人际交往，有助于大学生沟通思想，排解心中的烦恼，融洽同学之间、师生之间的感情，从而产生对同学、老师和学校的友好感、信任感以及归属感。这种感情的交流，包括欢乐的共享和积郁的宣泄，对大学生的身心健康是十分有益的。

（三）有助于促进大学生人格完善

个性的发展与完善是大学生思想道德建设的重要任务。人人都希望自己的个性得到发展与完善，但它的实现离不开交往活动。正是在交往活动中，大学生理解生活、丰富知识、学会处世、锻炼能力。大学生交往的环境是个性形成、发展与完善的直接条件，交往的深度影响着个性的品质，交往的广度也直接影响着个性的形成。大学生广泛地进行人际交往，不仅有利于增加对国情的认识，更能够端正认识问题的方法，扩大视野，学到书本中学不到的知识和能力。因此，良好的人际关系是大学生保持心理平衡、增强身心健康的有效方式。人际交往和睦，大学生的个性就会乐观、开朗、积极、主动，个性就越完善。

（四）有助于大学生走向社会化

人际交往是个人社会化的必经之路。社会化是人们借以获得个性并学会其所在社会的生活方式的社会互动过程。社会化要求每一个合格的社会成员不仅要学习科学文化知识和生产技能，而且要掌握并遵守社会规范，而后者对于一个社会的正常运转具有极其重要的意义。

大学阶段是实现个体社会化的关键时期。因为大学生的主要任务，包括学习生活技能、确立人生目标、掌握社会规范、培养社会角色、塑造健全人格等都是在这一阶段基本完成的。大学生正处于社会化的重要阶段，毫无疑问，无论是科学文化知识和生产技能的获得，还是社会规范的遵守和良好行为习惯的养成，都需要不断地与社会、与他人的交往实践，需要在交往实践中不断接受社会、他人的教育和引导。因此，人际交往是大学生社会化的重要环节。

三、大学生常见的心理健康问题

大学生心理健康已经成为广大思想政治教育作者关注的重要问题。一方面，心理健康问题有碍大学生学习效率提高；另一方面，心理健康问题则使得大学生不能摆正人生观，面对一些人生问题作出错误判断。本节从大学生常见的心理健康问题入手，研究加强大学生心理健康问题的路径与方法。

　　调查结果表明：学业问题、情绪问题、人际关系问题、情感问题、性问题、特殊群体心理健康问题是大学生中普遍存在的心理健康问题（表2-4）。

表2-4　大学生常见的心理问题

问题类型	表现的方面
学业问题	学习压力大、学习动力不足、学习目的不明确、学习动机功利化、学习成绩不理想、学习不勤奋、考试焦虑等。
情绪问题	抑郁：以个体心中持久的情绪低落为主，常伴有身体不适、睡眠不足症状等，表现为心情压抑、沮丧、无精打采，什么活动都懒得参加。 情绪失衡：大学生的社会情感丰富而强烈，具有一定的不稳定性与内敛性，表现为情绪波动大。
人际关系问题	人际关系不适：进入大学，远离原来熟悉的生活与学习环境，面对新的人际群体，部分学生显得很不适应；社交不良：部分大学生缺乏在公众场合表达自己思想的能力与勇气，久而久之，开始回避参与活动；个体心灵闭锁：大学生缺乏社会阅历和人际交往经验，并由于交往不够，妨碍了良好的人际交往圈的形成，不利于学生的健康成长。
情感问题	爱情困扰、友情困扰、亲情问题。如何正确处理爱情、友情以及亲情，已经越来越成为困扰大学生的心理问题。
性心理问题	性教育是道德教育、文明教育、健康教育，也是人格教育。在大学生中，性生理适应不良以及性心理问题都是应该引起重视的问题。
特殊群体学生的心理健康问题	困难学生不仅仅是经济困难，他们的心理问题也应引起高度重视。特困生与普通生相比，更多地表现出自卑而敏感、人际交往困难、身心疾病突出和问题行为较多的状况，从而引发了种种问题行为。

四、大学生心理健康问题的对策

（一）高校应积极开展心理健康教育和心理咨询工作

　　大学生心理健康教育工作是高校日常教育与管理工作的重要内容。高校要开设心理健康教育课，为大学生提供适应、发展、学习、潜力开发、压力、人际关系、异性交往、恋爱、择业等方面的指导。教师要结合教学，渗透心理健康教育的内容。班主任、政治辅导员不仅要在日常思想政治教育中发挥作用，也要在增进全体学生心理健康、提高学生心理素质中发挥积极作用。高校还要重视开展大学生心理辅导或咨询工作。高等学校开展心理辅导或咨询工作，对于解决部分学生的心理问题，具有重要的作用。心理辅导或咨询工作要通过个别咨询、团体咨询、心理行为训练、书信咨询、热线电话咨询、网络咨询等多种形式，有针对性地向学生提供经常、及时、有效的心理健康指导与服务。

（二）大学生应努力调整自我

大学生应努力做到：树立正确的世界观与人生观；对自己不要过分苛求，把奋斗目标确定在自己能力所及的范围以内；对他人期望不要过高，以避免产生失望；学会自我调控情绪，排除愤怒情绪；多找朋友倾诉，以宣泄抑郁情绪；自我娱乐，防止心境压抑；不盲目地与人竞争，以避免过度紧张；积极参加社会活动，适当扩大人际交往的范围；积极寻求心理辅导和心理咨询。

（三）社会应更加积极地支持大学生

有研究结果显示，社会支持对大学生的心理健康状况有积极影响。张潮和程素萍、贾建荣合作的论文《社会支持对大学生心理健康的影响》中提到，"支持的相关分析来看，社会支持的客观支持、支持的利用度以及支持总分都与心理健康确有极为密切的关系，主观支持也与大部分心理健康因子相关。社会支持良好的大学生，其心理健康状况也较好，而社会支持较差的大学生其心理健康状况也较差。"社会支持对大学生心理障碍分析的回归方程也对这个结论给予充分的支持。

从这项研究结果中，可以进一步得出有效发挥社会支持的作用对于大学生心理健康具有极其重要的影响。高校应积极将社会积极支持引入到学校，使大学生感受到社会对他们的关注。例如，可以经常把社会上的名人、先进工作者、企业家等请到学校为大学生开展讲座，表达出社会对大学生所寄予的厚望以及为大学生所提供的强有力后盾，让大学生感觉到自己通过努力能够回到社会舞台的中央。学生应积极利用社会支持，例如积极开展自己和社会人士的联系，感受到社会的关怀以及自己能够为社会提供的服务，发挥自己的价值。社会对于大学生应报以更加宽容的心态，在与大学生联系的过程中，积极发现大学生存在的问题，而不是置若罔闻或在发生事故之时抱以看笑话的心态。例如，在针对复旦大学学生投毒事件中，各个层面的社会人士应考虑的是从自己的角度发现大学生的问题，从而以更加阳光的心态回应大学生所存在的问题。

第三节 廉洁文化教育

党的十八大以来，是我国反腐工作开拓创新、迅速发展的一个重要阶段。对青年大学生进行廉洁教育是国际、国内建设廉洁社会的趋势与要求，其必要性毋庸置疑。加强对大学生的廉洁教育是全民廉洁教育的重要组成部分，旨在培养大学生的廉洁意识，使大学生自觉抵制腐败并对腐败行为进行举报，使腐败无处藏身。

一、廉洁社会界定与诠释

廉洁社会是一种理想社会状态。廉洁社会，有助于实现政治民主，推动经济发展，维护公平正义。廉洁社会由廉洁政治、廉洁经济、廉洁文化和廉洁公民组成。

（一）公职人员廉洁自律

公职人员奉公守法是廉洁社会的一个显著标志。公职人员的行为是一个社会的象征，是社会公民关注的焦点。公职身份具有双重性，公职人员同样要追求自身利益的最大化。双重性的社会身份会产生一定的利益冲突。为防止利益冲突，公职人员被要求严格按照国家的法律规定办事，并在行政道德规范的引导下，自觉地谋求公共利益。国家也相应地建立了一系列的机制，防止利益冲突的结果偏向自身利益。一般而言，廉洁社会的风气把这些法律制度内化，形成了奉公守法、廉洁自律的价值观。

（二）公共权力得到监督和制约

廉洁社会最基本的特征是在廉洁社会中，公共权力得到了监督和制约，滥用公共权力的现象得到遏制。腐败是滥用公共权力。实现廉洁，就要杜绝滥用公共权力现象，要使公共权力受到监督和制约，使行使者不能、不敢滥用。这个特征可从以下三个方面分析。

1.法律制定公正无私

法律是制约公共权力的强有力武器。遏制腐败，实现社会廉洁，就要有完善、公平、公正的法律体系。在现实的社会制度中，存在着很多维护小团体利益的法律。

2.政府权力运行透明公开

政策制定高度透明是廉洁社会的重要特征。政府公开信息，一方面可以实现自我规范，政府权力在法定程序下运行；另一方面公众可以了解政府，保障公民的知情权，以便实施监督。阳光、公开、透明是腐败的天敌。芬兰政府政策透明清廉指数，最近几年连续排名第一。

3.依照法律严格执法

"良法"是廉洁社会构建的前提，然而还必须要严格执法。只有严格执法，才能实现公共权力落到实处。执法过程中出现腐败现象，就会纵容一系列腐败行为。廉洁社会必须要廉洁执法，确保法律的公正和无私。

（三）私人部门遵纪守法，公平竞争

社会廉洁，不仅包括政府部门，也包括私人部门。进一步看，政府是否廉洁，在一定程度上也受到私人部门影响。在历史上，廉洁社会的共同特点，就是私人部门廉洁。在廉洁社会中，私人部门遵纪守法、公平竞争，可以概括为两个方面：一方面，在市场竞争中公平追求部门利益；另一方面，私人部门应自觉承担社会责任，其中包括构建廉洁社会责任。

廉洁社会中，市场竞争机制不断完善，私人部门要严格按照法律程序行事，特别是在私人部门与公共部门接触时。在私人部门内部，各经营者之间展开良性竞争，排斥不正当竞争和商业贿赂。

（四）公共利益和公民合法权益得到维护

反腐倡廉的目的就是维护公共利益和公民合法权益。廉洁社会是公共权力合理利用，公共资源实现合理分配的社会。公共利益的维护是公共权力行使的目标，而腐败却是与这一目标背道而驰的。廉洁社会要确保公共利益不被损害，因此要能够保障公民的合法权益。在法律面前，公民人人平等，包括政府高级官员在内。任何公民违反法律规范时，都要受到法律的惩处。

二、大学生面临的腐败考验

当代大学生面临着严峻的腐败考验，具体情况如表（2-5）所示：

表2-5　大学生面临的腐败考验

类型	具体内容
学历造假	一是真的"假学历（文凭）"，这种方式主要是通过文凭造假，本身并未在学校待过，而是伪造文凭；二是假的"真学历（文凭）"，这种方式是通过上文中的"圈子"，利用手中的权力，通过正式注册获得学籍，堂而皇之"混"到文凭。
论文买卖	论文买卖机构借助网络，为"枪手"和买主提供平台，与学术期刊建立联系，形成了一整套的产业链。一家网站的业务流程显示，客户应告诉卖方论文详细要求，卖方根据论文要求给出报价，如果同意交易，预付定金。论文写完后，发给买方一半，买方满意，补交余款，即可得全部文章。
学生中的人脉学	一个人的社会生活必须要有各种人脉资源的支撑，大学生们深谙其道。初到陌生环境中，构建关系网成为首当其冲的事情。刚上大学，部分学子就迫不及待挖掘"人脉"，找亲戚、找老乡、找朋友。
学生中的经济学	现在学生到校后开始琢磨，努力使自己的微笑都有价值，发挥作用，引起注意。学生们头脑也灵活，学会了请客吃饭，搞人际关系。
生活消费攀比	大学生经济不独立，然而，在部分大学生中，高消费甚至浪费现象非常普遍。大学生追求档次，崇尚名牌；光顾高消费文体娱乐场所；配备高档通信设备；同学间比吃、比穿、比用、比手机、比电脑、比父母的官位和钱包等。在现今崇尚奋斗、创业的时代，部分大学生贪图享乐，梦想"发财"，艰苦奋斗的精神在一些学生中间已经消失。

三、大学生廉洁教育

人人廉则邦国兴。作为当代大学生，"竭尽智谋，忠告善道，销祸于未形，防患于未然"。通过廉洁教育，我们应该自觉培养起廉洁做人的信仰和追求，要从我做起、从现在做起，始终把忠于祖国、廉洁为民作为自身社会价值和人生价值的追求，塑造廉洁的无悔人生。

（一）加强官德官风教育

《孟子》说"穷则独善其身，达则兼善天下"，后人习改"兼善"为"兼济"，尚不失孟子原义。如果说独善其身体现的是一种"慎独"精神，那么兼济天下需要的就是一种社会责任感。"国家之败，由官邪也"。只有整个国家的廉政之风盛行了，才会对大学生的廉洁教育起到推动作用。而官员日常的表率作用直接关系着社会风气的好坏。官德教育要法制化、行政化，用法律手段推动道德建设。我们要做好宣传教育工作，要在全社会树立典型，要广泛宣传那些艰苦奋斗、不图享受、甘为孺子牛的廉洁干部。在官德官风教育方面，我们主要说一下领导干部的廉政道德建设（图2-4）。

（二）教育引导大学生主动拒绝腐败亚文化

在大学校园中，各个层次、各种类型的委托权力无处不在，并存在被滥用的危险。大学校园里的腐败亚文化和整个社会的反腐倡廉大氛围是不协调的。充分认识校园腐败现象，树立廉洁意识，大学生必须主动拒绝，坚决不参与。只要对校园腐败有清醒的认识，有对校园腐败尤其是腐败亚文化说不的决心，将校园腐败尤其是腐败亚文化赶出校园，就不仅是可能的，而且是现实的。

（三）加大对大学生的廉洁文化教育力度

如何加大当代大学生廉洁教育的力度，使大学生自觉地保持廉洁，远离腐败、抵制腐败，已经成为一项重要的研究课题（表2-6）。

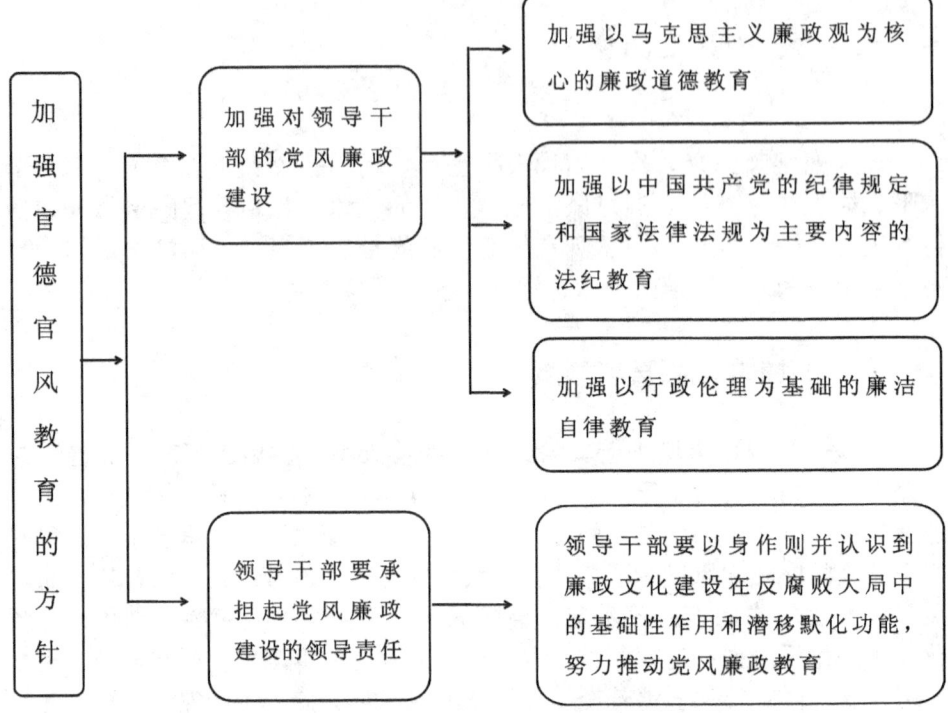

图2-4   加强官德官风教育

表2-6   如何加大对大学生廉洁教育的力度

加大大学生廉洁教育的着眼点	具体内容
实现廉洁文化的教育	大学生的廉洁教育绝不仅仅是口号的宣传，而是廉洁文化的建设。我们要利用大众传播媒体，在电视媒体、网络媒体等方面下大力度进行廉洁文化的宣传，在全社会形成具有导向作用的廉洁文化氛围。
实现廉洁教育的全民化	廉洁文化是一种先进文化，先进文化具有熏陶功能。我们要实现廉洁教育的开放化、全民化。传统意义上的廉洁教育仅仅局限于"会场"，这是远远不够的。我们要将廉洁文化全面推向便于全面参与的开放式广场，使廉洁文化通过"广场"进入到广大人民心中，尤其是对当代大学生发挥潜移默化的教育作用。
实现廉洁教育的生活化、现实化	大学生廉洁教育的目的就是要使广大大学生在现实生活中的思想和行为保持清廉。高校学生要积极参与到廉洁文化教育中，人人促廉，人人保廉，使当代大学生自觉地保持清廉。

第四节 国际视野教育

　　国际视野教育是全球化发展的必然要求，是实现大学生具有全球化视野和国际竞争力的最优途径，是培养创新型人才的重要方法，是造就国际化大学生人才的必然选择，当代高校思想政治教育应当重国际视野教育。大学生国际视野教育应该包括适应全球化发展和国际需求的态度、知识、技术、思维、能力五个方面和层次的教育（图2-5）。

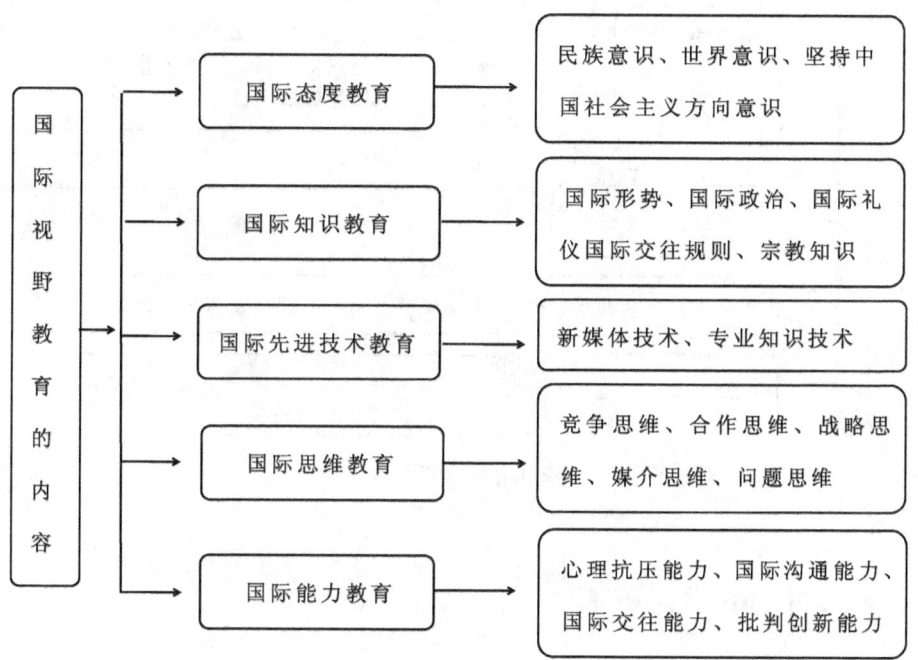

图2-5　国际视野教育

一、国际态度教育

国际视野教育中的态度是指大学生需要具备适应国际化战略要求的多种意识和态度，国际态度教育应从以下六个方面入手（图2-6）：

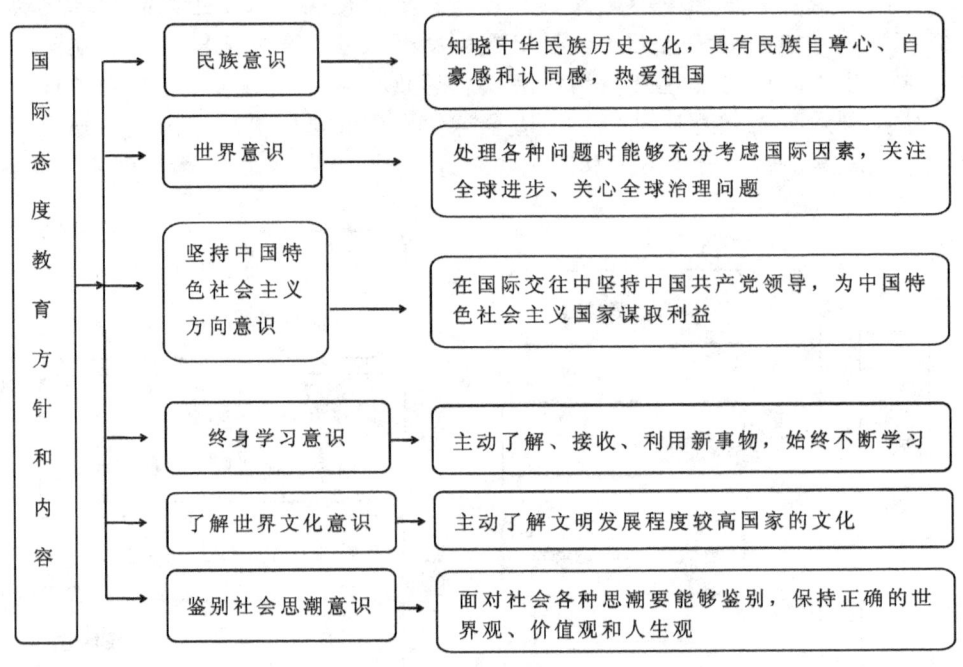

图2-6　国际态度教育

二、国际知识教育

国际视野教育中的国际知识（图2-7）是当代大学生所需的知识支撑。

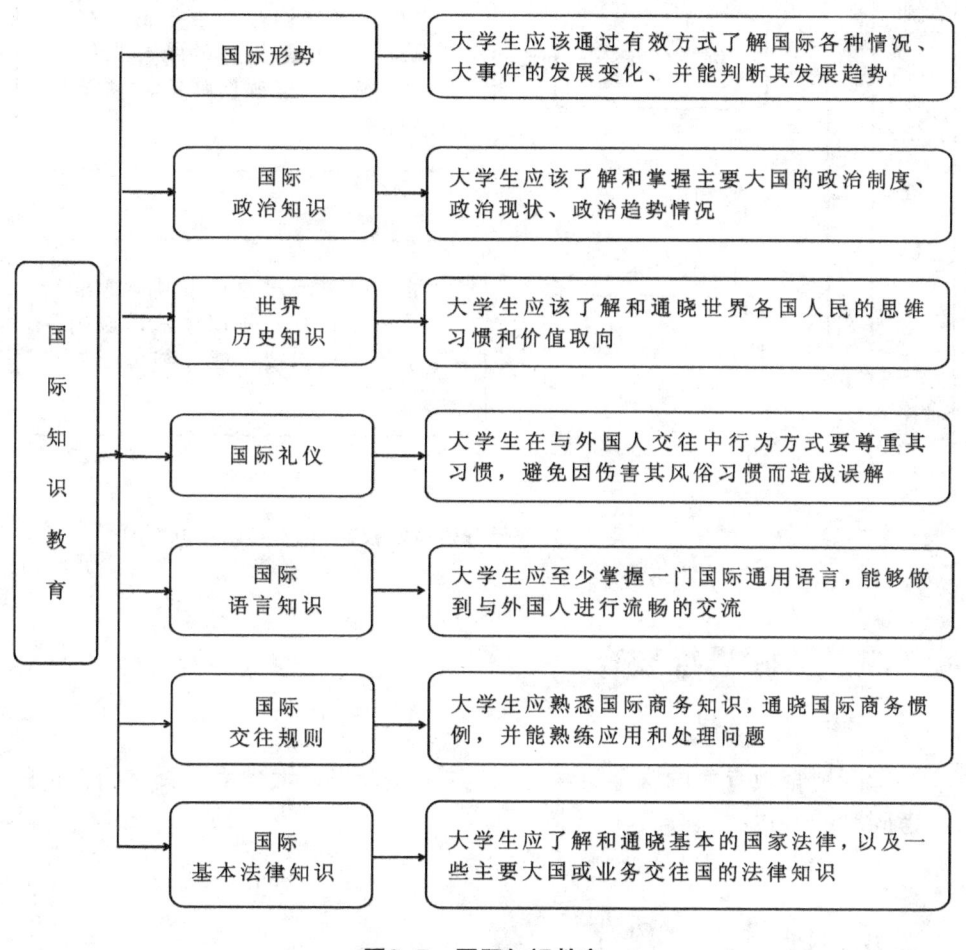

图2-7 国际知识教育

三、国际先进技术教育

国际视野教育中的先进技术（图2-8）是当代大学生应具有的技术支撑。

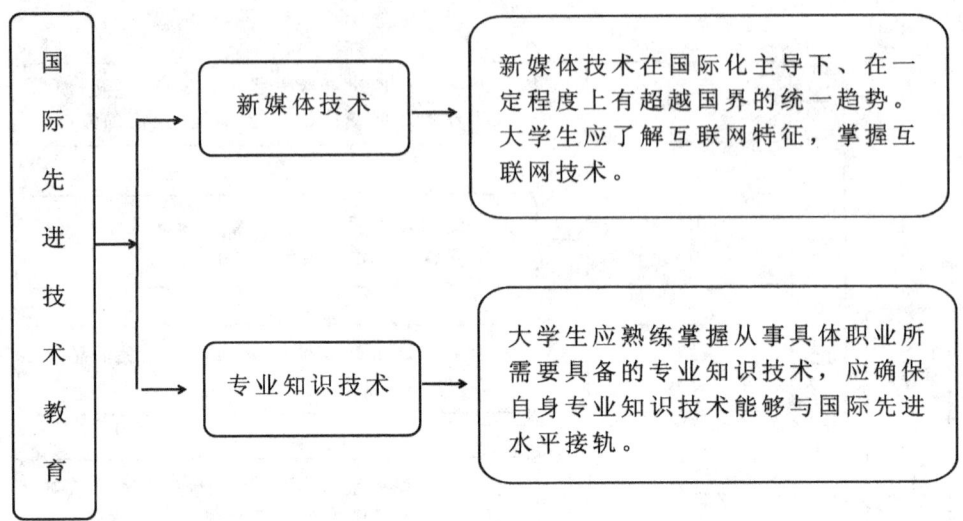

图2-8　国际先进技术教育

四、国际思维教育

国际视野教育中的国际思维（图2-9）是指当代大学生应具有的先进的思考问题的方式。

五、国际能力教育

国际视野教育中的国际能力（图2-10）是当代大学生应具有的有利于促进工作开展、自身发展的各种能力。

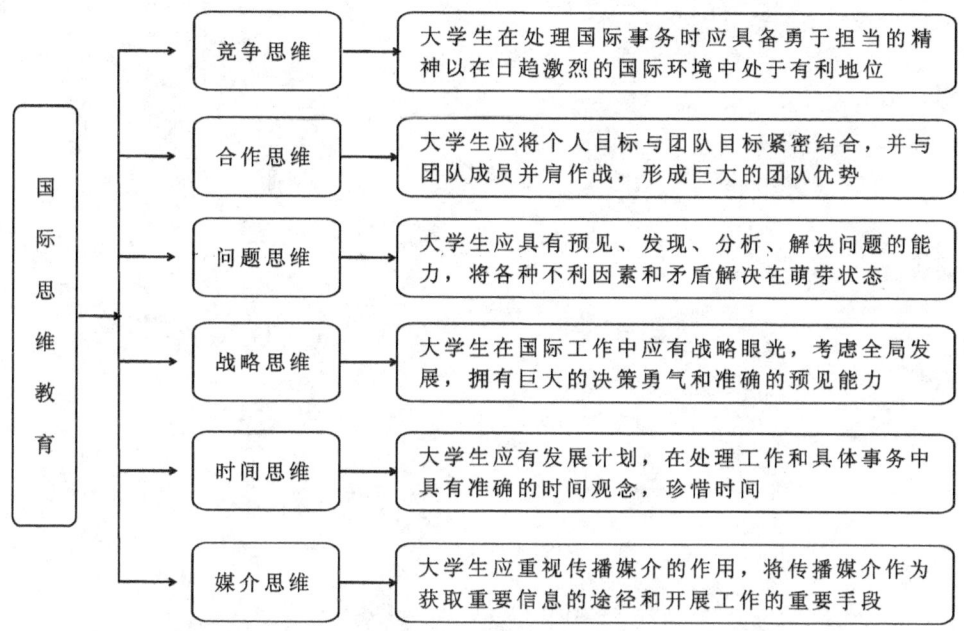

图2-9　国际思维教育

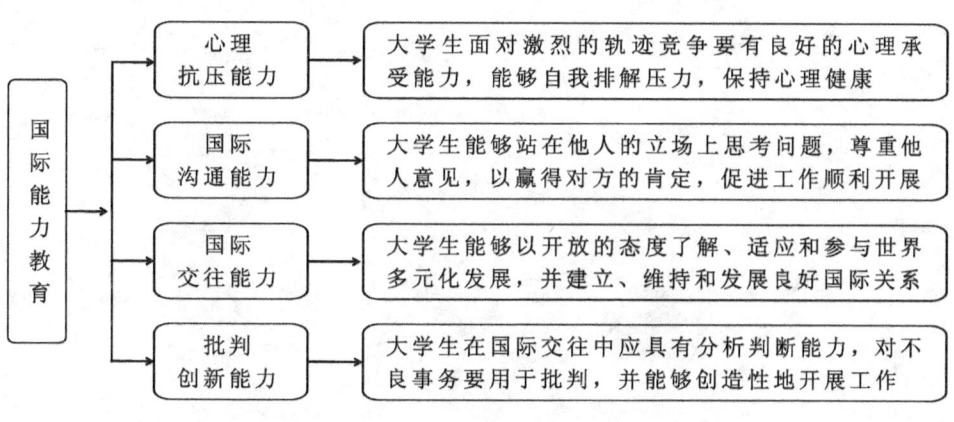

图2-10　国际教育能力

第三章

思想政治教育过程及其规律

第一节　思想政治教育的环境与原则

一、思想政治教育环境的内涵及其类型

思想政治教育环境是构成思想政治教育系统的要素之一，是思想政治教育的外部条件，是影响人们思想与行为，影响思想政治教育进程与效果的客观基础。思想政治教育环境内涵丰富，类型多样。现代社会环境与思想政治教育活动相互联系、相互作用，呈现鲜明的时代特征。研究思想政治教育环境，选择和优化思想政治教育环境，对开展思想政治教育活动，推进思想政治教育学科建设，具有重要的理论价值和实践意义。

所谓环境，是指周围所存在的条件，一般分为自然环境与人文环境，对不同的对象和学科而言，环境的内容也有所不同。思想政治教育环境，是指影响人们的思想与行为、影响思想政治教育活动开展的外部因素的总和。研究思想政治教育环境，首先要准确认识其内涵，把握其类型。

（一）思想政治教育环境的内涵

思想政治教育环境的内涵既是丰富的，又是有明确界限的。

首先，思想政治教育环境，是影响思想政治教育及其运行过程的一切外部因素。思想政治教育活动包括教育者、受教育者、教育目标、内容、途径与方式，还包括思想政治教育过程与效果。思想政治教育的外部因素，则包括各种性质、各种类型、各种内容与形式的客观情况、事物、事件等。也就是说思想政治教育的外部因素范围是广泛的，内容与形式是纷繁复杂的。

其次，不同时间、不同场合、不同内容、不同对象的思想政治教育，思想政治教育的环境要素也是不相同的，即不是环境的一切因素都是思想政治教育的环境要素。只有那些影响教育者与受教育者的思想和行为的因素，只有那些与思想政治教育的目标、内容、方式和进程有关联、有影响的因素，才是思想政治教育的环境因素。因而，思想政治教育的环境因素是具体的而不是抽象的，是相对的而不是绝对的，是以时间、地点、条件

为转移的。

再次，思想政治教育环境与思想政治教育活动相互影响、相互作用。思想政治教育环境影响、决定教育者与受教育者的思想和行为，思想政治教育活动帮助、促进教育者与受教育者认识、选择、利用、改造环境，使环境更适应人的需要。正如马克思所说的："环境的改变和人的活动或自我改变的一致，只能被看作是并合理地理解为革命的实践。"马克思还批判了机械唯物主义把环境和教育割裂开来、对立起来的观点，指出："关于环境和教育起改变作用的唯物主义学说忘记了：环境是由人来改变的，而教育者本人一定是受教育的。"[1]

（二）思想政治教育环境的类型

研究思想政治教育环境，必须对其进行类型的划分。科学划分思想政治教育环境的类型，必须要有划分的标准。按照不同的标准，思想政治教育环境可以分为不同的类型。

1.范围类型

按照环境的范围，思想政治教育环境可分为宏观环境、中观环境与微观环境。思想政治教育宏观环境，也称为大环境，主要指面向社会的国内环境和面向世界的国际环境。在这样的大环境中，国内国际的经济、政治、文化和社会思潮，是影响人们思想、行为和思想政治教育的主要因素。思想政治教育的中观环境，也称为区域环境，是指思想政治教育所处的特定地区、业务领域，对人们思想、行为和思想政治教育的影响具有某些特殊性。思想政治教育的微观环境，也称为小环境，一般指家庭、学校、单位、街道、社区等小范围的环境。小环境对人们的思想、行为以及思想政治教育活动造成直接的影响。思想政治教育环境的范围不同，对人们的思想、行为和思想政治教育影响的方式、程度是不一样的。

2.要素类型

以环境的构成要素的性质为标准，可将思想政治教育环境分为自然环境和社会环境。自然环境，是指环绕并影响人的思想、行为和思想政治教育的自然物质因素的总和。自然环境对人思想的作用力能够通过人与自然的关系表现出来。比如，生活在深山老林里面的人们，因为长时间生活在交通并不便利的高山之中，与外界联系较少，获得的新信息量有限，其思

---

〔1〕《马克思恩格斯文集》第1卷，人民出版社，2009年版，第500页。

想容易封闭和保守。相比较而言，生活在平原以及城市的人，由于交通、通信便利，自然环境资源相对丰富，其思想就开放、活跃以及丰富。不同的自然环境造就了不同的思想，同时也对思想政治教育产生不同的作用力。

社会环境，是指环绕并影响人们的思想、行为和思想政治教育的各种社会因素的总和。社会环境不是凭空形成的，其形成的基础是自然环境，并不断改变、优化自然环境。认识和改造自然环境的程度，标志着社会环境的水平，即对自然环境认识越正确，改造的效果越好，社会环境的质量就越高。在社会环境中，经济条件是基础，决定着社会政治、文化的发展；而政治、文化又反作用于经济并促进或阻碍经济发展。

自然环境和社会环境对人的思想影响有着一定的联系。自然环境和社会环境通常同时作用于人的思想，并且影响着教育活动的展开。认识和改造自然环境的程度，它是社会环境的标志，即对自然环境认识越正确，改造的效果越好，社会环境的质量就越高。离开了自然环境，社会环境就不能够独立存在。离开了社会环境，自然环境也不可能对人产生十分深刻的影响。

3.内容类型

以思想政治教育环境的内容为标准，思想政治教育的社会环境可以分为政治环境、经济环境和文化环境。思想政治教育环境的内容不同，其影响的性质、程度和方式也不同，比如，政治环境是通过政治制度、政治理论、政策方针等产生影响的。经济环境是通过分配制度、经济发展水平、物质条件占有等方面产生影响的。文化环境则是通过大众传媒、文化产品、文化场馆等发挥影响作用。

4.空间类型

以思想政治教育环境的空间领域为标准划分，可以分为互联网外思想政治教育环境、互联网内思想政治教育环境。互联网外思想政治教育环境，是指物理空间因素的总和。互联网内思想政治教育环境，是指互联网空间领域因素的总和。互联网空间，也称为虚拟空间或虚拟环境，这个空间以符号、数据、信息等进行传播、交换和储存。利用信息技术，不仅能够实现信息的大容量和即时性，还可实现人与环境的交互作用。

（三）环境对思想政治教育影响的特点

1.影响要素多样性

影响要素多样性，是指现代社会环境的因素，不仅多样，而且复杂，既有社会一般因素，也有因发展迅速而不断涌现的新情况、新问题；既有国内因素，也有因开放扩大而涌入的国外因素；既有人员流动频繁、人际交往多样的因素，也有现代传媒、互联网络信息交流、交汇的新途径等。这些因素，以不同渠道、不同方式影响着人们的思想与行为，也影响着思想政治教育的过程与效果。因而，环境对人们的思想与行为，对思想政治教育的影响，不确定性增多，影响的力度也增大。

2.影响性质多重性

性质多重性，是指环境对思想政治教育的影响性质，呈现出多重、多样特点。环境影响性质的多重性，表现是多方面的，诸如对我国传统文化，既不能全部传承，也不能全部否定，只能根据传统文化的不同性质，继承、弘扬优秀传统文化，吸收传统文化有益内容并实现现代转化，批判、抵制封建文化糟粕等。又如实行对外开放后，我们需要学习、引进、借鉴国外的管理经验、现代科学技术、发展文化产业等，这是好的影响。同时，资本主义国家在开放过程中向我国推行资本主义政治、经济制度，渗透资本主义文化和价值观，这些与我国社会性质相对立的制度、文化与价值观，是必须抵制与批判的。学习借鉴和批判抵制的过程往往互相交织在一起，既不能全盘照搬，也不能一概拒绝，需要根据具体情况，进行分析、判断，作出取舍。

3.可变可创性

可变可创性，即社会环境发生变化并可以进行环境创造，环境对思想政治教育的影响，不是固定不变的，而是具有变化、优化的动态性特点。环境对思想政治教育影响之所以可变可创的原因，是环境自身是可以改造的。无论是物质环境还是精神环境，在人们改造自然、改造社会的实践活动推进下，都会创造出新成果，使环境得到改造与优化。诸如我国建设社会主义新农村的活动，开发西部的活动，城镇化进程的推进，南水北调工程等，都是前所未有的改造、优化社会环境的过程。还有各个城市的规划建设，各个地方的社区建设，各个单位的环境建设，都是为了建设一个适宜人们生活、工作、活动的良好环境。不管是大环境的改变还是小环境的优化，都会使人们得到满足与满意，都会以各种方式促进思想政治教育的发展。

4.潜移默化性

环境影响的潜移默化性，是指环境的影响具有使人的思想在不知不觉中发生变化的特性。环境的各种因素，都在直接或间接地影响着人们，特别是人们周围的环境因素，总是在向人们发出各种各样的信息并熏陶、感染人的思想，使人们的情绪、思想及行为习惯，在潜移默化中受到环境的影响而表现出来。这种影响随着量的积累，使原有的思想会发生性质的改变。思想性质的变化有两类：一是错误思想转变为正确思想或正确思想转变为错误思想；二是将原有思想从低层次提升到高层次。人的正确思想的形成和提高，以及错误思想的产生和变化，往往都与环境的潜移默化影响有不同程度的关系。如果周围的环境优化，特别是在与不好环境进行比较后，人们就油然而生舒适、满意、感激之情，也会促进人际关系和谐。相反，如果处在严重污染、人际冲突的环境中，人们就会烦躁、不满、发泄，还会导致人们的离散。

二、环境影响与思想政治教育的关系

本节所讲的环境影响，主要是指现代社会的环境影响及其特点。环境影响与思想政治教育是相辅相成、相互作用的关系。

（一）现代环境对思想政治教育的影响

环境对思想政治教育的影响，包括自然环境、社会环境两大方面，其中，网络作为社会环境的一部分，是社会环境发展的新形态。

1.自然环境对思想政治教育的影响

自然环境是环绕人们周围的各种自然因素的总和，是一切直接或间接影响人们的、自然形成的物质、能量和现象的总体。自然环境是社会环境的基础，社会环境则是自然环境的发展。自然环境对思想政治教育的影响，主要表现在两个方面：

第一，自然环境对人们思想的影响。自然环境对人们思想的影响，可以从自然条件、自然资源、自然灾害几个方面进行分析。

所谓自然条件，是指一个地域天然成形的基本要素，包括地形、气候、水源、土壤、土特产品等。人们总是要依托一定的自然条件生存和发展，总是要在一定的自然条件下开展活动，因而自然条件是人们生活、工作的基础。马克思主义认为，存在决定意识，客观制约主观，外在的物质层面与内在的精神气质总是互相糅合的。人们的心理、情绪经常受自然环境的影响，季节气候、天气变化、日照光线、地形地貌、国土疆域以及色彩、声音、空气、景观等，都会以不同方式对不同的人产生影响。壮丽的自然景观，如日月星云、高山大川以及多彩的草木花鸟，能够陶冶人们的情感、美感。游乐于山峦、海滩、草原、森林之中，会感到轻松、愉快。漫步于乡间小路、林间溪边、河畔海滨时，常常会激发诗情画意和对生活的热爱。更重要的是，这些自然环境和要素是一个国家的具体要素和形态表现，通过这些具体要素能激发个体的爱国主义情感和国家认同。

所谓自然资源，指天然存在并有利用价值的自然物，在一定的时间和技术条件下，能够产生经济价值，提高人类当前和未来福利的自然因素的总称。自然资源包括土地资源、生物资源、水资源、矿产资源、气候资源和海洋资源等。自然资源具有人类可用性、资源联系性、数量有限性和分布不平衡的特点。自然资源是人类生存和发展的物质基础，并为人们提供生产和生活条件。马克思在谈到土地资源时就说过："土地是一切生产和一切存在的源泉。"[1]因而人们的生存与发展，离不开自然资源。但自然资源的特点，决定了不同区域、不同时期的人们占有、利用、开发自然资源的差异，拥有比较丰富自然资源并能进行充分开发利用的人们，满足感与优越感比较明显；而自然资源贫乏而又无力开发的人们，要么自力更生、奋发图强，要么陷于贫困，一蹶不振。在当代社会，随着人类对不可再生资源开发速度的加快，一些自然资源面临枯竭，为了获得并占有稀有自然资源，还引发了一些地区之间、国家之间的矛盾、冲突甚至战争。这些直接由自然资源引起的政治、社会问题，也间接地影响着人们的思想与思想政治教育。

所谓自然灾害，是指给人们生存带来危害和损害人类生活环境的自然现象，包括气象灾害、海洋灾害、洪水灾害、地质灾害、地震灾害、农林灾害等。早在二十世纪二三十年代，英国的现实主义作家劳伦斯所著的第一部小说《白孔雀》，就从自然生态、社会生态、精神生态三个方面，直接地表达了对自然的热爱与对工业革命造成自然环境破坏、社会环境混乱、人性扭曲的强烈抨击。在当代社会，随着现代科学技术、经济活动和生产的迅速发展，一些地方、单位与个人的急功近利行为，不仅对自然资源无限度地开采利用，破坏自然生态系统，而且在大量消耗能源的同时，排放废气、烟尘与垃圾，造成大气污染、水污染、食品污染，严重影响人们的正常生存和发展条件，甚至危及人们的生命。这些频发的自然灾害，引起的是压力、焦虑、压抑以及不安的情绪，带来的是创伤和精神障碍，扰乱的是组织、家庭以及个体的正常生活。

因而，1972年联合国大会作出建立"环境规划署"的决议。该机构的

---

〔1〕《马克思恩格斯全集》第12卷，人民出版社，1962年版，第757页。

宗旨是：促进环境领域的国际合作，提供指导和协调环境规划总政策，审查世界环境状况，以确保可能出现的具有广泛国际影响的环境问题得到各国政府的重视。我国加快环境基础设施建设，下达污染减排任务，加大落后产能淘汰力度，使环境质量持续改善。党的十八大对生态文明建设作出了战略部署，要求把生态文明建设放在突出地位，融入经济建设、政治建设、文化建设、社会建设各方面和全过程，努力建设美丽中国，受到全国各族人民的拥护。我国国家发展和改革委员会等六个国家机关，于2013年12月2日联合下发了《国家生态文明先行示范区建设方案(试行)》，强调建设生态文明，关系人民福祉、关乎民族未来。保护生态环境，造福子孙后代，我国古代先哲早就提出了主张，如管子从强国富民的高度，强调了保护自然环境的重要性，他说："山林虽广，草木虽美，禁发必有时；国虽充盈，金玉虽多，宫室必有度；江海虽广，池泽虽博，鱼鳖虽多，网罟必有正，船网不可一财而成也。"[1]

第二，自然环境对思想政治教育的影响。思想政治教育活动的开展离不开自然环境，自然环境对思想政治教育的影响主要有以下表现，一是思想政治教育所需要的信息与自然环境有关。思想政治教育活动的开展，需要传播、交流、储存信息资源，而信息的传播、交流、储存，在一定程度上要受自然环境制约。即使在大众传媒和交通十分发达的当今社会，不同的自然环境还是对思想政治教育起着一定作用。如城市和平原地区，交通便利，人员流动方便，交往频繁，传播设施容易到位，生活在该地区的人接受新信息、新事物既多又快，因而经常进行学习、比较，容易扩大视野，形成新思想，掌握新知识。相反，高山峡谷地区，交通闭塞，人员交流少，信息流动量小，该地区的思想政治教育活动就难以获得丰富的信息，教育对象的思想观念更新慢，思想容易保守、封闭。二是良好的自然环境，可以为思想政治教育活动提供教育资源。应当看到，思想政治教育活动的教育资源，不少来源于自然界。比如，人人都有养育他成长的家乡，家乡是我们的根基，即使离开了家乡，也会时常怀念乡亲与家乡的环境。在进行爱国主义教育时，常常用名山大川、秀丽的风光、丰富的自然资源来激发人们的自豪感和爱国情怀。在思想政治教育过程中，我们常用高山来激发人的意志，用大海开阔人的胸怀，用梅花教人顽强，用莲花诲人高节，这些都蕴含着我们对自然的景仰与珍惜。

---

[1]《管子·八观》。

2.现代社会环境对思想政治教育的影响

所谓社会环境，是指人类生存及活动范围内的社会物质、精神条件的总和。社会环境可分为物质环境与精神环境两大类，下面分别从积极影响和消极影响两个层面展开分析。

（1）社会环境对思想政治教育的积极影响

第一，社会物质环境对思想政治教育的积极影响。社会物质环境也可称为社会物质条件，是指人们生活、学习和工作的物质因素的总和，包括地理环境、人口、社会物质资料生产方式与物质资料生活条件等。

首先，社会物质环境的现代发展。物质环境或物质条件，是社会和人类存在与发展的基础，决定和影响人们的思想。物质环境作为一种客观存在，一是决定人们的精神、意识，这是马克思主义的基本原理，即物质决定精神，精神反作用于物质；存在决定意识，意识反作用于存在。思想政治教育必须坚持物质与精神、存在与意识的辩证统一，在强调思想、政治、道德作用的同时，也要重视物质、经济的作用。在当代社会条件下，社会的物质环境与过去相比，发生了很大变化，一是人们在市场经济体制下，竞争意识增强，更关心社会经济发展和自己的切身利益，更注重工作的实际效果；二是人们在现代科技快速发展的过程中，更追求现代科技所创造的工作、生活、休闲物质条件；三是随着经济的发展和物质生活条件的改善，人们更加讲究多样、丰富的生活方式，对工作、学习、生活环境提出了更高的要求。所有这些有形的改变与发展，都会带来观念的更新、思想的提高与情趣的丰富。当然，也有少数人在追求物质利益、享受现代物质条件时，思想观念、文明行为滞后于物质环境的发展，呈现出自私、落后的精神状态与不文明的行为习惯，这是思想政治教育需要解决的问题。

其次，现代社会的物质环境为思想政治教育活动提供现代物质条件。思想政治教育活动的开展离不开一定的物质条件，这些条件主要包括，思想政治教育活动的场所、设备、工具、基地等。思想政治教育，既有个体的教育，也有群体的教育。不管是个体教育还是群体教育，都需要有适合开展思想政治教育的场所。场所的物质条件好，思想政治教育良好的外部环境也会有利于提高其教育效果；没有场所或场所的条件不适合进行思想政治教育，思想政治教育则难以进行或教育的效果会受影响。

思想政治教育活动、途径与方式是多种多样的，一个基本的方式就是教育者与受教育者相互之间传递信息、交流思想、沟通关系、融合情感，教育者要向受教育者讲述理论观点、方针政策、规章制度、基本要求等，受教育者要向教育者交换意见、提出建议、汇报思想。这样一个交汇的过程，过去只有面对面地通过语言进行，现在则可以运用现代设备、信息技术，或面对面，或在互联网上，或通过手机来进行。比如，高校的思想政治理论课教育，传统的物质条件就是在教室里，教师运用语言、黑板、粉笔讲述，方式单一，讲授的内容与方式有限。现在高校的思想政治理论课教育，则可以运用多媒体课件、电脑、多功能扩音器、激光翻页笔等教学工具，还可以组织学生学习精品网络课程。运用现代物质条件开展思想政治教育，可以把教育者与受教育者置于一个开放、民主、互动的环境，充分调动受教育者参与教育活动的积极性与主动性，增强教育的针对性与实效性。

最后，现代社会的物质环境给思想政治教育提供了新的研究课题。社会物质环境给思想政治教育提出的研究课题，一是经济环境的新变化为思想政治教育提供了新的研究课题。我国社会主义市场经济作为重要的思想政治教育物质环境，它们的发展，不仅创造出了巨大的物质财富，而且在市场经济的发展过程中出现大量的新问题，这些新问题反映在人们的思想观念和行为方式中。这些新问题就给思想政治教育提供新的研究选题。二是社会教育物质环境本身的变化也需要对其进行研究。科学技术和经济的发展，思想政治教育物质环境本身也出现了许多新的变化。比如，网络新媒体、新的爱国主义教育基地的建立、大型建设工程、环境污染等问题的出现，都会对思想政治教育产生积极或者消极的影响。三是新技术的快速更新也为思想政治教育研究提出了新的选题，比如，微时代、大数据时代、4G手机等的出现，使信息传递的速度更快，信息量更大，这就给思想政治教育带来了新的挑战，需要我们去研究。

第二，精神环境对思想政治教育的积极影响。所谓社会精神环境，是指一个国家和社会精神因素的总和，包括社会精神面貌、政治态度、社会风气、文化传统、风俗习惯等整合而形成的气氛或氛围。精神环境与物质环境共同构成社会环境，物质环境决定、制约精神环境；精神环境反映、反作用于物质环境。社会精神环境可以通过各种渠道、以各种方式直接影响思想政治教育。

一是引导思想政治教育的正确方向与规范。思想政治教育只有保持正确的发展方向，才能发挥优势与作用，实现预期的目标。我国社会精神环境，之所以能够引导思想政治教育的正确方向，是由我国的领导核心、指导思想和主导意识形态所决定的。领导我们事业的核心力量是中国共产党，指导我们思想的理论基础是马克思列宁主义，主导我国社会发展与人的发展的意识形态是社会主义意识形态。思想政治教育是中国共产党实现思想领导、坚持和发展马克思主义、开展社会主义意识形态教育的一项群众性活动，既是党的优良传统，又是我国的政治优势。因而，在我国开展思想政治教育，不仅具有强有力的政治、舆论保障，而且具有深厚的思想基础。如果思想政治教育偏离了正确的方向，既会受到党组织的纠正，也会受到群众的抵制。思想政治教育只有自觉坚持党的领导，坚持马克思列宁主义、毛泽东思想和中国特色社会主义理论体系的指导，适应社会主义意识形态的主导，才能因势而谋、因势而动、顺势而为；才能及时识别、抵制各种错误思潮的干扰与冲击，保证思想政治教育沿着正确方向发展。

同时，社会良好的道德行为和道德风尚，规范着思想政治教育的开展。思想政治教育是育人修德的活动，社会中大量的道德行为、有影响力的道德模范从多方面为人们、为思想政治教育起着示范作用。一是良好的道德规范与行为给思想政治教育提供了现实、生动的道德准则，赋予思想政治教育内容的丰富性与感化力；二是良好的道德风气能够激发人们的道德感，促进思想政治教育活动的开展；三是良好的道德环境能够约束人们的行为，影响人们在道德允许的范围内思考与行动。

正面的社会舆论，也赋予思想政治教育正能量。正面的社会舆论，既是我国社会精神状况的主流反映，又是广大人民正确价值观的指示器。社会舆论对思想政治教育具有直接、重要的影响。一是影响思想政治教育者和受教育者的言论和行为。由于社会舆论是多数人意见和态度的总和，它会形成一定的思想压力，促进教育者和受教育者的言论和行为发生积极变化，积极的社会舆论能够促进教育者和受教育者接受、认同正确的舆论，跟随大多数人的正确行为，提高思想道德水平，为形成良好的社会风气作贡献。二是正面的社会舆论，能够抵制和改变错误倾向。正面社会舆论形成后，可以产生一定的社会压力，能够抵制错误思想的影响，使持有与正面舆论不一致言论的人感到紧张、孤立，有的人会通过反省而接受社会正面舆论所提倡的正确思想观念。三是正面社会舆论能为思想政治教育营造良好的氛围。社会舆论本身就是社会精神环境的重要组成部分，它会通过引导、启迪、暗示等形式推动良好社会风气的形成和发展。

二是增强思想政治教育发展的动力。在任何时候，任何情况下，思想政治教育既有来自社会的推动力量，也会遇到各种各样的阻力，从而影响其发展速度和效果。和社会精神环境一样，既给思想政治教育提供精神动力，也给思想政治教育造成思想障碍。社会环境为思想政治教育提供动力的主要表现如下。一是我国社会发展的明确目标产生巨大的精神力量。我国社会的发展目标，是全面建成小康社会、坚持中国特色社会主义共同理想、实现中华民族伟大复兴，即实现"中国梦"。这些社会目标相互衔接、相互贯通，形成了我国社会发展的宏伟蓝图，它标示着国家和社会发展的目标，并与个体价值目标和"个人梦"相衔接，是激励广大人民奋发图强的动力源泉，也是推进思想政治教育发展的巨大力量。因而，思想政治教育要强化远大目标、理想信念教育，为增强我国社会发展动力、人的发展动力作贡献。二是解放思想、更新观念的精神推动。改革开放之初，邓小平恢复了党的实事求是的思想路线。为了克服僵化、保守思想，他强调要解放思想、实事求是，发展了党的思想路线。后来随着改革的深化和中国特色社会主义现代化建设的全面展开，为了更快推进发展，江泽民、胡锦涛等同志进一步丰富了党的思想路线，解放思想、实事求是、与时俱进、求真务实，指引全党和全国各族人民，紧跟时代步伐，不断更新观念，不仅丰富和发展了中国特色社会主义理论体系，而且使我国充满活力与生机，推进我国社会快速发展，促进思想政治教育发展和人的全面发展。三是我国社会良好精神风尚激励奋发向上力量。良好的社会风尚是全社会所推崇、倡导的催人奋进的道德风尚，它源于人们正确的道德观念与道德行为，也是我国重伦理、讲美德传统的继承与弘扬，成为思想政治教育活动的激励力量。

三是增强思想政治教育的效果。社会精神环境对思想政治教育效果有直接、深刻的影响，这种影响是通过思想政治教育系统中的要素及其相互关系来体现的。思想政治教育者是教育活动的决策者、组织者和实施者，在教育活动过程中处于主导地位，他的素质和态度直接影响着思想政治教育的进程与效果。良好的社会精神环境，对教育者的影响有以下主要表现。一是给思想政治教育者提供大量现实的、丰富生动的教育资源，充实新的教育内容，提供新的教育方式，满足受教育者对思想政治教育的期待。二是给思想政治教育者提供良好氛围。思想政治教育的良好氛围本身就富有教育性，即环境的感化、育人作用。思想政治教育不可能脱离社会精神环境，良好的社会精神环境能够强化、巩固思想政治教育的作用与效果；而不良的社会精神环境则能抵消甚至否定思想政治教育的作用与效果，这是经验可以证明的结论。因此，衡量思想政治教育的效果，环境对思想政治教育的影响和思想政治教育对环境的作用，是一个很重要的方面。三是提高和转变人们的思想。社会精神环境中的积极因素，作为一种既有形又无形的存在，总是要通过不同渠道、以不同方式影响着人们的言行。这种影响就如古人所讲的：入芝兰之室，久而不闻其香；入鲍鱼之肆，久而不闻其臭。即具有潜移默化的作用，能促进人们正确思想的形成和发展，还能把错误思想转变为正确思想。所谓错误思想，是指违背社会发展规律，脱离客观实际的理性认识。错误思想一旦形成，会将人的行为引向错误的方向，产生破坏社会稳定发展的行为。精神环境中的积极因素，能够帮助人们认识错误思想的危害及表现，引导、鞭策、鼓励人们努力学习科学理论和进行深刻的思想反省，在社会实践活动中转变错误思想，接受正确思想。

（2）社会环境对思想政治教育的消极影响

社会环境存在的积极因素对思想政治教育具有积极影响，社会环境中的消极因素则对思想政治教育具有消极影响。

第一，社会物质环境对思想政治教育的消极影响，其主要表现有，一是经济落后、物质匮乏，阻碍提高思想政治教育的层次，也不利于思想政治教育顺利开展。经济水平、物质利益是社会发展的基础，也是人们生活的基础条件，当两者处于低水平而不能满足社会和人们起码需要时，人们会把注意力集中在最现实、最起码问题的解决上。当然也有穷不失志、富不癫狂的人们，在物质条件贫乏或富有情况下都能保持思想的高洁。当代社会，随着经济与物质条件的改善与差距的拉大，违反道德甚至违法的表现形式只是不同而已，诸如有的人陷于物质追求，忽视甚至否定精神生活的价值与需要。面向这些群体的思想政治教育，就会被其物本价值观拒之于外，难以得到满意的效果。二是思想政治教育受物质与经济条件的限制难以充分发挥作用。改革开放以来，我国的经济发展取得了举世瞩目的巨大成就，人们的物质生活条件得到从未有过的改善。但由于我国人口多，底子薄，整体经济实力仍然处于发展中国家的水平，部分地区经济发展滞后，有些地方的人们还处在贫困状态。加上市场经济条件下竞争机制的形成，有些单位领导与个人急功近利，即只以获得眼前、具体的经济利益为目标，忽视思想政治教育的人员、经费与物质条件的投入，致使思想政治教育难以与社会信息化相适应，难以面向社会汲取思想政治教育资源，难以使思想政治教育者得到应有的物质条件而受到人们的尊重。思想政治教育的这种经济、物质上的阻力，实质是来自某些领导的片面认识与错误价值观，因而虽然表现在经济与物质条件上，但不能只限于经济与物质条件的解决，还是要通过思想政治教育解决一些领导的价值观问题，否则，思想政治教育的经济与物质条件一次性地解决了，片面、错误的价值观还会使经济与物质条件得而复失。

第二，社会精神环境对思想政治教育的消极影响。思想政治教育精神环境的消极影响，是指社会精神环境的消极因素，对思想政治教育活动过程及其效果产生的阻碍与抵消作用。其消极影响的主要表现有：一是干扰思想政治教育的发展进程。因为思想政治教育的构成因素庞杂，思想政治教育发展对思想政治教育精神环境影响具有二重性，其积极、正面因素对思想政治教育产生正确导向，消极因素将思想政治教育引向错误的道路。极左思想能够影响人们的思想和政治教育走向僵化与封闭，右的思想总是企图把人们与思想政治教育引向资本主义邪路。这两种倾向在我国社会中都存在，这就使得有的单位和有的人所做的思想政治教育，产生的不是正能量，而是负能量，有的甚至攻击党的领导，诋毁社会主义制度。这实际上不是思想政治教育，而是一种"教唆"。二是助长错误思想的形成与发展。思想政治教育精神环境的消极因素助长错误思想的形成与发展的突出表现，是错误思潮的流行。西方一些国家的敌对势力，总是千方百计地对我国进行思想文化渗透，企图打一场没有硝烟的意识形态战争，使我国发生类似苏东的和平演变。而我国一些有资产阶级自由化倾向的人，也假借开放、学习国外文化的旗号，大肆兜售、推销资本主义社会的各种错误思潮，诸如宪政民主、新自由主义、民主社会主义、历史虚无主义、普世价值、功利主义等，在理论界和思想领域制造混乱，直接冲击广大人民坚持中国特色社会主义道路的决心与信心，动摇马克思主义的指导地位，否定党的领导和社会主义制度。这些错误思潮，不仅是人们形成和坚持正确思想的障碍，而且是思想政治教育的严重阻力。三是阻挠正确的价值取向，冲击思想政治教育效果。由于价值观决定着人们对事物所持的根本看法，因此，它对人们的行为具有引领作用。在价值多元化背景下，特别是资本主义社会个人主义价值观的渗透，市场竞争过程中一些人只顾个人、眼前利益的倾向，使得一些人忽视服务国家、服务人民的社会责任感，采取各种方式，诸如欺骗、假冒、盗窃等，千方百计攫取个人私利，致使价值观发生扭曲，成为社会发展的障碍，也成为思想政治教育的阻力。还有崇拜权力和金钱的现象，跑官、买官、卖官的权钱交易现象，贪污腐化、贪污受贿现象以及拉帮结派等现象，都直接或间接影响着思想政治教育的进程。

3.网络环境对思想政治教育的影响

网络环境对思想政治教育的影响与其他环境的影响相比较，有不同特点。

（1）网络环境与思想政治教育网络环境

所谓网络环境，是指将分布在不同地点的多个多媒体计算机互联，依据某种协议互相通信，实现软、硬件及其网络信息共享的系统。在理解这一界定时，要把握几个要点，一是网络是由节点和连线构成的，有诸多对象相互联系，构成了一个相互合作和支持的场所或虚拟的现实空间，即赛伯空间；二是在网络环境中传递、交流、存储的信息，由上网者提供、享用，即上网者既是网络环境的主体，又是其他上网者的环境因素；三是网络环境要依据某种协议构建并不断丰富和发展。

所谓思想政治教育网络环境，是指影响上网者思想与网络思想政治教育的网上因素的总和。思想政治教育网络环境同其他环境相比，具有不同的特点。一是信息量大。随着信息技术的快速发展，人类社会开始进入大数据时代。在这样的背景下，网络环境中信息数量急剧增长，人们的一切行为几乎都以数据的形式被网络记录、储存和处理。海量信息既给思想政治教育提供了丰富的教育内容，也提出了严峻的挑战。二是信息的性质、类型多。网络环境的信息量不仅爆炸式增长，信息的性质与种类也极其繁多。如果按信息的性质划分，有真实的信息与虚假的信息，有正面的信息与负面的信息；有积极的信息与消极的信息等。如果按信息的内容划分，则有政治、经济、文化、社会、生活、娱乐等信息，有历史的与现实的信息，有国内与国外的信息等。思想政治教育需要对这些不同性质的信息进行选择和甄别。三是传递、变化快速。由于网络是以现代信息技术为手段，以庞大的网络系统为平台传递信息，这就使得它能够以文字、图片、音频、视频等形式，将海量信息非常快捷地传递给人们，从而对人们的思想和思想政治教育产生广泛的影响。这些影响概括起来主要呈现为积极的影响和消极的作用。

（2）网络环境对思想政治教育的影响具有举足轻重的作用

网络环境对思想政治教育的积极影响有以下主要表现。一是及时为思想政治教育提供丰富的信息。思想政治教育活动，无论是进行理论教育、实践教育，还是科学研究，都需要指导理论、学科知识、实际材料和各种典型，网络领域能够及时提供内容丰富、形式多样的信息，使思想政治教育的内容充实和鲜活，富有说服力与影响力；并可以在网络上进行分析、比较，吸收思想政治教育的经验，接受新的教育理念和新生事物，保证教育活动取得好的效果。二是提供人际交往的特殊空间。在网络之外的思想政治教育环境中，教育者与受教育者之间、受教育者相互之间的交往、互动，要受到时间、场合、条件等因素的制约，交往的范围、速度也受到一定程度的限制。比如，一个城市的大学生要与另一个城市的大学生面对面地思想交流，就要花时间和穿越空间，需要一定的精力与物力才能进行。如果这种思想交流在网络领域这个特殊空间中进行，交流的双方不仅近在咫尺，各自可以看到对方的形象，听到对方的声音，而且还可以根据各自的需要，找合适的对象进行互动，这样，双方可以在短时间尽情地交流思想、情感。网络环境交流的便利快捷和不受空间跨度约束，使得教育者和受教育者之间、受教育者相互之间能够及时地沟通思想，传递信息，相互学习，相互启发，从而增强了思想政治教育的针对性与实效性。三是有利于培养开放视野和创新能力。网络环境信息交流的特点，富有多样性与多变性。这一特点可以帮助教育者与受教育者多视角、多层面分析、解决思想政治教育的问题，有利于开阔视野、活跃思维，并容易激发创新精神，培养创新能力。

（3）网络环境对思想政治教育的消极影响

互联网络，是现代科学技术运用的成果，它同科学技术一样，也是一把双刃剑，即它在发挥积极作用的同时，也有消极影响。网络环境对思想政治教育的消极影响有以下主要表现。一是网络环境中信息良莠不齐容易使有些人受思想污染。网络环境是一个大千世界，正面信息和负面信息、真实信息和虚假信息、先进信息和落后信息常常混杂在一起。有些人，特别是青少年，辨别能力不强，容易受不良信息乃至错误观点的影响，形成先入为主的错误想法，给思想政治教育造成思想障碍。同时，网络环境中，有的人为了赚钱或扩大影响，引入各种各样淫秽、色情、赌博、暴力等游戏、视频、图片、文字，引诱一些人着迷、上瘾，使其丧失主体性，影响工作与学习；一些人利用网络传播各种错误思想，散布谣言，进行人身攻击，制造思想混乱，危害社会稳定，甚至导致有的人政治信仰动摇、道德意识淡漠、社会责任感弱化、行为失范。这些问题的存在无疑是对思想政治教育的干扰和挑战。二是网络信息庞杂造成信息压力与选择困难。网络环境中不仅信息量大，而且变化很快。如果没有一个正确坚定的价值标准，面对潮水般的信息，就会无所适从，有的毫无目的陷于信息海洋，经受信息碎片刺激；有的产生信息压力，在信息变换中丧失主体性；有的苦于信息选择困难，产生迷茫困惑。信息获取、选择的困难，信息选择的不当、错误都会影响到思想政治教育。

（二）思想政治教育对社会环境的作用

环境影响思想政治教育，思想政治教育则反作用于社会环境，推进环境发展变化。

1.思想政治教育对社会环境的认识作用

社会环境的性质、状况、类型、特点，可以通过思想政治教育，帮助和引导人们加深认识，把握其本质。社会环境是一个复杂的系统，是由诸多因素构成并处在不断变化的复杂状态，要发挥它的积极作用，避免消极影响，必须首先认识它。

只有正确认识社会环境，了解其中的积极因素和消极因素，思想政治教育才能自觉地利用积极因素，针对消极影响开展教育。否则，教育者与受教育者就会对社会环境的认识陷于盲目状况，不自觉地受到社会环境中消极因素的影响。思想政治教育认识社会环境，主要通过教育活动和科研活动开展。在教育活动中，教育者以及受教育者，要能够认识和辨别社会环境的有利因素和不利因素，针对环境的影响状况，修改教育目标、选择教育内容、制订教育计划，充分利用环境的有利因素开展好教育活动。开展思想政治教育的科学研究，主要应解决人们存在的思想问题与实际问题。这些问题都不同程度地与社会环境有关，需要从实际出发，确立科研选题，收集、整理研究资料，对涉及的社会环境因素进行了解与分析。因此，教育者和受教育者必须通过调查研究，认识社会环境，才能找到解决问题的出路。离开了对社会环境的认识，教育活动和研究活动就会脱离实际。

思想政治教育与社会环境相互影响时，思想政治教育能发挥教育者和受教育者的主观能动性，主动认识、反映、改变社会环境因素的性质、内容和变化的速度。一是认识社会环境的特点，即社会环境积极因素与消极因素并存，先进性因素与落后性因素相伴，持久性因素与暂时性因素汇集，发展性因素与阻碍性因素相悖等特点。只有认识了这些特点，才能对各种各样性质、内容的环境因素进行分辨，自觉、主动地进行环境适应与选择。二是反映社会环境的变化。由于社会环境自身的矛盾运动及人们对环境的改造，社会环境经常在发生变化。社会环境的发展变化，标示着新事物、新情况、新风气的产生，使社会环境的内容得以丰富。社会环境内容的变化，必定会影响人们的思想与行为，进而影响思想政治教育。思想政治教育必须及时把握这些新情况、新问题，把思想政治教育活动与研究向前推进。

2.思想政治教育对社会环境的选择和利用

思想政治教育对社会环境的反作用，主要表现在选择和利用环境因素上。思想政治教育对社会环境的选择和利用的主要表现有：第一，发挥思想政治教育对社会环境的选择作用。选择环境，是指根据思想政治教育目标的需要，挑选环境中的积极因素为思想政治教育服务的活动。随着我国改革开放的深入和现代化建设所获得的成就，社会环境实质上发生了巨大变化。在新的理论、新的观念、新的风尚大量涌现的同时，西方的意识形态、错误社会思潮也以各种方式进入我国，丑陋的社会现象也时有发生。这些错误的、消极的环境因素，对思想政治教育形成严峻挑战。面对复杂的社会环境，必须选择社会环境中的积极因素为思想政治教育服务。发挥思想政治教育对社会环境的选择作用，首先要充分利用现代大众传播媒介宣传的先进事迹、先进人物和新的精神风貌。在进行中国特色社会主义现代化建设中，涌现了大量的模范人物，展现了大量的新生事物和新的风尚。思想政治教育者，要利用现代传媒，结合本地区、本单位的实际，有计划地选择先进典型、新生事物，开展教育和宣传活动，营造学先进、赶先进的良好氛围。同时，也要针对本地区、本单位存在的问题，分析、批评错误倾向，明辨是非，扶正压邪。第二，正确发挥思想政治教育对社会环境的作用。社会环境，其实是思想政治教育活动的外部因素，只有利用好环境中的有利因素，克服不利因素，才能产生良好的教育效果。思想政治教育利用社会环境因素，首先要掌握利用环境所需要的先进技术。现代科学技术的发展，提供了许多思想政治教育可以运用的先进技术，诸如录音、摄像、存储、传播环境中积极因素的设备。利用好这些设备，能够提高思想政治教育的效率，增强教育的效果。其次，利用好精神文明建设的成果。社会主义精神文明建设、培育和践行社会主义核心价值观的广泛、深入开展，必定会涌现出许多先进事迹、新的典型，思想政治教育要及时推广这些事迹与典型，既能增强思想政治教育的影响，又能强化社会环境的积极因素。

3.思想政治教育对社会环境的改造和创造作用

思想政治教育不是被动地受社会环境的影响，而是要主动地对社会环境进行改造和创造。首先，发挥思想政治教育对社会环境的改造作用。思想政治教育对社会环境改造的表现有：第一，动员人们改造落后的物质环境，包括激发发展经济、美化家园、治理污染的积极性，既为改善物质环境作贡献，也为思想政治教育创造物质条件。第二，改造不正确的政治倾向。在政治环境中，有些人对我国政治制度、政治体制改革、方针政策等存在模糊认识，甚至存在违法乱纪行为，思想政治教育要旗帜鲜明地针对这种政治倾向，开展政治教育，讲明政治立场和政治观点，改造不正确的政治行为，为思想政治教育营造良好的政治环境。其次，发挥思想政治教育对社会环境的创造作用。思想政治教育对社会环境的创造作用，可以从物质环境和精神环境创造入手。物质环境的创造，主要是动员大家建设、美化单位环境，诸如建造具有激励作用的雕塑、图案、模型等；陈列著名爱国者、科学家、英烈的事迹与画像；举办具有教育意义的展览等。这些物质环境，不仅具有潜移默化的教育作用，而且可以形成文化传统，持久发挥育人作用。对精神环境的创造，主要是坚持正确舆论主导、营造良好氛围和建设单位文化等。

（三）正确对待环境影响与思想政治教育的关系

环境与思想政治教育的相互影响与作用都是通过人来体现和实现的，即对人来说，环境与思想政治教育，都是影响人、作用人的两个外在条件，在这一点上，它们有共同性；但它们影响人、作用人的特点、方式又有区别，因而两者不可能同一。

1.学习、运用科学的环境理论

正确认识、对待环境影响与思想政治教育的关系，首先要学习、运用马克思主义关于主观与客观、物质与精神、存在与意识的理论。马克思主义认为，人的意识、观念，不过是外部客观环境影响的结果，"观念的东西不外是移入人的头脑并在人的头脑中改造过的物质的东西而已。"[1]同时，"人们的观念、观点和概念，一句话，人们的意识，随着人们的生活条件、人们的社会关系、人们的社会存在的改变而改变。"[2]所以，客观的外在条件，即环境决定着人们的思想和观念，环境的变化影响着人们的思想变化。影响人们思想观念的环境因素是纷繁复杂的，起决定作用的是一定社会的生产关系或经济关系，自古以来人们的生存与发展就是建立在一定社会生产关系或经济关系基础上的，而"每一既定社会的经济关系首先表现为利益"[3]，人们在认识和处理利益关系时，由在利益关系上的不同社会地位和阶级立场，而产生不同的政治思想、道德原则与价值观念，形成了政治、思想和道德上的矛盾、对立。为此，恩格斯在论述伦理思想形成与发展时强调："人们自觉地或不自觉地，归根到底总是从他们阶级地位所依据的实际关系中——从他们进行生产和交换的经济关系中，获得自己的伦理观念。"[4]恩格斯这段论述，阐述了人们的思想道德观念，形成于生产基础之上，产生于社会关系之中，从而揭示了人们所处的社会环境、人们思想道德观念、思想政治教育的内在联系。同时，恩格斯还论述了人们的思想道德观念，是随着社会经济条件的变化而发展变化的："我们拒绝想把任何道德教条当作永恒的、终极的、从此不变的伦理规律强加给我们的一切无理要求，""相反，我们断定，一切以往的道德论归根到底都是当时的社会经济状况的产物。"[5]马克思主义的这些论述，要求我们把人们思想观念的形成，把思想政治教育，建立在一定的生产关系和由此产生的经济环境变化的基础上，即建立在唯物辩证法的基础之上，既要批判忽视、否定客观条件的唯心主义，也要克服忽视、否定人的主观能动性作用的机械唯物主义。

为此，对客观环境与主观思想关系的认识、解决、研究，要防止以下两种倾向。一是否定人的能动性的"环境决定论"。持"地理环境决定

〔1〕《马克思恩格斯文集》第5卷，人民出版社，2009年版，第22页。

〔2〕《马克思恩格斯文集》第2卷，人民出版社，2009年版，第50页。

〔3〕《马克思恩格斯文集》第3卷，人民出版社，2009年版，第320页。

〔4〕《马克思恩格斯文集》第9卷，人民出版社，2009年版，第99页。

〔5〕《马克思恩格斯文集》第9卷，人民出版社，2009年版，第99页。

论"的代表,是法国启蒙学者孟德斯鸠,他在《论法的精神》一书的第十四章《法律与气候性质的关系》中,论述了地理环境(气候、土壤等)对法律和社会政治制度有决定作用:"不同气候的不同需要产生了不同的生活方式,不同的生活方式产生了不同种类的法律。""热带民族的怯懦常常使这些民族成为奴隶,而寒冷气候的民族的勇敢使他们能够维护自己的自由,这是自然的原因所产生的后果。"[1]孟德斯鸠的观点忽视社会生产方式对社会生活的决定作用,忽视人的主观能动性,有局限性。二是否定客观环境作用的"精神万能论"。持这种观点的人,往往不顾客观实际,违背客观规律,片面强调人的主观作用,不可避免地成为"唯意志论"者或陷于唯心主义的泥潭。针对上述两种错误倾向,马克思都给予了批判,并运用历史唯物主义的观点提出了科学的环境观,即人与环境是对立统一的关系,而统一的基础是实践,即"环境的改变和人的活动或自我改变的一致只能被看作是并合理地理解为革命的实践。"[2]这样,既突出了人的主体地位,又承认了环境对人的客观影响。

2.既反对忽视环境作用又反对思想政治教育无力改造环境的倾向

环境影响与思想政治教育,都是人们不能回避又不可缺少的两个条件。这两个条件相辅相成、相互作用,忽视、否定哪一个方面,都是片面的、错误的。我们既要肯定客观环境对人们思想与行为的影响、决定作用,但又不能无限夸大其作用而否定人的主观能动性和思想政治教育的作用;我们既要肯定人的主观能动性和思想政治教育在改造社会环境中的作用,但又不能无限夸大其作用而否定社会环境的作用。我们要在实践和以人为本的基础上把两者结合起来。

三、思想政治教育的主要原则

思想政治教育原则涉及思想政治教育的各个要素、多种关系,因而不同学者有不同的概括。从思想政治教育的性质、特点和作用来看,思想政治教育主要包括如下原则。

---

〔1〕[法]孟德斯鸠:《论法的精神》(上册),张雁深译,商务印书馆,1961年版,第 280、326 页。

〔2〕《马克思恩格斯文集》第1卷,人民出版社,2009年版,第500页。

（一）以人为本的原则

以人为本，是科学发展观的核心。坚持以人为本，就是一切为了人，一切依靠人；就是要尊重人、理解人、关心人，把不断满足人的需要、促进人的全面发展，作为根本出发点。因此，以人为本不仅主张人是发展的根本目的，而且主张人是发展的根本动力。正如毛泽东所说："人民，只有人民，才是创造世界历史的动力。"[1]党的十八报告强调："必须增强宗旨意识，相信群众，依靠群众，始终把人民放在心中最高位置。"[2]

以人为本之所以是思想政治教育的原则，是因为思想政治教育是以人为中心、以人为目的的活动。思想政治教育的教育者是人，教育的对象是人，其出发点与落脚点，归根结底也是人，离开人的思想政治教育，实际上是不存在的。同时，思想政治教育是满足人的需要和人需要思想政治教育的统一，育人为本是思想政治教育以人为本的逻辑展开。人是教育的中心，也是教育的目的；人是教育的出发点，也是教育的归宿；人是教育的基础，也是教育的价值体现。思想政治教育必须在教育过程中重视启发、引导人们的内在教育需求，调动和激发人们主动学习和发展的积极性、主动性、创造性，帮助人们自觉树立正确的世界观、人生观、价值观，不断提高思想政治素质。

思想政治教育遵循以人为本的原则，必须关注人、关爱人、关心人；促进人的全面发展，满足人民群众的需要。人是相对于物而言的，坚持以人为本，就是要以人为目的，突出人的发展，体现人文关怀和道德情感："坚持以人为本、执政为民，始终保持党同人民群众的血肉联系。为人民服务是党的根本宗旨，以人为本、执政为民是检验党一切执政活动的最高标准。任何时候都要把人民利益放在第一位，始终与人民心连心、同呼吸、共命运，始终依靠人民推动历史前进。"[3]从现实的、具体的人出发，在发展先进生产力、建设高度物质文明的基础上，尊重人的基本需要和美好愿望，不断满足人民群众日益增长的物质文化需要，以最广大人民群众的根本利益作为思想政治教育的出发点和落脚点。

---

〔1〕《毛泽东选集》第3卷，人民出版社，1991年版，第1031页。

〔2〕胡锦涛：《坚定不移沿着中国特色社会主义道路前进 为全面建成小康社会而奋斗——在中国共产党第十八次全国代表大会上的报告》，人民出版社，2012年版，第56页。

〔3〕胡锦涛：《坚定不移沿着中国特色社会主义道路前进 为全面建成小康社会而奋——在中国共产党第十八次全国代表大会上的报告》，人民出版社，2012年版，第50—51页。

（二）科学性与思想性相结合的原则

所谓科学性，是指概念、原理、定义和论证等内容的叙述是否清楚、准确，是否正确反映事物的本质与规律。思想政治教育的科学性，是指思想政治教育对其本质和规律的揭示及其对人与社会发展的促进，简单地说就是思想政治教育的客观真理性。思想政治教育的科学性，包括指导思想的科学性、理论基础的科学性、教育内容的科学性、教育方法的科学性、评价标准的科学性等内容。这些内容要求思想政治教育，要依据时代特征与社会发展，遵循教育对象思想品德形成与发展规律，确定教育目标和任务，选择教育内容与方法，保证思想政治教育的有效进行。随着现代社会的发展和人的精神世界的日益丰富，思想政治教育更应注重科学研究，增强思想政治教育的科学性。思想政治教育及学科建设，既要以马克思主义理论为指导，又要以马克思主义理论为教育内容。马克思主义是科学理论，"这一理论对世界各国社会主义者所具有的不可遏止的吸引力，就在于它把严格的和高度的科学性（它是社会科学的最新成就）同革命性结合起来，并且不仅仅是因为学说的创始人兼有学者和革命家的品质而偶然地结合起来，而是把二者内在地和不可分割地结合在这个理论本身中。实际上，这里直接地提出理论的任务、科学的目的就是帮助被压迫阶级去进行他们已在实际进行的经济斗争。"[1] 在这里，列宁明确指出了马克思主义理论是严格的和高度的科学性与革命性的统一。邓小平在苏东发生剧变之后，坚定地认为："我坚信，世界上赞成马克思主义的人会多起来的，因为马克思主义是科学。它运用历史唯物主义揭示了人类社会发展的规律。"[2]

所谓思想性，是指活动、作品等的政治倾向或价值取向性。思想政治教育的思想性，是指思想政治教育不仅仅是传播理论、知识与信息，更是承担着引领价值取向和铸塑灵魂的任务，要帮助人们修炼思想品德，改造主观世界。因而思想政治教育不是重在学习知识、掌握工具，而是触及灵魂、形成思想。不形成良好的思想品德，只是把思想、政治、道德知识记忆下来，应付考试与检查，严格来讲不是思想政治教育，而是应试教育。所以，思想政治教育不仅要晓之以理、动之以情，还要以教育形成的正确思想指导行动。通过思想政治教育提高教育对象的政治认知能力和政治辨

〔1〕《列宁专题文集.论辩证唯物主义和历史唯物主义》，人民出版社，2009 年版，第 13 页。
〔2〕《邓小平文选》第 3 卷，人民出版社，1993 年版，第 382 页。

别水平，是思想政治教育的目标。

科学性和思想性相结合的原则，是指在思想政治教育过程中既要保证思想政治教育内容的真实性、客观性、先进性，用科学知识和科学精神武装人民群众，又要把马克思主义的立场、观点、方法渗透到思想政治教育过程中，培养人们正确的世界观和高尚的道德品质。思想性要以科学性为前提，离开了科学性，思想性就失去了支撑和依据；科学性要以思想性为基础，离开了思想性，科学性难以实现其价值。思想政治教育只有坚持科学性和思想性相结合的原则，辩证地处理两者之间的关系，才能有效驾驭思想政治教育活动，建设思想政治教育学科。

（三）理论联系实际的原则

理论联系实际是对马克思主义普遍真理同我国革命和建设的具体实际相结合原则的概括表述。理论联系实际的原则，是马克思主义最基本的原则之一，体现了认识与实践、矛盾的普遍性与特殊性相统一的认识论和辩证法，是辩证唯物主义世界观在无产阶级政党作风上的具体表现。坚持这一原则，必须反对形形色色的主观主义和形而上学的错误思想。

思想政治教育坚持理论联系实际的原则，实际上就是坚持实事求是的思想路线，一方面要学习、运用马克思主义理论分析和解决思想政治教育的思想问题与实际问题；另一方面，就是把思想政治教育的实践经验、实际材料通过研究提升到理论高度。理论联系实际是主观和客观、理论和实际、知和行的具体的、历史的统一，赋予思想政治教育说服力、影响力与生命力，是避免教条主义、经验主义的基本原则。理论只有指导实际并解决实际问题，才能说服人、教育人；实际只有以正确的理论为指导，才能赋予实际发展的目的性与价值性。只有这样的思想政治教育才有理论和实践意义。

注重学以致用、理论联系实际，不仅是我国古代道德教育的优良传统，更是中国共产党思想政治教育的优良传统。

从古至今，我国一直流传着两句名言："纸上得来终觉浅，绝知此事要躬行。"早在我国先秦时期，孔子就十分重视学以致用、躬行践履，他认为道德品质不仅要靠学习和修炼，更来源于身体力行。他说："始吾于人也，听其言而信其行；今吾于人也，听其言而观其行。"（《论语·公冶长》）从听其言而信其行，到听其言而观其行，反映了孔子对践行的高度重视。孔子还教导他的弟子："君子欲讷于言而敏于行"（《论语·里仁》），告诫人们要少说话多做事；"先行其言而后从之"（《论语·为政》），即先把事情做好了，再说出来；"君子耻其言而过其行"（《论语·宪问》），意思是君子以夸夸其谈为耻，要在行动中力求做到更好。孔子的躬行践履思想，一直成为我国古代道德教育的传统，发挥着积极的作用。后来北宋的程颢、程颐和南宋的朱熹创立"理学"，南宋的陆九渊和明代王阳明提出"心学"，在一定程度上丢弃了这个传统，专讲道德理论、修身养性，不务实际。针对这种学风空疏，明清之际的思想家王夫之、顾炎武等提出了经世致用的主张，"经世"的内涵是"经国济世"；"致用"的内涵是"学用结合"，就是要理论结合实际，解决社会问题，以求达到国治民安的实效。

　　中国共产党在思想政治教育实践中，以马克思主义理论为指导，始终坚持理论联系实际的原则。马克思、列宁的许多著作与论述，总是把理论与实际紧密结合在一起，反复强调理论联系实际的重要性。马克思在《(黑格尔法哲学批判)导言》一文中指出："理论一经掌握群众，也会变成物质力量。理论只要说服人，就能掌握群众；而理论只要彻底，就能说服人。所谓彻底，就是抓住事物的根本。""理论在一个国家实现的程度，总是取决于理论满足这个国家的需要的程度。"[1]列宁则强调："马克思和恩格斯多次说过，我们的学说不是教条，而是行动的指南，我想我们应当首先和特别注意这一点。"[2]中国共产党在各个不同历史时期，既强调学习马克思主义理论，又强调运用马克思主义理论解决革命与建设的实际问题，不断与教条主义、形式主义错误作斗争。毛泽东指出："真正的理论在世界上只有一种，就是从客观实际抽出来又在客观实际中得到了证明的理论，没有任何别的东西可以称得起我们所讲的理论。"[3]中国共产党在实事求是思想路线的形成、恢复和丰富的过程中，既把理论联系实际当作实事求是的根本途径和方法，又针对马克思主义理论的学习、研究和宣传中的学风问题，以及思想政治教育中如何贯彻理论联系实际的原则问题，提出了许多重要思想。这些重要思想对思想政治教育有着很强的针对性，具有直接的指导意义。

　　我们党之所以能领导中国人民取得民族独立和人民解放，开创中国特色社会主义道路，就是始终坚持把马克思主义的基本原理与中国实际相结合，既取得了革命与建设的成功与发展，又创造了毛泽东思想和中国特色社会主义理论体系。无论是革命战争年代，还是社会主义建设时期，事实

〔1〕《马克思恩格斯选集》第1卷，人民出版社，2012年版，第9—10、11页。
〔2〕《列宁专题文集　论马克思主义》，人民出版社，2009年版，第300页。
〔3〕《毛泽东选集》第3卷，人民出版社，1991年版，第817页。

充分证明，理论脱离实际，主观主义、教条主义、本本主义盛行，党的事业就遭受巨大挫折，付出沉重代价。这是历史的深刻教训，我们应当永远铭记。

（四）知行统一的原则

知行统一，源于毛泽东在《实践论》中提出的"知和行的具体的历史的统一"。所谓知，是指人的知识水平和思想观念；所谓行，是指人的行为。知行统一就是要保持言行一致、表里如一。思想政治教育的知行统一，是指通过思想政治教育既提高认知水平，又指导实际行动。思想政治教育的知行统一原则，是以辩证唯物主义的认识论为理论根据的。辩证唯物主义的认识论认为，人们的思想品德最终要在社会实践中形成，但先进的理论体系不可能在实践中自发形成，需要灌输，即通过自觉学习、教育、实践才能形成。知行统一，知是前提，重在行动。实现知行统一是思想政治教育的基本要求。

教育者进行思想政治教育的直接目的，在于使受教育者正确认识和接受思想政治教育的目的与要求，并能付诸实际行动，做到认知与行为的一致，而不是只停留在认知上，即知而不行；也不是认知与行为矛盾，即言行不一。马克思主义一向主张，要把理论与实践紧密结合起来，要在实践中学习理论，提高认识，反过来再用这种认识指导实践。因此，思想政治教育必须把理论教育和实践锻炼结合起来，从知、行两方面着手，以实现知行统一的根本要求。思想政治教育只有坚持这一原则，才能克服重理论轻实践、重认知轻行为的倾向，培养受教育者成为一个知行统一的人，成为表里一致、言行一致的人。

思想政治教育不仅仅是传授知识，讲授正确的理论和观点，即坚持什么、反对什么；还要引导人们结合实际进行"思"和"辨"，明确为什么、怎么做。思想政治教育不是采取解释概念、下结论来解决问题，而是要帮助人们学会和掌握正确的立场、观点和方法，分析问题、解决问题。毛泽东曾经说过："对于马克思主义的理论，要能够精通它、应用它，精通的目的全在于应用。如果你能应用马克思列宁主义的观点，说明一个两个实际问题，那就要受到称赞，就算有了几分成绩。被你说明的东西越多，越普遍，越深刻，你的成绩就越大。"[1]邓小平也说过："学马列要

〔1〕《毛泽东选集》第3卷，人民出版社，1991年版，第815页。

精，要管用的。"[1]因此，学习理论是为了树立正确的世界观，并能运用所学理论指导行动，解决思想问题与实际问题。

知行统一原则，是中国优秀传统文化中的宝贵遗产，也是中国人信奉的基本原则。中国历史上无数先贤坚持勤奋笃学、躬身践行，对知识分子产生了深刻的影响，使之成为人们做人做事的基本准则。孔子要求弟子"讷于言而敏于行"[2]，认为"言而过其行"[3]是可耻的。墨子提出"强力而行"的主张，认为"士虽有学，而行为本焉"[4]。王守仁主张"知行合一"，认为"知是行之始，行是知之成"[5]，要人们注重"真知即所以为行，不行不足谓之知。"[6]《左传·昭公十年》对知行关系进行了阐述："非知之实难，将在行之"；《古文尚书·说命》也提出："非知之艰，行之维艰"，意思是说，认识事物、道理并不难，难得的是付诸行动，即难在使主观内在的认知，外化为客观可见的行。知行统一、脚踏实地，是中国人民的传统美德。从自己做起，从现在做起，既富有崇高理想，又始终身体力行，一步一个脚印地为祖国和人民做好每一件有意义的事情。

（五）教育与自我教育相结合的原则

所谓教育，就是教育者按照一定目的，通过有计划、有组织的方式影响受教育者，把一定的政治观点、思想体系和道德规范转化为教育对象的自觉行动的活动。所谓自我教育，是指人们自己把自己作为教育对象，自觉地、主动地进行自我锻炼、自我修养、自我完善的活动。

教育与自我教育相结合的原则，既强调了实施思想政治教育的重要性，也突出了自我教育的必要性，只有教育与自我教育紧密结合，教育才能取得实效。只强调教育者的教育，忽视受教育者的自我教育，这样的思想政治教育往往没有效果；只强调自我教育，忽视教育者的教育，自我教育难以形成和提高。思想政治教育对受教育者来说是外因，受教育者的自我教育才是内因，外因只是变化的条件，内因才是变化的根据。如果我们

---

[1]《邓小平文选》第3卷，人民出版社，1993年版，第382页。
[2]《论语·里仁》。
[3]《论语·宪问》。
[4]《墨子·修身》。
[5]《王文成公全书》卷一《传习录（上）》。
[6]《王文成公全书》卷二《答顾东桥书》。

从思想政治教育的价值层面，来揭示其本质的话，思想政治教育就是让受教育者认识自己所需要教育的价值，并自觉去追求这种价值，这样思想政治教育才能获得动力，取得实效。

苏联著名教育家苏霍姆林斯基在其著作《教育与自我教育》一书中，对教育与自我教育相结合进行了充分的论述，他提出了"真正的教育是自我教育"的著名论断，并明确指出："教育这个概念，在广义上就是对集体的教育和对个人的教育的统一；而在对个人的教育中，自我教育是起主导作用的方法之一。"〔2〕还说："只有学会进行自我教育，才可成为一个真正的人。不然用长远的眼光看去，我们造就的就只能是一个不幸的人，而不幸的人是我们社会的大灾祸。"〔2〕所以，苏霍姆林斯基得出结论："只有能够激发学生进行自我教育的教育，才是真正的教育。"〔3〕我国教育家叶圣陶也同样提出了名言："教是为了达到不需要教。"〔4〕这句话意味深长，达到"不需要教"就是要培养受教育者自我教育的本领；"不需要教"不是教育的解除，而是把教育者的"教"转化成受教育者的自教，实现"他教"与"自教"在受教育者身上的统一。

充分发挥人们的主体作用，努力培养和增强人们的自我教育能力，是实现思想教育目标的基本准则。为此，习近平在北京大学师生座谈会上，要求广大青年树立社会主义核心价值观，要在几个方面下功夫：一是要勤学，下得苦功夫，求得真学问。二是要修德，加强道德修养，注重道德实践。三是要明辨，善于明辨是非，善于决断选择。四是要笃实，扎扎实实干事，踏踏实实做人。他认为当代青年，"关键是要学会思考、善于分析、正确抉择，做到稳重自持、从容自信、坚定自励。要树立正确的世界观、人生观、价值观，掌握了这把总钥匙，再来看看社会万象、人生历程，一切是非、正误、主次，一切真假、善恶、美丑，自然就洞若观火、清澈明了，自然就能作出正确判断、作出正确选择。"〔5〕习近平对青年所提的要求和论述，强调的是青年要自信自强、自教自律。

〔1〕[苏联]瓦·阿·苏霍姆林斯基：《给教师的建议》，杜殿坤编译，教育科学出版社，1984年版，第129页。

〔2〕[苏联]B．A．苏霍姆林斯基：《把整个心灵献给孩子》，唐其慈等译，天津人民出版社，1981年版，第3页。

〔3〕[苏联]B．A．苏霍姆林斯基：《给教师的一百条建议》，周蕖等译，天津人民出版社，1981年版，第207页。

〔4〕叶圣陶：《为了达到不需要教》，《叶圣陶集》第11卷，江苏教育出版社，1991　年版．

〔5〕《习近平谈治国理政》，外文出版社，2014版，第172-173页。

第二节　思想政治教育过程的特征与环节

一、思想政治教育过程的内涵

（一）过程与思想政治教育过程

世界不是既成事物的集合体，而是过程的集合体，其中各个似乎稳定的事物同它们在我们头脑中的思想映象即概念一样都处在生成和灭亡的不断变化中。"[1]恩格斯的这段话明确指出了事物的运动变化实质，揭示了世界存在的过程性特征。在辩证唯物主义看来，所有事物都处在永不停歇的运动、发展、变化过程之中，过程无处不在、无时不有。

人类社会以过程的形式存在，人类的活动以过程的形式表现。无论是人的实践活动还是认识活动、思维活动，都表现为一个又一个的具体过程。思想政治教育是指一定的阶级、政党、社会群体用一定的思想观念、政治观点、道德规范，对其成员进行有目的、有计划、有组织的引导，使他们形成符合一定社会、一定阶级所需要的思想政治素质的社会实践活动。这种社会实践活动是一个不断发展变化的过程，在宏观上表现为历史发展过程，在微观上则表现为具体的教育活动过程。

（二）思想政治教育过程的内涵

思想政治教育过程，是教育者根据一定社会的思想品德要求和受教育者思想品德形成发展的规律，对受教育者进行有目的、有计划、有组织的引导，促使受教育者产生内在的思想矛盾运动，以形成和提高其思想政治素质的过程，其具体内涵如表3-1所阐释。

---

[1]《马克思恩格斯文集》第4卷，人民出版社2009年版，第298页。

表3-1 思想政治教育过程的内涵

内涵属性	具体阐释
思想政治教育过程是特殊的实践活动过程	思想政治教育过程的实质在于把一定社会的思想意识、价值观点、政治观念、道德和法制规范转化为受教育者个体的思想品德和思想政治素质。因此，思想政治教育活动是根据思想政治教育的目的结合实际展开的。这里所谓"一定社会的思想品德要求"是指一定的阶级、政党、社会群体所倡导和规定的那些思想观念、政治观点、道德规范，反映的是这些在社会中占统治地位、主导地位的阶级、阶层对社会民众思想与行为的要求，体现的是思想政治教育的意识形态性。
思想政治教育过程是思想政治教育活动的运行流程	思想政治教育活动是教育者有目的地对教育对象进行引导，以促进教育对象思想政治素质不断提高的过程。由于思想政治教育活动十分丰富，具有不同的内容和形式，思想政治教育过程也表现出丰富性和多样性。但无论如何，思想政治教育过程就是借助一定的活动内容与形式实现思想政治教育目的的过程。
思想政治教育过程是教育者和受教育者的互动过程	教育者和受教育者是思想政治教育活动中的两个主要因素，缺少任何一方参与，思想政治教育活动都无法展开。因此，思想政治教育过程是教育者和受教育者共同参与、相互作用的过程，是一种特殊的社会交往形式。教育者和受教育者借助于思想政治教育的目标、内容、方法等中介因素，才能进行思想交流、情感沟通，思想政治教育过程才得以展开。思想政治教育过程，是由教育者自觉的组织、引导活动与受教育者能动的认识、践行活动相统一的互动过程。

二、思想政治教育过程的特点

特点是指人或事物的独特之处，是人或事物彼此相互区别的内在规定性。分析思想政治教育过程的特点，有助于我们深化对思想政治教育及其过程的科学认识。

（一）连续性与间断性统一

唯物辩证法认为，事物的变化都是从量变开始，当量的积累达到一定程度时，就必然会引起质变，并在新的质的基础上开始新的量变。人的思想品德的形成和思想政治素质的提高也不例外。人的思想、行为总是在量变质变的交替中不断发展变化的，与此相适应，思想政治教育就是一项长期的任务，思想政治教育过程就是一个不断循环往复、无限发展的过程；

一个过程完结，另一个新过程又开始，思想政治教育过程呈现出连续性与间断性统一的特征。

思想政治教育过程的连续性，就是思想政治教育的长期性、持久性。人的思想道德面貌，主要受环境影响和教育改变。这既是一个复杂的过程，又是一个长期的过程，绝不是一劳永逸的事情。早在两千多年以前，荀子就提出了"积善成德"的教育理念，指出"积土成山，风雨兴焉；积水成渊，蛟龙生焉；积善成德，而神明自得，圣心备焉。故不积跬步，无以至千里；不积小流，无以成江海。"[1]在他看来，只有持续不断地努力，循序渐进，才能达到既定目的。一个人的思想品德、政治素质要想达到较高水平，必须经过长期教育，日积月累，循序渐进。

思想政治教育的实施，都是有步骤、分阶段进行的，在一个连续的过程中表现出间断性特征。一个完整的思想政治教育过程由教育准备、信息交流、理论内化、外化应用和反馈调控等几个阶段构成，这些阶段彼此区别、相互衔接，使思想政治教育过程呈现出具有明显阶段性特征的连续过程。因此，思想政治教育过程的间断性首先表现为阶段性。其次，思想政治教育过程的间断性也表现为反复性。由于社会环境因素的复杂性，人的思想和行为总是在不断地发生变化，有前进、有后退、有反复，并不是一次教育就能使人的思想政治素质的各个方面都得到全面提高。因此，思想政治教育不能一蹴而就，而要反复进行。根据不断出现的新情况、新变化，反复组织思想政治教育活动，使思想政治教育过程从总体上呈现出间断性特征。最后，由于人的思想、行为发展变化的总趋势是螺旋上升的，一次教育活动、一个教育过程往往不能完成教育任务、实现教育目标。这就要求思想政治教育者遵循个体思想政治素质形成发展规律，按照思想政治教育的持久性要求，科学决策、认真计划，分阶段组织实施思想政治教育活动，切实有效地促进人们思想品德的形成与思想政治素质的不断提高。

（二）贯通性与反馈性交织

在思想政治教育过程中，影响思想政治教育活动的内外因素很多，既有积极因素，又有消极因素。思想政治教育工作者要及时收集教育过程中的反馈信息并对教育过程作出调整。有了这种反馈调节机制，就可以对思想政治教育过程内部和外部环境各种影响作出选择和调节，既可以利用

---

[1]《荀子·劝学》。

环境中的有利因素，也可以有意识地抵制环境中的消极影响，从而创设一种良好的教育条件和情境，确保思想政治教育目标的实现。由此可见，思想政治教育过程的反馈性、贯通性是彼此交织在一起的。正是因为思想政治教育必须坚持正确的方向，保证教育目标贯通始终，所以必须加强反馈性；正是因为思想政治教育过程所具有的反馈性调控机制，所以保障了思想政治教育方向性、目的性的贯通。

（三）针对性与有效性相通

一般社会环境对人的思想品德的影响，往往具有不确定性。而思想政治教育则是人们根据一定的社会要求和受教育者的需求，自觉组织的教育活动，是一种有目的、有计划的正面影响过程，因而它更具有针对性。这就要求教育者在实施教育影响时，要精心组织有利于人们思想品德发展的教育内容，营造良好的教育氛围，从而使思想政治教育过程更有成效。因此，思想政治教育过程具有针对性与有效性相通的特点。教育者选择的教育内容、运用的教育方法、采用的技术手段是否具有针对性，是否适合教育对象身心发展的特点，对思想政治教育有效性的生成与提高无疑具有关键性的作用。

现代思想政治教育，特别注重发挥受教育者的主体能动性，因为如果受教育者不能积极参与到思想政治教育过程中来，不能主动学习理解、接受教育者传授的思想理论信息，就不能完成思想品德自主建构、思想政治素质自主提升的过程，更不可能将社会倡导的思想观念、政治态度、道德规范自觉地外化为行动。而要调动、发挥好受教育者的主体能动性，首要的就是要加强教育的针对性。针对受教育者思想道德的现实状况和日常生活中面临的现实问题，激发他们学习思想政治理论、丰富精神生活的内在需要，从而有效调动他们参与思想政治教育活动的主动性。针对受教育者身心发展特点、思想品德形成发展的程度与现状，寻找思想政治教育适当的切入点，选择适合他们文化程度、理论水平的教育内容，运用适合他们接受特点、接受能力的教育方法，可以促进思想政治教育过程的信息交流和教育者与受教育者之间的有效互动，从而增强教育者传递、受教育者内化思想道德知识和政治理论观点的有效性。

三、思想政治教育过程的环节

思想政治教育过程的环节是指思想政治教育过程中相互关联、前后衔接的若干阶段。思想政治教育过程一般包括五个阶段。

（一）教育准备阶段

思想政治教育活动的主体是人，活动指向的是人们的思想与行为。教育准备阶段的任务，一是解决"做什么""怎样去做"，即思想政治教育决策的问题，二是合理构建教育者和受教育者之间的关系。

第一，思想政治教育决策，是指思想政治教育管理部门、教育者根据思想政治教育目的要求，针对受教育者思想品德状况和思想政治教育的实际情况，遵循一定的原则和程序，制订并确定长远目标、阶段性任务或具体教育方案的过程。决策是思想政治教育过程的起始阶段，是思想政治教育活动的前提。要做到科学决策，需要认真把握好三个基本方面。一是要善于发现问题。无论是思想政治教育长远目标的确定还是具体教育方案的制订，都是为了解决思想政治教育的实际问题。能否及时发现问题和对问题作出正确判断，是思想政治教育是否具有针对性、实效性的关键。一般来说，针对普遍存在、大量发生的社会问题，人们的思想、行为问题和工作问题，需要进行深入的调查研究，全面规划、科学决策；针对有些人的思想认识、行为表现问题，需要仔细分析，制订出具体的思想政治教育方案。二是确定思想政治教育目标。在发现问题并进行系统分析以后，就要确定解决问题所要达到的目标。思想政治教育目标是关系到整个思想政治教育活动的关键因素，必须审慎地加以确定。影响思想政治教育目标的因素是多方面的，其中主要的是社会发展要求、党和国家的奋斗目标、受教育者的精神需求和思想品德的状况。因此，在确定思想政治教育目标时，除了要切实针对人们思想、行为方面存在的问题，还要深刻领会和把握社会发展要求以及党和国家的奋斗目标，全面把握受教育者的精神需求和实际思想状况。只有这样，才能确定具体明确、针对性强、现实可行的思想政治教育目标。三是制订思想政治教育方案。由于目标实现往往有多种可能路径，这就要求思想政治教育者要拟定出多个具有较高质量的方案，以便从中遴选出满意的方案。拟定思想政治教育方案，要运用思想政治教育学原理与方法，对做什么、为什么做、谁去做、怎么做以及实施的具体地点、时间等问题作出设计；要与时俱进，敢于创新，对思想政治教育中出现的许多新情况、新问题善于运用新的思想、新的方法、新的技术手段去解决。多个方案拟定出来后，要组织力量对其进行综合评估，即对各种方案的利弊得失进行反复比较，全面权衡，在集思广益的基础上决定取舍，选择、修订最佳的思想政治教育方案。

第二，建立和谐的教育关系。思想政治教育过程是教育者与受教育者之间的交往互动过程，教育者和受教育者之间和谐的关系是思想政治教育顺利进行的前提。和谐的教育关系更能增强教育者的责任感，也有利于受教育者形成接受教育的积极心态。有了这种需求和态度，受教育者就能顺利地认同思想政治教育目标，更自觉地接受教育影响。建立和谐的教育关系有赖于教育者和受教育者的共同努力。由于教育者在教育活动中处于主导地位，因而对建立和谐教育关系负有更大的责任。教育者自身应具有高尚的品德情操和强烈的敬业精神，对教育对象采取尊重、关心、理解的态度并深入了解受教育者的情况，就更容易和教育对象建立密切的教育关系，思想政治教育过程就会更有成效。

（二）信息交流阶段

在作出决策、确定方案后，教育者和受教育者就进入思想政治教育的实施阶段，这是思想政治教育过程的中心环节。无论是重大决策、工作计划还是具体的教育活动方案，最终都要落实在教育者和受教育者之间的交流互动过程中。从信息论的观点来看，思想政治教育过程实质上是一个信息交流过程，包括教育者向受教育者主动传递信息和受教育者自主选择接受信息两个方面。

思想政治教育过程，首先是教育者教的过程。即教育者把教育内容转换成适合在特定思想政治教育活动中传递的教育信息，并将这些教育信息有效地传递给受教育者。受教育者在教育信息传递过程中，不只是被动的信息"接收者"，而是一个能动的信息"接受与加工者"，与信息传递者发生互动并对其传递活动产生反应和影响。思想政治教育信息是否被受教育者接受、接受多少，不仅取决于教育者传递信息的活动，更取决于受教育者的接受活动。因此，教育者还需要及时了解信息传递活动的反馈效果。

总之，在信息交流阶段，教育者向受教育者主动传递社会所要求的各种价值观念、政治观点、道德规范，受教育者通过自身思想、心理的矛盾运动，对教育者的教育活动做出反应，有选择地学习、接受这些内容。

（三）理论内化阶段

人的思想品德一般被视为由知、情、意、信等心理要素构成的系统。这个系统是受教育者在外界环境影响下，在教育者有目的、有计划传递的思想政治教育内容信息的引导下，自主学习、自主选择、自主建构起来的。这个自主建构的过程，就是理论内化。理论内化不只是个体认知的内容丰富，更是思想情感、道德品质、政治信念的形成与提高。理论内化始终伴随着受教育者知、情、意、信等心理因素的矛盾运动。在理论内化阶段，受教育者保持积极的、良好的心理状态，产生接受教育、提高自己思想品德的精神需要和动机，对教育者具有信任、尊重的态度，对教育者所传递的思想理论、价值原则、社会行为规范等思想政治教育内容真正愿意去学、积极努力去学，才能实现内化。理论内化的关键是要受教育者真懂、真信。因此，教育者不仅要注意向受教育者准确传递、科学灌输系统的教育内容，还要注意调动受教育者参与教育过程的积极性和理论内化的自觉性，注意通过讨论、调查研究、参观访问等生动活泼的形式推动其内在的知、情、意、信的矛盾运动，使他们在一种主动的状态中实现从不知到知、从知到信的转变，从而提高思想理论水平，发展思想政治素质。

（四）外化应用过程

思想政治教育在解决人们的知与信的同时，还要促进知、信向行的转化，即把个体思想品德外化到日常生活、学习和工作中去。

从知、信到行的转化是思想政治教育过程中最重要也是最困难的一环。任何行为的发生都有其内在的动机，动机与行为虽然不是一一对应的，但动机决定行为。个体的意识、信念要外化为个体行为，首先必须形成相应的行为动机。因此，个体思想品德的外化，关键在于内在动机的激发。动机产生后，个体会基于自身状况、已有经验和具体情境条件，进行行为决策，选择适当的行为并表现出来。因此，在外化应用阶段，教育者要善于针对受教育者的思想状况，提出行动要求，激发行为动机，指导行为选择，并在反复行动的过程中养成良好的行为习惯。内在思想动机转化为行为的过程，需要有内在的意志和外在约束作为保障。有了坚强的意志，受教育者在行为的过程中就能克服困难，不受环境中消极因素干扰，坚定自己的行为。

第三节　思想政治教育过程的矛盾与规律

一、思想政治教育过程的主要矛盾

矛盾即对立统一。思想政治教育的矛盾，是思想政治教育系统内部各构成要素相互联系的形式，是决定思想政治教育发生、存在与发展的根本动力。分析和认识思想政治教育的矛盾就是分析和认识思想政治教育系统内部及其同外部环境之间对立统一的关系。思想政治教育的矛盾，有基本矛盾与具体矛盾两大类。

（一）思想政治教育的基本矛盾

在唯物辩证法看来，矛盾是用来表达、说明事物及其发展过程本质的概念，矛盾就是存在于事物内部或事物之间的对立统一关系。一切矛盾都是由对立着的两个方面构成的，构成矛盾的对立面又是相互规定中的存在，二者相互依存，一方存在以另一方存在为前提。因此，矛盾的同一性与斗争性是矛盾的两种基本属性，正是矛盾的同一性与斗争性的相互作用构成事物发展的根本动力。毛泽东指出："无论什么事物的运动都采取两种状态，相对地静止的状态和显著地变动的状态。两种状态的运动都是由事物内部包含的两个矛盾着的因素互相斗争所引起的。"[1]思想政治教育是一个诸多因素相互作用的复杂运动过程，这个过程充满着各种各样的矛盾。存在于思想政治教育系统内部对其他矛盾起着支配、制约作用的矛盾，称为思想政治教育的基本矛盾。

思想政治教育的根本目的，是按照社会发展的要求培养合格的社会成员。思想政治教育工作者，根据社会提出的思想、政治、道德等方面的要求，与受教育者实际具有的思想品德水平构成思想政治教育矛盾的基本方面。因此，思想政治教育的基本矛盾是：一定社会发展所提出的思想品德

---

[1]《毛泽东选集》第 1 卷，人民出版社，1991 年版，第 332 页。

要求与人们思想品德水平之间的矛盾。

首先，这个矛盾是思想政治教育发生、存在的内在根据。从思想政治教育的发生与发展的过程看，社会和人们之所以需要思想政治教育，根本的原因就是人的实际思想品德表现，总是同一定社会发展所提出的思想品德要求存在不同程度的差距。为了推进社会的进步与发展，促进人们顺利适应社会生活的要求，就需要思想政治教育帮助人们接受社会倡导的思想观念、政治意识、道德规范，从思想和行为两个方面逐步缩小与社会要求之间的距离。当人们实际的思想品德表现达到社会的思想品德要求时，思想政治教育就显得不那么突出和重要了。

其次，这个矛盾贯穿思想政治教育过程的始终，推动着思想政治教育的发展。进行思想政治教育，首先要分析面对的矛盾，然后才能确定内容，采取措施，加以解决。随着社会的发展，将不断向人们提出一些新的要求，人的思想也会产生一些新变化，两者又会出现新的不平衡，这时思想政治教育又开始新的过程。正是这种矛盾的运动，推动着思想政治教育不断向前发展。

最后，这个矛盾规定和制约着思想政治教育的其他具体矛盾。如教育者与受教育者的矛盾，思想政治教育与社会环境之间的矛盾等。这些矛盾的存在，归根结底还是因为个人现实的思想行为表现与社会一般要求之间存在差距的具体化。一旦思想政治教育的基本矛盾得到解决，这些具体矛盾也会得到很大程度的缓解。反过来，解决好这些具体矛盾，有助于人们将社会所要求的思想品德规范内化为自己的品德素质，外化为参与社会日常政治、道德生活的实践行为，为一定社会发展所提出的思想品德要求与人们思想品德水平之间的矛盾创造条件。

（二）思想政治教育的具体矛盾

思想政治教育的具体矛盾，是指思想政治教育基本矛盾的具体表现。

1.社会发展要求与个体发展需要的矛盾

思想政治教育是具有明确目的的实践活动。思想政治教育的目的性，反映社会发展的本质要求和一定阶级的根本利益。思想政治教育的目的，是根据一定社会的生产力发展水平和经济、文化发展状况，根据统治阶级的意识形态要求而提出来的。思想政治教育的目的，必须遵循一定社会发展的方向，体现一定社会发展的目标并为实现社会发展目标服务；必须反映统治阶级的根本利益和意志，为统治阶级的政治服务。因此，思想政治教育的目的，是社会诸要求和社会发展目标与思想政治教育发生联系的交汇点，是反映一定社会发展本质和一定阶级根本利益的核心因素，它体现在思想政治教育任务的确定、教育内容的选择、教育效果的评价之中，最终集中体现在对教育对象思想行为的基本要求上。

然而，人在出生时处在一种"未发育完全"的状态，在生理上要发育成长，在社会性上更处在起点上，需要通过后天的教育，包括思想政治教育来发展完善。随着人的社会关系的扩大，人的主观能动性也得到增强，在不断深化自我认识的基础上开始产生自我发展的需要，开始设计和规划自己的人生。人在社会中的发展，具有广泛选择的可能。于是，有些个体发展的需要，常常与思想政治教育的要求不相一致，产生矛盾。

在思想政治教育活动中，教育者所提出的反映社会发展要求的教育目标，往往超越受教育者现实的思想品德基础。在社会发展要求与个体发展需要之间始终保持适当的张力，正是思想政治教育基本矛盾在思想政治教育活动中的直接反映。思想政治教育的基本任务就是要解决受教育者个体发展需要与社会发展要求之间的矛盾，通过多种渠道与形式，不断提升受教育者的思想政治素质，促进其思想品德向社会要求的方向发展。

2.主导性教育与自主性接受的矛盾

教育者对受教育者的教育，在其运行与作用的过程中，"究竟能够在何种范围和程度上为人们所接受，取决于它的传播程度"[1]。思想政治教育过程，首先是一个传递教育信息的过程，是由教育者计划、启动的，教育者根据社会的思想品德要求和受教育者思想品德发展的实际，确定教育目的与内容，通过一定的途径和方法，将所选择的教育信息传递给受教育者，供受教育者选择、接受，取得教育成效。在这个过程中，受教育者是一个能动的"接受者"，教育者传递的教育信息是否有效，在很大程度上取决于受教育者的接受状况。因此，教育者在正确、有效地组织、引导受教育者选择信息以及根据施教活动的效果反馈进行调节的过程中起着主导作用。

教育者在组织、引导受教育者接受思想政治教育的实践过程中，会对受教育者的心理产生极大的影响，因而首先要调整心理状态，帮助受教育者做好接受教育的心理准备。心理学的研究表明，人的心理状态直接影响他对周围事物的感知、认同与评价。在教育实践中，受教育者的心理状态是思想政治教育成败的关键，因此，如何使受教育者保持积极的状态、产生自主接受教育的需要，显得至关重要。其次是选择、接受思想政治教

〔1〕罗国杰主编：《伦理学》，人民出版社，1989年版，第449页。

育信息，提高对社会思想品德要求的认知水平。如果人们没有必要的认知水平，也就不会具有相应的信念、动机和行为。因此，认知在人的思想品德结构中具有重要的地位。但是，受教育者对教育者所传递的思想政治教育信息，包括理论、范畴、原则、理想人格和社会规范等，不应是被动地"接收"，而应当是积极地学习、理解和"接受"，解决从不知到知、从片面的知到全面的知的矛盾，从而提高识别是非的能力和调控自我行为的能力。再次是激发思想的矛盾运动，加速知行转化。人的思想品德的形成发展过程，既是由不知到知的过程，也是由知向行转化的过程，需要经过知、情、意、信等心理因素的矛盾运动才能完成。总之，受教育者的受教过程，无论是认知水平的提高，还是知行转化的完成，都是在教育者主导下，通过受教育者自我选择、自我评价、自我改造、自我修养实现的。

通过上面的分析，我们已经看到，思想政治教育是由两个相互开放的子系统即教育者的施教过程、受教育者的受教过程共同构成的活动。教育者的主导性传递活动与受教育者的自主选择接受活动紧密相连、无法分离，它们构成了思想政治教育矛盾运动的两个方面，推动思想政治教育向前发展和受教育者思想品德水平的提高。

3.教育正面影响与环境不良影响的矛盾

一切社会意识及意识形态，都是在实践的基础上对社会存在的反映。影响人们思想品德形成发展的诸多因素，可分为教育影响因素和环境影响因素两大类。是否具有明确的目的性是区别自觉的教育影响和自发的环境影响的根本标志。凡是为实现既定的思想政治教育目的而对受教育者所产生的影响，都是教育影响。

一般地说，党和政府、学校以及其他社会组织和团体、大众传播媒介等，有计划地对人们施加的影响，是正面的影响，是有目的的教育过程。而凡是具有不确定性与盲目的影响，一般是环境中不确定因素的影响。这种影响虽然也会对受教育者的思想品德发生作用，但这种影响难以控制，影响因素相对地也比教育因素要广泛。环境影响的作用是非常复杂的，既可能是积极的、正面的影响，也可能是消极的、不良的影响，积极的、正面的影响与教育影响的方向一致可以强化教育的作用效果，消极的、不良的影响则与教育影响的方向相悖，与教育正面影响之间形成矛盾。

在传统封闭的社会条件下，社会对人们思想行为的要求已经渗透到社会日常生活之中，社会环境的影响与思想政治教育有着较高程度的协调性，教育影响与环境影响之间的矛盾并不突出。但是，在社会高度开放的环境中，由于社会存在形式的多样化发展，人们获取信息在很大程度上突破了传统的时空界限，人们面临的社会环境发生了深刻的改变。开放、多样、多变的社会环境必然会对人们的思想产生多种、多样的影响，这些影响与思想政治教育影响之间不乏矛盾，有些甚至是直接冲突。在此情况下，思想政治教育的目的能否实现，不仅取决于教育者教育的有效性，而且取决于教育的正面影响与环境的不良影响相互作用的结果。因此，教育的正面影响与环境的不良影响构成思想政治教育的这一具体矛盾，反映的是思想政治教育与外部环境之间的关系。

解决教育的正面影响与环境的不良影响之间的矛盾，既需要思想政治教育自身作出努力，又需要全社会共同努力。从社会来讲，应以社会主义核心价值观为统领，加强社会主义精神文明建设，改进宣传思想工作，加大反腐败力度，切实扭转社会不良风气，使各种社会组织和大多数人都在法律和道德规范的范围内行动，在全社会造成按法规、道德规范言行光荣，违反法规、道德规范可耻的社会风气。并且，思想政治教育要敢于面对社会环境中的矛盾，批判错误思想，抵制消极影响，培养人们尤其是青少年辨别真假、善恶、是非的能力，引导人们在现实生活中能够作出正确的选择。

二、思想政治教育过程的基本规律

思想政治教育是人类特有的一种具有特定目的的社会性活动，既受一定社会政治经济的制约，又具有自己的相对独立性。因此，思想政治教育既要以社会经济政治条件为基础，又要自觉适应社会发展的要求并促进社会发展。

（一）思想政治教育适应社会发展的规律

任何类型的思想政治教育都是在一定的社会历史条件下进行的，既受社会意识形态的制约，也受社会经济发展状况和社会发展文明程度的制约。

1.思想政治教育的社会制约性

思想政治教育产生和发展的历程表明，任何类型的思想政治教育，都是在一定的社会中进行的，具有社会制约性。

一是受社会意识形态的制约。思想政治教育本质上是意识形态教育。不同的社会制度中，各阶级所处的地位不同，主流社会意识形态不同，对思想政治教育的要求也就必然有所不同。比如在封建社会中，封建地主阶级占有生产资料，处于封建国家的统治地位，为了维护封建地主阶级的利益，统治者对民众进行的是维护封建宗法等级制度的教育：在资本主义社会，居于统治地位的资产阶级竭力传播自由、民主、平等、博爱等资产阶级思想，只能开展资产阶级意识形态教育。在社会主义社会，广大人民成为国家的主人，思想政治教育必须代表最广大人民的根本利益，广泛开展社会主义意识形态教育。

二是受社会经济发展状况的制约。物质资料的生产活动是人类社会存在和发展的基础，它一方面为人们的精神生活和思想政治教育提供物质条件，另一方面，人们在生产活动中形成的生产关系以及在生产关系中的不同地位，又决定了人们不同的价值取向和思想境界，影响着人们的政治立场。在社会经济发展较为单一、简单的状况下，思想政治教育在目的、内容、手段与方法等方面，即使单一且低水平也可承担精神领域的工作。随着社会经济发展的现代化、专业化，人们的物质生活水平得到了极大提高，在满足了物质生活的需求后，人们对精神生活的需求逐渐提高，这使思想政治教育高水平、科学化发展成为必然要求。与此同时，伴随经济发展出现的商品拜物教，追求财富的欲望使人变成终日忙碌而冷漠的逐利者，出现不择手段、追名逐利、道德滑坡、价值沦丧等现象，也阻碍着思想政治教育环境的优化，抑制了思想政治教育的实效性。

三是受社会发展文明程度的制约。不同的文明形态表征着人类发展的不同文明程度。以工业文明为例，在短短200多年的发展过程中，人类开发出巨大的生产力，创造了空前的财富，但工业文明被广泛质疑为"有增长而无发展"的文明。显然，伴随工业文明的发展，资源浪费、环境污染、生态破坏、社会分裂等现象的出现，不利于形成良好的社会意识。相对于工业文明，生态文明以更加理性、更加科学、更加有利于人自身发展的优势受到了人们的推崇。

可见，"人类创造着社会文明，作为创造成果的社会文明反过来又重塑人的本质。这种辩证统一关系表明二者互为对象、互为目的、互相作用"。[1]对于社会存在与社会意识而言，文明的社会存在产生文明的社会意识，文明程度高的社会存在也将产生文明程度高的社会意识，反之亦然。总之，人的正确思想或错误思想的形成和发展，都与人所处的社会文明程度相关。文明的社会环境能以各种健康、积极的因素催人向上，激发人对真、善、美的追求，有利于思想政治教育的展开；不良的社会环境因

---

[1] 罗浩波：《社会文明学导论》，浙江大学出版社，2008年版，第617页。

素以其消极方式影响人的思想，把人推向错误的方向，阻碍思想政治教育目标的实现。

2.思想政治教育要自觉适应社会发展

思想政治教育自觉适应社会发展，应主要从以下几个方面入手。

第一，坚定正确发展方向。思想政治教育受社会意识形态制约的客观现实，要求广大思想政治教育工作者必须坚定中国特色社会主义的政治方向，坚持走中国特色社会主义道路，拥护中国共产党领导，立足基本国情，以经济建设为中心，坚持四项基本原则，坚持改革开放，将思想政治教育自觉服务于解放和发展社会生产力，巩固和完善社会主义制度，建设社会主义市场经济、社会主义民主政治、社会主义先进文化、社会主义和谐社会，建设富强、民主、文明、和谐的社会主义国家。

第二，开拓创新，在内容与方法上主动适应社会发展的时代需求。当今社会是经济全球化、世界多极化、信息网络化的社会，各种信息借助电视、报纸、网络等媒介，全时段、全方位地渗透到社会生活的方方面面，引发了人们在观念、价值判断和道德评价方面的深刻变化。思想政治教育工作者与受教育者无论在地域空间，还是在信息交流上都与外界更加密切，从而催生了一些新的教育内容，形成了与过去不同的教育环境，从而使人们的生活方式、心理以及思想观念发生变化。在内容与方法上，思想政治教育都必须跟上社会发展，开拓创新，适应时代需求。

在教育内容方面，思想政治教育应与时俱进，重点提高思想政治教育的针对性、实效性，开拓创新，融入理想信念教育、科学精神和人文精神教育、心理健康教育、网络道德教育、传统文化教育等内容，引导人们适应社会主义市场经济、社会主义民主与法制、多元文化格局、社会信息化发展的转变。这就要求教育必须从时代背景和现实条件出发，积极培育和践行社会主义核心价值观，加强理想信念教育，塑造中国特色社会主义建设主体的思想道德人格。在教育方法上，思想政治教育应不断尝试改革教育方法，以人们喜闻乐见、新颖活泼的方式，适应当今受教育者开放、多样的特点与要求。

第三，包容开放，积极适应现代社会发展的多样化特征。经济全球化正大踏步地行进着，我国改革开放也正蓄势待发并持久深入，推进各种文化交汇、交流。一定文化是一定价值观的表达，多元文化无疑要导致价值追求的多样化。同时，由于现代社会发展的"时空压缩"，不同时期、不同类型的价值模式都在当今社会呈现。思想政治教育若要赢得现代社会的声誉也必须尊重现代社会的多样化特征，不故步自封、要勇于创新。当然，在社会多样化发展的背景下，我们应坚持以社会主义核心价值观为主导，保证我国的社会主义发展方向。

（二）思想政治教育促进社会发展的规律

思想政治教育具有促进社会发展的作用，它具有自己的相对独立性，在一定程度上，思想政治教育能够发挥自身的主观能动性。

1.思想政治教育对社会发展的促进作用

一是促进政治健康发展。思想政治教育是直接为政治发展服务的，通过引导、说服等方式，促进人们开展政治活动，实现政治角色的认同，并协调各种政治关系和谐发展。思想政治教育可以通过多种方式宣传我国的政治制度，使人们认识我国政治制度的合理性、先进性和优越性，消除因渠道不畅而导致的各种不了解甚至误解；可以组织人们参与政治生活并体验政治生活的丰富性，调动广大公民行使自己的政治权利、履行政治义务的热情，积极有序地参与政治生活，确保政治体系稳定发展；可以进行多种形式的政治教育，提高人们的政治觉悟，捍卫人民当家做主的政治制度。

二是促进社会与经济发展。思想政治教育通过对经济基础的能动作用，有利于促进社会经济发展，其一是保证经济发展的正确方向。思想政治教育要坚持党的基本路线，帮助人们认识以经济建设为中心的重要性，引导人民群众全心全意投入社会主义现代化建设，为把我国建设成为社会主义现代化强国贡献力量。同时，思想政治教育还能教育人民群众在经济建设中正确认识社会主义的本质，自觉维护社会主义经济制度，维护各尽所能、按劳分配的社会主义分配原则，确保我国经济主体建设朝着社会主义现代化正确方向行进。其二是为经济发展提供精神动力。我国现代化建设是全国人民共同的事业。只有依靠人民群众的觉悟、智慧和力量才能取得成功。在社会主义市场经济建设中，思想政治教育要为经济发展提供动力源泉，鼓励把物质与精神相结合，鼓励群众正确处理劳动与报酬、奉献与索取的关系，正确处理个人、集体和国家三者利益关系，增强人们的主人翁意识，在生产劳动中发挥主动性、积极性和创造性，提高劳动生产率，促进经济发展。

三是促进社会文明发展。思想政治教育具有重要的文化价值，对社会文化具有选择、传播、创造的功能。思想政治教育的文化价值，是能够传承我国优秀传统文化、运用社会主义先进文化开展教育，发挥民族精神凝聚力作用，增强民族的向心力与竞争力，增强社会成员对国家的思想共识、情感认同。对于思想政治教育文化价值教育来说，思想政治教育有利于提高人民大众的思想政治素质，自觉抵制社会不良行为，促进社会和谐健康发展。

2.思想政治教育促进社会发展的基本方式

一是培育核心价值观。任何社会秩序，都要植根于一种共同的价值体系。核心价值观不但是各种社会制度保障运行的价值源泉，而且是社会建立道德规范的价值标尺。思想政治教育正是通过社会主义核心价值观的培育和践行，来引领发展方向，促进社会发展和人的全面发展。核心价值观是人们对社会价值的性质、构成、标准和评价的根本看法和态度，一个民族，如果没有核心价值观，就缺乏精神支柱，就没有灵魂，就会失去凝聚力和生命力。社会主义核心价值观突出了马克思主义一元化的指导地位，培育和践行社会主义核心价值观，对于进一步坚定人们对马克思主义的信仰，对社会主义的信念，对改革开放和现代化的信心，对党和政府的信任，促进社会主义制度的巩固和发展，起着至关重要的作用。

二是激发精神动力。一个人不能没有精神，一个国家不能没有梦想。实现中华民族伟大复兴，是中华民族近代以来最伟大的梦想。伟大的梦想，能够产生强大的精神动力。当前，要实现中国梦，就必须大力弘扬以民族精神、时代精神为核心内容的中国精神，因为这种精神是我们凝心聚力的兴国之魂、强国之魂。思想政治教育能够坚定人们的共同理想信念，强化精神支柱，弘扬基本道德规范，把全党全国人民的思想和力量凝聚起来致力于建设中国特色社会主义。

三是促进人的全面发展。劳动者是生产力中最活跃、最具潜能的主体，是首要的生产力。因此，社会主义现代化建设关键在人，在人的素质、能力的提高。高素质人才的培养离不开思想政治教育，思想政治教育通过人的素质尤其是思想道德素质的提高和潜能的发挥来促进生产力的发展，它虽不直接作用于物质形态的生产工具和劳动对象，但由于价值是劳动者素质和活劳动的"物化"，而思想政治教育又直接作用于劳动者，并通过劳动者这个中间环节以间接的形式作用于生产工具和劳动对象，以间接的形式参与创造物质价值。同时，高素质劳动者能够更加积极地变革旧的生产关系，建立新的适合生产力发展的生产关系，最终使生产力得到解放和发展，使社会经济实现跨越式的发展。

第四章

思想政治教育实践方法及策略

第一节　思想政治教育实践的基本方法

所谓方法，就是人们在认识世界和改造世界的过程中，为达到预期目的所采用的手段或方式。思想政治教育方法，就是教育者和受教育者在思想政治教育过程中为达到一定教育目的所采用的思想方法和工作方法。思想政治教育方法在思想政治教育过程中具有重要作用。

一、思想政治教育的基本方法

思想政治教育的基本方法（图4-1），是在思想政治教育过程中起主导作用的、其他方法不可替代的方法。

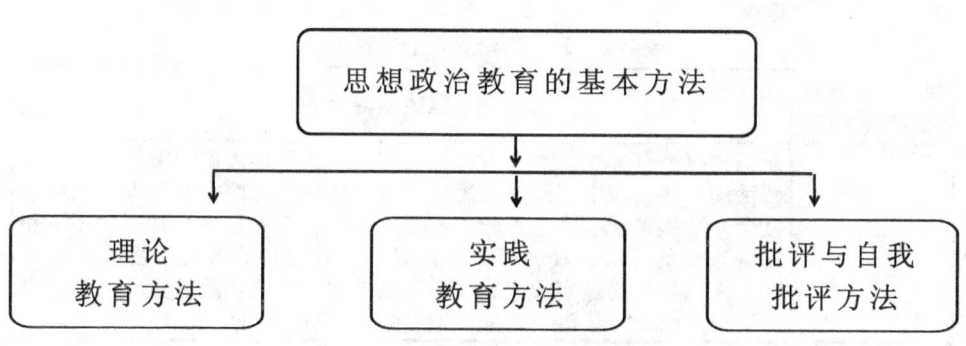

图4-1　思想政治教育的基本方法

（一）理论教育方法

理论教育方法是思想政治教育中最根本的方法，具体可见表4-1。

表4-1　思想政治教育的理论教育方法

思想政治教育的理论教育方法	具体阐释
定义	理论教育方法就是教育者与受教育者有目的、有计划地进行马克思主义理论学习、培训、教育，树立正确世界观、人生观、价值观的教育方法，简单地说就是通过理论学习、讲解、运用，提高思想政治素质的方法。
意义	人的实践，要受一定的思想、理论支配，或者受正确的思想和理论的支配，或者受错误的思想和理论的支配，不受任何思想和理论支配的实践活动是没有的，这是人区别于动物的根本所在。毛泽东曾经说过："马克思说人比蜜蜂不同的地方，就是人在建筑房屋之前早在思想中有了房屋的图样。"[1]这就说明，人的实践活动，是不能离开思想和理论指导的，因为只有思想和理论，才能引导方向，确立目标。一定的思想和理论，由人们学习、掌握之后，便成为人们追求的目标和规范，并形成内在的精神力量。这些精神因素不是人们凭空产生的，是人们在实践过程中学习、运用一定思想和理论的成果，所以，理论与理论教育在思想政治教育活动中具有重要作用。

（二）实践教育方法

实践教育法是政治思想教育的通道，具体阐释可见表4-2所示：

表4-2　思想政治教育的实践方法

思想政治教育的实践方法	具体阐释
定义	所谓实践教育方法，就是有计划、有组织地引导人们积极参加社会实践活动，在实践中不断提高思想觉悟和认识能力的方法。人的意识是社会环境和客观事物在人的头脑里的反映，正确思想是对社会环境和客观事物的正确反映，错误思想是对社会环境和客观事物的歪曲反映。人们只有通过实践才能接触事物的现象，更要通过实践，才能透过事物的现象发现事物的本质和规律，形成正确思想。
意义	人的正确世界观、人生观和价值观，人的崇高理想和道德，归根到底要在社会实践基础上才能形成和坚定。实践，只有社会实践，才是人的正确思想的来源。思想、理论的基础是实践，同时又转过来为实践服务。世界上的一切事情都是靠人做的，而人的一切活动都要受思想支配。正确的思想能够指导人们按照正确的方向、规范行动，错误的思想必定导致错误行为。思想政治教育帮助人们树立远大理想，培养道德情操，其目的是为了指导人们的正确行动，帮助人们在社会实践中正确分析和处理各种实际问题。同时，人们在头脑里形成的各种看法、观念是否正确，不能靠人们自己作判断，只能在社会实践中检验。

[1]《毛泽东文集》第2卷，人民出版社，1993年版，第344页。

"只有人们的社会实践，才是人们对于外界认识的真理性的标准。"[1]"人的思维是否具有客观的真理性，这不是一个理论的问题，而是一个实践的问题。"[2]社会实践具有直接现实性的特点，是主观见之于客观的活动。只有社会实践，才能把主观同客观联系起来，才能把人的思想变成直接存在的现实。因而，也只有社会实践，才能直接检验人的思想是否同客观现实及其发展趋势相符合，判明其是否具有真理性。总之，人们思想的形成、发展、检验，都离不开社会实践，都是由社会实践决定的，思想政治教育必须以社会实践作为教育的基本方法。

（三）批评与自我批评教育方法

所谓批评与自我批评教育方法，是解决党内矛盾、人民内部矛盾的基本方法，也是人民内部进行思想政治教育的基本方法（表4-3）。毛泽东早在1929年写的《关于纠正党内的错误思想》一文中就指出："党内批评是坚强党的组织、增加党的战斗力的武器。"[3]从延安整风到现在，我们党在党内和人民内部运用这一方法，在坚持真理，修正错误，保持思想政治上的纯洁性，密切党同人民群众的联系，为实现革命和建设的任务而团结奋斗等方面，都取得了良好效果。

理论教育法、实践教育法以及批评与自我批评的方法，是一个相互配合、具有内在联系、不可缺少的方法整体，它们之间不能相互代替，也不能相互脱离。理论教育要联系实际，实践教育要以正确理论为指导，批评与自我批评既要有正确指导思想，又要以实践为基础，坚持实事求是的原则。

表4-3 思想政治教育中批评与自我批评的教育方法

批评与自我批评的教育方法		具体阐释
批评教育方法	定义	所谓批评，就是指出缺点错误，分析产生的原因并提出克服的办法。批评是思想政治教育必须经常采用的方法，是一种普遍适用的方法。

[1]《毛泽东选集》第1卷，人民出版社，1991年版，第284页。
[2]《马克思恩格斯文集》第1卷，人民出版社，2009年版，第503页。
[3]《毛泽东选集》第1卷，人民出版社，1991年版，第90页。

续表

批评与自我批评的教育方法		具体阐释
批评教育方法	意义	在我国,封建主义思想、资产阶级思想的影响还会长期存在;在党内和人民群众中,正确思想与错误思想、先进思想与落后思想的矛盾和斗争,还会经常发生。解决思想矛盾,开展思想斗争,"只有采取讨论的方法,批评的方法,说理的方法,才能真正发展正确的意见,克服错误的意见,才能真正解决问题。"[1]批评是一种民主的方法,是采取摆事实,讲道理,本着"惩前毖后,治病救人"的方法。毛泽东对批评方法的性质和作用,曾作过科学的论述:"我们曾经把解决人民内部矛盾的这种民主的方法,具体化为一个公式,叫做'团结—批评—团结'。讲详细一点,就是从团结的愿望出发,经过批评或者斗争使矛盾得到解决,从而在新的基础上达到新的团结。"[2]
自我批评教育方法	定义	所谓自我批评,就是自觉地公开地对自己的过失、缺点、错误进行剖析和检查。自我批评的目的在于承认并克服自己的错误和缺点。自我批评同批评一样,同样是思想政治教育经常和普遍采用的一种方法。
	意义	批评可以启发、促进人们开展自我批评,是人们自我批评的外部条件,自我批评则有利于人们正确地对待批评,是人们接受批评的内部条件。没有批评,难以开展自我批评;没有自我批评,无法真正接受批评。因此,批评和自我批评要在思想政治教育过程中结合起来运用。在解决党内和人民内部的思想问题时,我们应当充分相信人民群众的自觉性,应当更多地启发人们自主抵制错误思想的影响,克服缺点错误,应当更注意帮助人们运用自我批评的方法进行思想改造。即使对人们的错误和缺点进行批评,对错误思想进行斗争,也还是要立足于激发、启迪人们采用自我批评的方式,自己克服、抵制错误思想。因此,自我批评应当成为每一个党员和群众都能自觉运用的方法。

〔1〕《毛泽东文集》第 7 卷,人民出版社,1999 年版,第 232 页。

〔2〕《毛泽东文集》第 7 卷,人民出版社,1999 年版,第 210 页。

二、思想政治教育的具体方法

（一）思想政治教育的具体方法及选择

所谓思想政治教育的具体方法（图4-2），是指针对思想政治教育的具体对象、目标、内容而选择的教育方法。

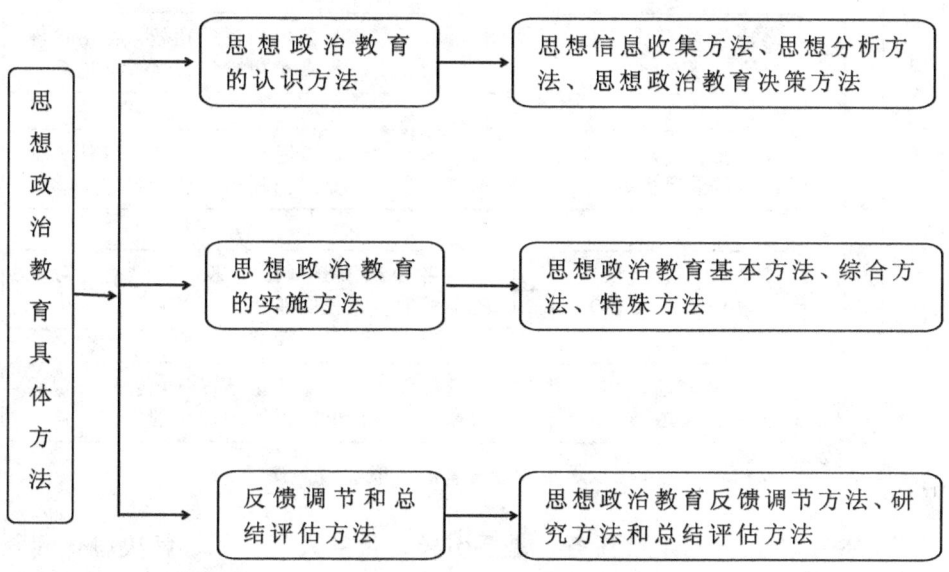

图4-2 思想政治教育的具体方法

这些方法是思想政治教育原则在思想政治教育过程中的具体运用，在思想政治教育各个环节上发挥不同的作用。

思想政治教育的具体方法，适用于不同的教育目的、内容和不同的教育环节，在实际运用时要根据教育对象、教育环境的具体情况和教育环节的特点进行选择，使思想政治教育方法更加具有针对性和有效性。由此，思想政治教育的具体方法可以大致划分为三个方面，即在一般情况下经常运用的方法、适用于特殊情况和解决特殊问题的具体方法以及适用于解决各种复杂问题的综合方法。在思想政治教育过程中，如果不顾教育目标与内容的要求，不看教育对象和教育环境的具体情况，盲目使用教育方法，思想政治教育就不会有良好的效果。因此，要深刻认识思想政治教育具体方法的理论根据及其作用，掌握思想政治教育方法运用的范围和条件，学会针对不同的具体情况，选择和运用不同的思想政治教育具体方法。

（二）思想政治教育的一般具体方法

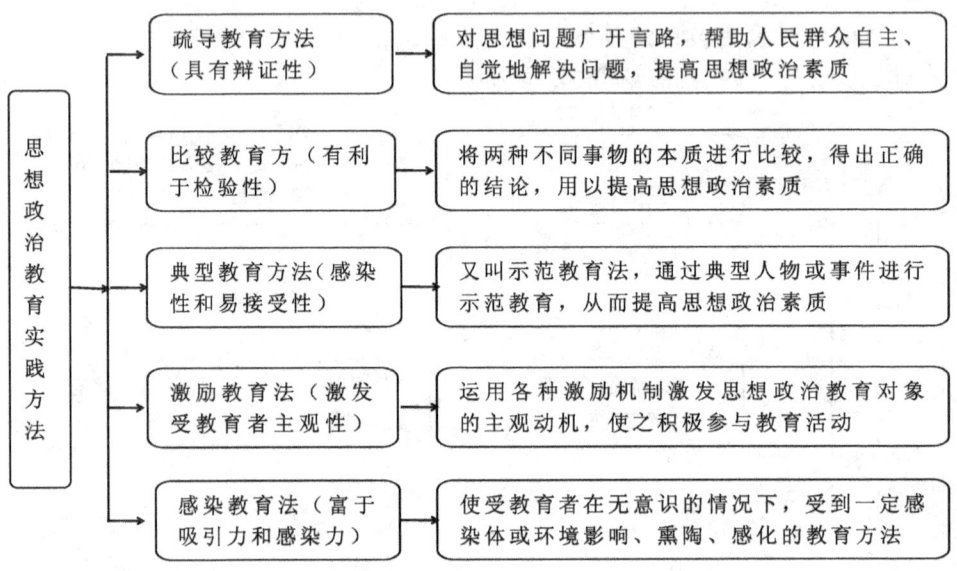

图4-3　思想政治教育的一般实践方法

思想政治教育的主要任务，是要引导、帮助人们分析、解决思想问题和实际问题。由于各种问题的内容、形式、产生的原因以及形成的影响各不相同，因而所采用的具体方法也要因具体的问题而异，不能采取一刀切的简单化办法。思想政治教育经常使用的具体方法，包括疏导教育方法、比较教育方法、典型教育方法、激励教育方法、感染教育方法等，下面简要论述这些方法（图4-3）。

1.疏导教育法

疏，即疏通，思想政治教育中的疏通，是指广开言路，锁定大众的观点和意见，有针对性地进行思想的交流；导，即引导，思想政治教育中的引导，就是循循善诱，说服教育，把各种不同的思想和言论引向正确的轨道。这一方法之所以在思想政治教育中广泛使用，根本原因是这一方法既符合人们思想形成与发展的规律，又符合我国社会的性质，"凡属于思想性质的问题，凡属于人民内部的争论问题，只能用民主的方法去解决，只能用讨论的方法、批评的方法、说服教育的方法去解决，而不能用强制的、压服的方法去解决。"[1]同时，在思想政治教育中，即疏通是为了正确地引导，是引导的前提；引导是疏通的延续，是疏通的目的。不引导，只疏通，各种不正确的思想言论就会放任自流。因而要在疏通中引导，在引导中疏通，把两者紧密地结合起来。

2.比较教育法

"马克思主义必须在斗争中才能发展，不但过去是这样，现在是这样，将来也必然还是这样。正确的东西总是在同错误的东西作斗争的过程中发展起来的。真的、善的、美的东西总是在同假的、恶的、丑的东西相比较而存在，相斗争而发展的。"[2]

3.典型教育法

典型教育法是将抽象的说理变成通过活生生的典型人物或事件来进行教育，从而激起人们思想情感的共鸣，引导人们学习、对照和仿效。典型教育法具有形象、具体、生动的特点，它较说理教育更富有感染性和可接受性。

4.激励教育法

激励教育法的基点是人的心理与行为之间的相关性，它指向人的主体性生成和强化。

这一方法就是激发人们的主观动机，鼓励人们朝着正确目标努力的方法。激励教育法以人们的客观需要和主观动机为根据，以实现一定期望为目的。人们不管做什么事情，都有一定动机或某种指向，即要达到某种目的。

激励教育法的实质是着眼于思想政治教育主体的动机引发并进行行为调控和强化，使其有效参与到思想政治教育和社会实践中。激励教育法主要通过以下方式实现。

其一，激励教育法的激励分层。激励的分层体现在激励的目标和内容上，其依据是思想政治教育对象的层次性。现代社会的"多样化"导致思想政治教育对象的活动领域、生活方式呈现出差异，这种社会分层使不同群体的需要呈现层次性。例如，"重金之下有勇夫"蕴含着物质激励的引发力，但其强化效应并不适用于物质的需要。所以，针对形色各异的思想政治教育对象群体时，给予激励的目标、内容应具有差异性。因为只有当激励内容与思想政治教育对象的需要相匹配时，才能充分引发其行为转变的动机。如果给予的激励目标、内容等偏离于主体的需要，都无法充分激

〔1〕《毛泽东文集》第7卷，人民出版社，1999年版，第209页。
〔2〕《毛泽东文集》第7卷，人民出版社，1999年版，第230页。

发思想政治教育对象的动机。例如，对于共产党员的激励内容就应该与一般大众的激励内容有差异。

其二，激励教育法的正负强化结合。美国学者斯金纳的激励强化理论按照激励的性质划分为正强化与负强化。正强化是对符合目标的期望行为进行奖励，负强化是对不符合目标期望的行为进行惩罚。两者对思想政治教育对象的行为引导各有侧重。正强化是通过奖励的方式对思想政治教育对象的行为进行鲜明赞成并强化这一预期行为，负强化是通过惩罚的方式对思想政治教育对象的非期望行为进行控制和矫正，并同时对其他群体具有示范效应。例如，"感动中国十大人物评选颁奖典礼""中国十大杰出青年评选"都是通过对先进典型的正强化产生示范效应。"网络十大不文明行为"评选、"日常生活十大不文明行为评选"则是通过负强化对思想政治教育对象的行为进行反向示范。

其三，激励教育法的引导激励与过程激励结合。引导激励主要是通过目标设置引发思想政治教育对象行为的生成，设置的目标不仅应与思想政治教育对象的具体需要和动机结合，而且目标的难度与思想政治教育对象的现实行为能力相符，不能过高或过低，否则将降低目标激励的水平。正如江泽民《在庆祝中国共产党成立八十周年大会上的讲话》中所强调："忘记远大理想而只顾眼前，就会失去前进方向；离开现实工作而空谈远大理想，就会脱离实际。"[1]过程激励旨在对思想政治教育对象的行为进行持续调控，它将运用情景、榜样、奖惩、情感等多种方式对思想政治教育对象的行为进行强化，使之保持一致性。

5.感染教育法

运用感染方法调动情感力量，可以使思想政治教育的各种方法更加生动活泼，形式更加喜闻乐见，从而增强思想政治教育的吸引力和感染力，提高思想政治教育的效果。

（三）思想政治教育的特殊方法

在思想政治教育过程中，可能遇到某些特殊的或突出的思想问题和行为表现，如可能发生的思想问题与心理危机、顽固的思想障碍、剧烈的思想和行为冲突等。针对这些情况，仅使用一般的教育方法是不够的，还需要运用以下特殊的教育方法（图4-4以及表4-4）：

---

〔1〕江泽民著：《论"三个代表"》，中央文献出版社，2001年版，第178页。

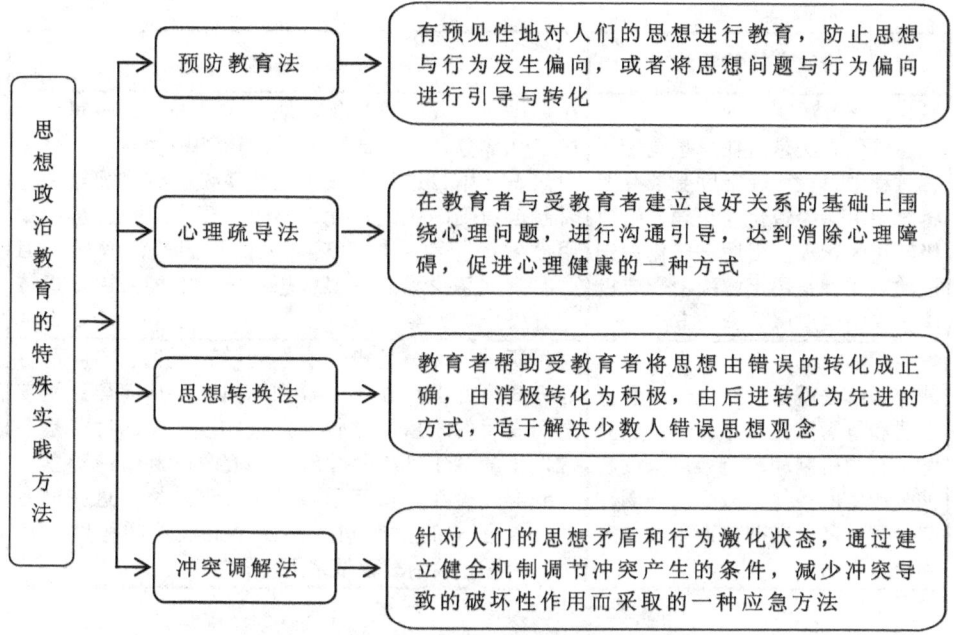

图4-4　思想政治教育特殊实践方法的界定

表4-4　思想政治教育的特殊实践方法

思想政治教育的特殊实践方法	具体阐释
预防教育方法 预防教育方法就是针对人们可能或将要发生的思想问题与行为偏向,事先进行教育,防止思想问题与行为偏向发生,或者将思想问题与行为偏向进行引导与转化。	一是在不良思想和错误行为刚刚冒头时,就及时采取相应的防范措施,阻止其蔓延,或者将其消灭在萌芽状态,这就是所谓的"防微杜渐"。二是在不良思想和错误行为发生之前,就采取有效的防范措施,避免不良思想和错误行为发生,这就是所谓的"防患于未然"。
心理疏导方法 心理疏导就是教育者与受教育者在建立良好关系的基础上,围绕心理问题,相互理解、沟通、引导,达到消除心理障碍,促进身心健康的一种方式。	教育者要从关心、爱护、尊重受教育者出发,细心了解受教育者的心理状况与心理问题,与受教育者共同分析心理障碍的形成过程及其产生的根源,激励受教育者战胜心理障碍的勇气,教给受教育者克服心理障碍的方法。要对处于困境和挫折中的个体予以关怀和支持,使之恢复心理平衡;要针对心理陷入危机状态者,给予适时救援,助其渡过危机,帮助当事人获得对生活的自主控制,预防发生更严重与持久的心理创伤,恢复心理平衡。

续表

思想政治教育的特实践方法	具体阐释
思想转化方法 思想转化方法是指在思想政治教育过程中，教育者帮助受教育者将思想由错误转化为正确、由消极转化为积极、由后进转化为先进的方式，是用于解决个别或极少数人错误思想观念的方法。	在集体中，人群总是相对地存在着先进、中间、后进三个部分，个别或极少数人由于种种原因，由片面认识开始，逐步形成了比较系统的错误观点，有时甚至达到固执的程度，不仅阻碍本人的进步和作用的发挥，而且影响其他人的思想政治倾向。因而，有效解决顽固错误思想问题，需要采用思想转化方法。
冲突调解方法 冲突调解法就是针对人们的思想矛盾和行为激化状态，通过建立健全制约机制和宣泄渠道，调解冲突产生的条件，减少和削弱冲突导致的震荡和破坏而采取的一种应急方法。	这里所讲的冲突是指人们在利益、意见、态度及行为方式诸方面存在不一致和不协调，从而导致相互之间发生的矛盾激化状态。现实生活中的冲突是经常发生的，小到口角斗殴、相互争吵和情绪对立，大到群体械斗、游行示威甚至打砸抢烧。这些冲突往往给正常的生产和生活秩序造成不同程度的危害，给思想政治教育带来不良影响。

三、采用其他学科的教育方法

思想政治教育学科已经研究并建构了一套系统的方法体系。随着时代的发展、社会的进步，人们的思想也在不断发展变化，这就要求思想政治教育应根据环境不断适应人们思想观念的变化。思想政治教育方法的推进，不仅表现为思想政治教育方法的探索与创造，也表现在学习、借鉴和采用其他学科的教育方法。思想政治教育的内容是综合性的，与一些学科有交叉，因而方法也会有联系与交叉。因而思想政治教育可以采用其他学科的教育方法，特别是马克思主义哲学方法、教育学方法、心理学方法等学科的方法。

（一）以马克思主义哲学方法为指导

马克思主义哲学方法，为思想政治教育提供了方法与指导，见表4-5所示：

表4-5　思想政治教育中的马克思主义哲学方法

思想政治教育中的马克思主义哲学方法	具体阐释
定义	马克思主义哲学既是世界观，也是方法论。辩证唯物主义和历史唯物主义，是思想政治教育方法论的哲学基础。人们对于整个世界总的根本的看法叫世界观，以世界观为指导去认识世界和改造世界就成了方法论。
意义	世界观决定方法论，但方法论又影响世界观。世界观如果不转化为认识方法和工作方法，也就发挥不了指导认识世界和改造世界的作用；方法论如果不能上升到世界观，并体现世界观的作用，这样的方法论就没有意义。思想政治教育方法，既要以马克思主义哲学方法为指导，又要把方法问题上升到无产阶级世界观的高度，坚持以世界观和方法论的统一来研究思想政治教育方法。马克思主义哲学是无产阶级世界观和方法论的理论体系，是马克思主义全部学说的基础，是所有各门具体科学的指导理论。
方法	研究思想政治教育方法，必须以马克思主义哲学为指导。马克思主义哲学所要求的一切从实际出发，实事求是的方法；一切以时间、地点、条件为转移，具体问题具体分析的方法；一切为了群众，一切依靠群众的群众路线方法；矛盾的普遍性以及人的思想也充满矛盾的矛盾分析法等，是思想政治教育最基本的思想方法、工作方法和科学研究方法。
作用	唯物辩证法关于全面的观点和方法，联系的观点和方法，发展的观点和方法，是思想政治教育方法的前提和基础。马克思主义哲学的其他一系列原理和方法，如对立统一方法，定量与定性相结合的方法，原因与结果、现象与本质、偶然性与必然性相统一的方法等，都为思想的形成与发展，为分析和解决人们的思想问题提供了方法论指导。

（二）采用教育学的相关方法

思想政治教育学科与教育学关系比较密切，在思想政治教育过程中，可以采用教育学的方法。教育学的方法包括教师教的方法和学生学的方法。教育学方法是教育的客观规律和原则的反映以及具体体现，正确地运用相关教育学方法，对提高思想政治教育效果，实现思想政治教育目的，完成思想政治教育任务具有重要的作用。教育学方法也是多种多样的，但是不论是何种教育方法，都是在一定的教育思想指导下形成的。因此，采用教育学的方法必须准确理解教育学的思想，把握教育学方法的内涵，在思想政治教育实践中灵活掌握和运用。根据思想政治教育的性质和特点，可以采用和借鉴教育学的方法主要有：讲授法、谈话法、讨论法、演示法、参观法、陶冶法、评价法、练习法、实验法、作业法、示范法等。这些方法，有的可以采用，有的可以转化使用，有的可以结合思想政治教育的具体情况灵活运用。

（三）借鉴心理学的方法

思想政治教育与心理学关系也很密切。在思想政治教育中，学者们往往把心理健康教育归入思想政治教育范畴，把心理咨询与治疗方法纳入思想政治教育方法体系。但思想政治教育学科与心理学毕竟不是一个学科，思想政治教育有自己独特的研究视域，不能把两个学科等同起来。心理学的方法很多，思想政治教育可以借鉴的方法有：精神支持法、自我放松法、情绪排解法、注意转移法、正向暗示法、目标激励法、反向思维法等。这些方法，可以拓宽思想政治教育的方式，提高思想政治教育的实效。

思想政治教育心理咨询法是以心理咨询为基础实现思想政治教育的过程，具有特定的运行模式。

其一，个体疏导与社会导向相结合。以思想政治教育为核心的心理咨询具有两个层面，它首先是以个体的心理疏导为基础，探询思想政治教育对象认知结构及其形成的心理因素，如知觉、动机、获得性经验等，引导思想政治教育对象进行心理调适。在这一过程中，思想政治教育者借助于心理咨询的疏导方法模式帮助思想政治教育对象进行正确地自我认知，消除心理困惑。其次，在充分把握思想政治教育对象心理状态及成因基础上，思想政治教育者进行具有鲜明价值导向的思想道德教育，引导思想政治教育对象正确认识并调适个体与社会之间的关系。因此，在这一层面，思想政治教育者把个体心理层面的调适上升到个体思想道德因素的调节，用具有针对性的内容对个体进行教育和引导。

其二，建立思想政治教育对象知行转化的心理支持。思想政治教育对象的知行转化是一个不断递进的过程，它由个体心理层面上升到思想层面并转化为行为。因此，知行的顺利转化首先需要健康的心理机制支持。一个自我认知障碍的主体很难形成积极的价值观和人生观，并直接反映在其行为上。这就需要思想政治教育者对思想政治教育对象的心理活动规律进行分析，并通过心理调适构建其认知的心理基础，由此引导思想政治教育对象的正确行为。例如，马斯洛的需求层次理论就是把人的行为建立在心理活动基础上。更为重要的是，思想政治教育者运用心理咨询的"来访者中心"模式构建与思想政治教育对象进行沟通和交流的心理氛围，把外部的社会主导转化为思想政治教育对象的自我意识和内在的驱动力，引导他们在思想观念、态度、行为上的自我构建和认同。

思想政治教育学科可以采用、借鉴其他学科的教育方法较多，还有政治学、伦理学、社会学、管理学、历史学等学科方法。

第二节　思想政治教育新方法的探索与运用

高校思想政治教育工作方法应有功能的发挥与当代价值的实现，必须以能动地适应不断变化的社会现实和教育对象思想实际为基础和前提，随时代的发展而不断地创新和发展。事实上，改革开放以来，高校思想政治教育工作方法的创新和发展始终是增强思想政治教育有效性的核心和首要问题，其发展趋势主要表现在以下三个方面，见图4-5所示。

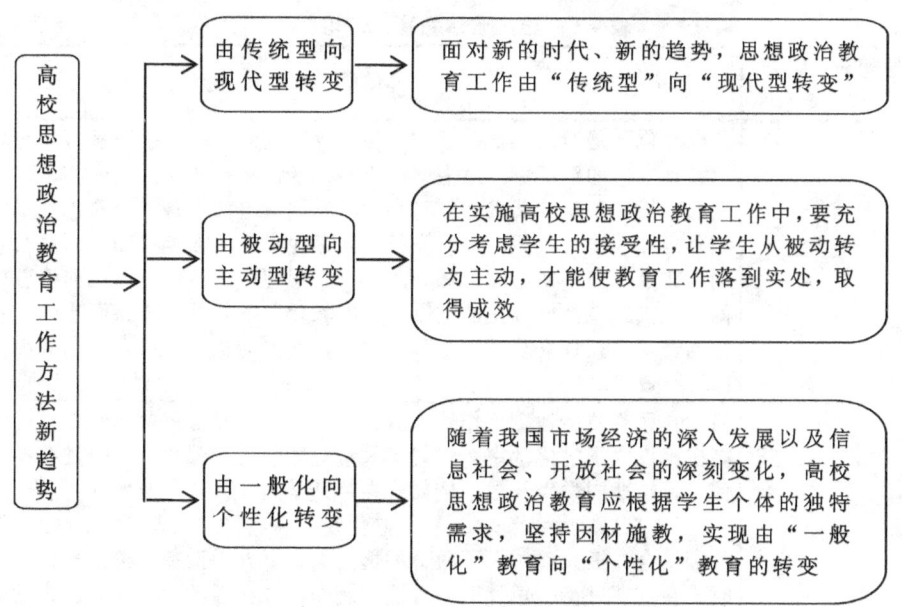

图4-5　高校思想政治教育工作方法新趋势

一、由传统型向现代型转变

"传统型"主要指的就是那些在思想政治教育工作中一以贯之、一脉相承的惯常性教育方法。例如，管理与教育相结合，并辅以必要的批评教育；树立典型，举办先进事迹报告会；结合重大节日开展纪念性活动；寓教于乐，注重校园文化对人的熏陶作用；召开座谈会、组织生活会，广泛征求意见，开展批评与自我批评；举办专题讲座，推进学生全面素质教育，等等。而"现代型"则是随着现代教育技术的进步，特别是电教技术、网络技术和信息技术的发展而提出的，它不仅拓展了思想政治教育工作的新阵地、新领域，同时也促进了传统思想政治教育工作的电教化、网络化和信息化。被使用的新方法主要有以下六个。

（一）电教化法

利用好"电教化"教育法（表4-6），会大幅度提高思想政治教育工作的感染力和吸引力，对取得良好教育效果有着非常重要的作用。

表4-6　思想政治教育工作电教化

思想政治教育工作电教化	具体阐释
意义	"电教化"是指以电脑、音响、投影仪等电教设备为手段进行思想政治教育工作的新形势。过去，由于经济条件和技术条件的限制，市场上的电教设备既少又贵，同时高校用来购置电教设备的经费也不多。随着内外环境的改善，电教设备开始迅速走进了大学校园，而且大有加速普及之势。在这种形势和条件下，思想政治教育工作也面临着如何有效实施教育电教化的问题。"电教化"的好处是不言而喻的，它相当于给施教者安装了"左膀右臂"，使人与机完美结合，达成最佳的视听效果。
方式	目前，思想政治教育工作"电教化"正发挥着日益重要的作用，许多高校都设立了电化教室，购置了大量优质的教育碟片，及时发布播放信息，定期向学生开放。例如，在"开学典礼""毕业典礼""纪念大会""表彰大会"时，利用电化技术，将"主会场""分会场"紧密结合，极大地扩大了教育的覆盖面；举办大型室内校园文化活动时，在前期进行"短片"的拍摄与制作，并在活动中间播放，为活动增添了现代化的元素，提高了活动的现代感与现实感；人文素质教育专题讲座、形势政策教育讲座、专题辅导报告等，越来越习惯于使用图文并茂、多媒体综合运用的"电子课件"；"党、团、学"组织生活会开始前，往往先播放一段相关的背景视频，而中心发言也是使用制作好的幻灯片来进行，使生活会在形式上更加丰富生动。总之，实施思想政治教育工作"电教化"不仅使传统教育方式得到了很好的发扬，也促进了教育的便捷化、丰富化、生动化，同时现代教育技术发展要求的有效教育方式也得到了充分体现。

（二）网络化法

"网络化"教育法正在逐步成为高校思想政治教育的主要渠道之一（表4-7）。

表4-7　思想政治教育工作网络化

思想政治教育工作网络化	具体阐释
意义	在高校，校园网建设已成为反映当代大学现代化程度的重要指标，大学生政治教育工作的"网络化"也成为必然趋势。思想政治教育工作的"网络化"正在以其"身份的隐蔽性""表达的自由性""传播的迅捷性"等特点逐步成为高校思想政治教育工作的主要渠道之一。
方式	在高校中实施思想政治教育工作"网络化"，就是利用网络作为教育载体来进行在线心理辅导、就业指导、思想教育等日常思想政治教育工作。部分高校在高校思想政治教育工作已经开始全面实施"网络化"，如在线生涯辅导，对学生从高效率的人生态度、生活情趣、职业规划、理想信念等方面进行正确的引导，使其能够正视成长中的烦恼，鼓起生活的勇气，尊重生命，乐观进取，努力学习。在线职业心理辅导，在保护学生的个人隐私方面具有独特的优势，不仅可以舒缓学生的心理压力、排解学生的心理困惑、提高学生的心理调适能力，而且在心理危机干预方面也发挥着极其重要的作用；由教师充当"版主"或"坛主"的社区、论坛、聊天室，成为学生进行思想交流、休息放松的"精神家园"；校园"BBS"，成为校园学生舆情的汇集地，在这里问题的提出与问题的解决，思想的交锋与思想的引导不间断地进行着；网络信箱的开设，可以将学生的意见、建议直接反映到校领导和相关部门负责人处，缩短了信息沟通的渠道，提高了信息沟通的效率。

（三）信息化法

"信息化"是高校思想政治教育的必然趋势，见表4-8所示。

表4-8　高校思想政治教育工作的信息化

高校思想政治教育工作的信息化	具体阐释
意义	"网络化"的发展对"信息化"的普及具有重要的推动作用，"网络化"作为信息化的一个重要手段，极大地改变了人们的沟通方式、通信方式以及交往方式。在高校，信息化校园伴随着校园网的建设正呈加速发展之势。当然高校信息化的发展也对思想政治教育工作的"信息化"提出了更高的要求。高校思想政治教育工作的"信息化"的关键在于搭建信息发布和沟通平台，以信息化促进教师与学生、学生与学生之间信息沟通的便捷化和人际交往的便利化，提升信息服务的内涵与质量，实现思想政治教育平台与信息平台的无缝对接。高校思想政治教育工作的"信息化"发展趋势，必然带来学生教育与管理的高效率，使对学生信息的掌握更加全面、快速，也使思想政治教育的开展更加及时、到位，从而切实促进思想政治教育工作的现代化转型。
方式	(1)建立学生教育与管理信息库，为每一位学生建立思想政治教育个人电子档案，如学生的个人基本信息、德育综合测评信息、心理健康信息、社会实践信息、奖惩信息等，使学生教育与管理全面信息化。
	(2)与通信商合作，搭建校园集群网，使集群网内师生用户之间的手机通讯低成本化，辅导员、班主任等从事思想政治教育工作的教师利用集群网与学生保持密切的信息联系，特别是紧急情况下可对学生问题进行应急处理。
	(3)与通信商合作，搭建信息推送平台，及时向学生发布校园重大活动信息、提醒学生注意的特别事项、就业求职信息等。
	(4)建立不同类别的网络群组，为群组信息发布、群组讨论提供方便，让学生及时了解各种学生活动的信息，并就大家共同关心的事务展开网上会商。

（四）虚拟伦理训练法

虚拟伦理训练法（表4-9）能充分调动大学生的积极性，有助于培养大学生自律的道德意识，已成为高校思想政治教育的重要方法。

表4-9　高校思想政治教育工作的虚拟伦理训练法

高校思想政治教育工作虚拟伦理训练法	具体阐释
意义	虚拟伦理训练法是指利用虚拟技术以及虚拟现实技术构建现实的道德情境，使参与者身临其境进行规定的伦理训练。虚拟伦理训练法具有现场感、形象化、自主性等独特的优点。
方式	传统德育往往疏离现场，是现场外或现场前教育，而虚拟伦理训练法则是现场中教育。尽管这种"现场"是模拟的，但却有效地克服了传统德育只重道德原则而忽视规则应用的具体情景的缺陷。虚拟训练法能充分调动大学生的积极性，让他们在虚拟环境中自主地思考和处理道德问题，自主地作出道德选择，这样有助于培养大学生自律的道德意识。由于虚拟伦理训练设置的情境考虑了各种可能的复杂关系，并提供了解决在这些关系中出现的各种可能的道德问题的正确思路，而且其操作系统可反复进行。因此，经过这样训练的人，就可以熟知道德规范并形成处理各种道德问题的相应的能力。

（五）虚拟实践法

　　虚拟实践之所以具有实践功能，是因为大学生运用虚拟技术，能够在网络空间中进行有目的地、能动地改造和探索虚拟客体的客观活动，我们在表（4-10）中对高校思想政治教育工作的虚拟实践法进行简单的论述。

表4-10　高校思想政治教育工作的虚拟实践法

高校思想政治教育工作虚拟实践法	具体阐释
意义	网络时代的来临，对大学生的学习、生活产生了重大影响。大学生作为青年群体，是网络人群的主体。网络是虚拟环境，网络上的信息是无边无际的，大学生在这种环境中，扩大了与人的交往与思维空间，丰富了人的情感与思想。而只有计算机网络技术才催生了独立形态的虚拟实践。
方式	虚拟实践是人与客体之间通过数字化中介在虚拟空间进行双向对象化活动。因而，大学生在虚拟空间所进行的交流性、仿真性、设计性、探索性实践活动，同样需要正确理论指导和遵循必要规范，同样伴随着情感、道德、思想的发展变化，这正是网络思想政治教育形成与发展的原因。高校网络思想政治教育必须与现实生活中的思想政治教育相衔接，不能脱离现实空间实践而陷于虚拟实践，不能忽视现实生活中的思想政治教育而陷于网络思想政治教育。

（六）文化熏陶法

文化熏陶教育方法即隐性思想政治教育，是指教育者隐藏教育目的和主题，按照预定的教育计划和方案，将教育内容渗透到环境、文化、娱乐、服务、制度、管理等日常工作、学习和生活中，使教育对象在不知不觉中受到熏陶的一种思想政治教育方法。

任何思想政治教育方法都有其特定的使用条件、范围和要求，教育者在教育过程中必须从实际出发加以运用。运用文化熏陶教育方法的基本要求如下（图4-6）。

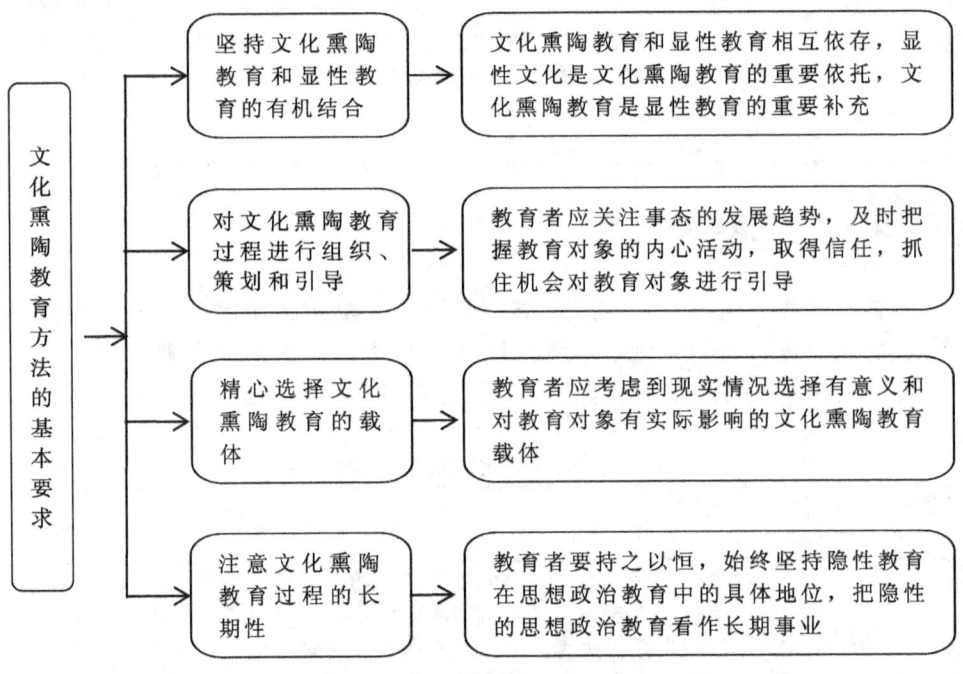

图4-6 文化熏陶教育方法的基本要求

文化熏陶教育方法的运用如下（表4-11）。

表4-11　思想政治教育中文化熏陶教育方法的运用

文化熏陶教育方法的运用	具体阐释
文化熏陶教育与显性教育的有机结合	在思想政治教育实施方法体系中，文化熏陶教育与显性教育各有利弊，在对学生的日常教育活动中应该将二者结合起来。
文化熏陶教育过程的组织、策划和引导	由于文化熏陶教育的隐蔽性，教育者对教育对象的引导和控制就显得更加困难，不可能像显性教育那样亮明自己的意图，指出教育对象的错误，但又不能任其发展，这就需要教育者应该积极主动地对文化熏陶教育的内容进行积极策划，像对待显性教育一样认真对待。教育者应该明确文化熏陶教育并不是一种放任自流、任其发展的教育，而是在教育者积极主动的组织、策划、引导下发挥教育内容具体作用的一种教育。
文化熏陶教育载体的选择	教育载体是进行文化熏陶教育的一个重要辅助。因此根据这一原则，教育者在选择文化熏陶教育载体的过程中，必须要考虑到以下各方面的因素。其一，所选载体应具有实际教育意义。只有能被教育者按教育目的加以设定的、有着丰富教育意义的事物和氛围，才能成为文化熏陶教育的载体。其二，在选择和设置教育载体的时候，要充分考虑教育对象的年龄、性别、职业和性格等差异，要根据这些因素精心选择载体、构筑环境、创造氛围，以提高隐性教育的实效。
文化熏陶教育过程的长期性	教育者以诱导、感染、熏陶等方式展开对受教育者的影响，往往难以获得即时的效果，通常要等待一段较长的时间。因此要强化文化熏陶教育的效果，必须注重文化熏陶教育的长期性、系列性和整体性，从长远的角度看待文化熏陶教育的实际效果。因此一定要从大众媒体的特点出发开发新的宣传教育形式，所使用多种媒体的组合形成最佳的宣传效果。

二、由被动型向主动型转变

随着中国社会的日益开放以及信息技术的飞速发展，大学生的视野更加开阔，获取信息的方式更加多元化，独立思考、自我判断的能力更强，其自主意识、平等意识和参与意识也显著增强。此时，无论是处于时代发展的要求还是从大学生个性发展的要求来看，在整个高校思想政治教育工作过程中，都必须充分尊重和体现大学生的主体地位，调动大学生参与思想政治教育和自我教育的积极性，实现思想政治教育工作由被动型向主动型的转变。具体来说，要实现这一转变，应该重点从以下几个方面着手。

（一）尊重学生的学习主体地位

在高校思想政治教育工作过程中，沟通交流的基础就是尊重，应树立以学生为本的理念，适时引导，尊重大学生的主体地位和个性需求，尊重大学生的尊严、人格、价值和创造性，并融入特定的人文关怀，与大学生真诚地沟通，理解、关心并帮助他们，给予他们心灵的力量，使他们感受到温暖和希望。只有这样，才能够不断提高高校思想政治教育的亲和力、说服力，最大程度地发挥学生的主体地位，从而激发他们的学习主动性以及参与教育活动的积极性，这样才能够增强思想政治教育的吸引力。

（二）重视学生的教学参与意识

在高校思想政治教育过程中，教师与学生的关系从本质上来说不是主体与客体的关系，而是主体与主体的关系。教育活动中最重要的主体是学生，学生是整个教育过程的参与者。教师应发挥其自身的作用，及时与学生平等互动，鼓励学生积极参与课程讨论和相关活动。具体来说，在课程讨论与一些组织生活会中，一是要引导学生说真话，讲实情；二是要积极与学生沟通，尊重学生，相信学生，依靠学生，察看学生的生活，倾听学生的心声，与学生互动交流，沟通思想。

三、由一般化向个性化转变

高校在思想政治教育工作中，实现由"一般化"教育向"个性化"教育的转变。主要从以下两个方面入手。

（一）解决学生的实际问题

解决大学生的思想首先要从解决大学生的实际问题出发，解决大学生在生活、学习方面面临的实际困难，正视那些困难学生群体面临的实际困难，摸清每一位学生的具体情况，给他们以实际的帮助。首先，完善服务配套设施，解决大学生生活中的实际问题；其次，建立学习困难学生档案；再次，建立完善的困难学生资助体系，确保所有贫困生都能得到合理资助。要加强对经济困难大学生的资助工作，以政府投入为主，多方筹措资金，不断完善资助政策和措施，形成以国家助学贷款为主体，包括助学奖学金、勤工俭学基金、特殊困难补助和学费减免在内的助学体系，帮助经济困难大学生完成学业。

（二）关注学生的心理健康

心理健康"是指个体在适应环境的过程中，生理、心理和社会性方面达到协调一致，保持一种良好的心理功能状态。"一般情况下，心理健康代表着人的心理调适能力与发展水平，即个体在内外部环境变化的过程中，能够长时期保持正常心理状态，这是众多心理因素在良好心理功能状态下有机运行的综合体现。从1992年起，清华大学每年对新生进行心理健康状况调查，结果发现大学生中有20％左右的人心理素质不良，存在不同程度的障碍。2003年王建中和樊富珉对北京市大学生的测查，以及2006年王君等对安徽省大学生的测查也发现，大学生的心身症状以人际关系敏感、强迫、偏执、敌对、抑郁等问题较为严重。大多数的调查结果显示，目前我国大学生的心理健康状况令人担忧。从总体水平看，在校大学生出现心理问题的比例在三成左右，而存在较严重心理障碍约占一成。因此，在高校思想政治教育过程中，必须加强对学生心理健康的重视。在思想政治教育中引入心理咨询的方法显得尤为重要，这不仅是思想政治教育对象心理变化的客观需要，同时更是因为思想政治教育目的和心理咨询目的不存在本质上的差别，在应对教育对象心理问题、促进教育对象发展方面具有内在相通性和一致性。我们在思想政治教育心理咨询过程中，要运用已经在实践中形成的"引导咨询法""交友谈心法""自我调控法"等咨询方法，也要根据我国社会和人的发展趋势，探索新的心理咨询方法。因此，应把借鉴、继承和创新有机结合起来，形成系统的心理咨询方法，确保高校思想政治教育工作心理咨询法的有效性。

第五章

寻找思想政治教育的新视角

第一节　思想政治教育的目标与任务

思想政治教育的目的、目标及任务是有机联系的整体。思想政治教育目标和任务贯穿于思想政治教育活动的全过程。我们要正确认识思想政治教育的目标，科学设计思想政治教育的任务，有效把握思想政治教育内容的着力点，以推进思想政治教育的理论创新和实践发展。

一、思想政治教育的目标

人类活动的基本特征是意识性和目的性。人类的一切活动都是有目的的，都是在观念的指导下进行的。"在社会历史领域内进行活动的，是具有意识的、经过思虑或凭激情行动的、追求某种目的的人；任何事情的发生都不是没有自觉的意图，没有预期的目的的。"思想政治教育作为培养人的社会活动，它是一种在理性引导下的有目的的追求。

（一）思想政治教育目标含义及分类

对思想政治教育目标的含义以及分类（表5-1）进行详细地了解，有助于我们加深对思想政治教育意义的理解。

表5-1　思想政治教育目标含义及分类

思想政治教育的目标	具体阐释
思想政治教育目标的含义	思想政治教育目标是指一定社会对教育所要造就的社会个体在思想政治品德方面的质量和规格的总的设想和规定。思想政治教育目标是根据社会发展的要求、教育对象身心发展的特点和思想政治教育内在规律确定的，它反映了社会对受教育者在思想、政治、道德、心理、审美等方面素质的综合要求，是对教育活动预期结果的一种价值设定和观念表达，蕴含着理想中的思想政治教育价值追求。

思想政治教育的目标	具体阐释
思想政治教育目标的分类	思想政治教育的目标包括个体目标和社会目标。思想政治教育的个体目标是思想政治教育对于受教育者个体所要达到的预期效果，具体包括思想素质目标、政治素质目标、道德素质目标和心理素质目标。思想政治教育的社会目标是思想政治教育在促进社会发展进步所要达到的预期效果，具体包括经济发展目标、政治发展目标、文化发展目标和社会发展目标。

（二）思想政治教育目标的主要表现

思想政治教育的目标主要表现是促进个体发展和社会进步。

1.人的全面发展

马克思认为，"人以一种全面的方式，也就是说，作为一个完整的人，占有自己的全面的本质。"人的各项素质和能力的全面养成和提高，是每个社会成员全部力量和才能的展示过程。人的全面发展实质上是人的本质的丰富性和完整性的实现，包括自由发展，即自觉地、主动地发展；全面发展，即人的各方面才能和能力的发展；充分发展，即最大限度、向着更高水平发展；和谐发展，即人的素质持续、健康、协调发展。促进人的全面发展是思想政治教育的时代主题。思想政治教育在人的全面发展中的作用主要表现在以下四个方面。

（1）提高思想政治素质

良好的思想政治素质是全面发展的人的基本素质，是人的全面发展的前提，制约着人的发展的方向。思想政治素质是最重要的素质，这是由教育的阶级属性决定的，反映了人才成长的客观规律。教育要服务于一定的阶级，满足一定社会的需要，首先要解决"培养什么人"和"如何培养人"的问题。因此，教育要把坚持正确的政治方向和价值取向放在首位，不断提高受教育者的思想政治素质。

思想政治教育的目的在于帮助人们形成符合社会发展要求的思想政治品德，提高人的思想政治素质。人的思想政治素质的提高，离不开思想政治教育，这是由人才成长和发展的规律所决定的。

（2）激发精神动力

在生产力中人是最积极、最活跃的要素，是直接制约生产力发展的第一要素，人的积极性、主动性、创造性是先进生产力发展的核心动力。人的良好精神状态主要是指人在生产、工作、学习中的积极性、主动性和创造性，而这些要素不是自生自长的，必须通过后天的学习和不断地接受正确思想的教育，才能焕发出来并保持长久不衰。思想政治教育通过调动人的积极性、主动性、创造性，激发人的精神动力，激发人的历史使命感，提高人们创造财富和变革社会的能力，最大限度地开发人的智能潜力，从而不断提升人的主体性，从根本上增强人们对世界的认知和改造。

（3）树立正确的利益观

利益是人类社会活动的基本动因，是影响人们思想行为变化的重要因素，而利益关系是社会关系的实质性内容。由于人的需要是多方面的，因此有多种多样的利益。基于生产关系体系中的地位而形成的对物质产品的占有关系是物质利益，也称为经济利益。除此之外，还有政治利益和精神文化生活方面的利益。通常讲的利益主要指物质利益。从不同的角度还可以对利益作不同的区分。例如，从个人、阶级、集团与社会的角度，可以把利益区分为阶级利益、民族利益、国家利益和个人利益；从整体与局部的角度，可以区分为整体利益和局部利益；从时间的角度，可以区分为长远利益和眼前利益等。中国共产党人奋斗所争取的就是人民的利益，党领导人民建设和发展中国特色社会主义事业反映了最广大人民的根本利益。思想政治教育的任务就是动员人们团结起来为人民的利益而奋斗。在新世纪新阶段，要发挥思想政治教育在社会利益关系中的调节与整合作用，发挥思想政治教育的利益导向功能，正视和关心人们的利益，正确反映利益诉求，满足人的物质生活和精神文化发展需要，协调不同社会群体的利益关系，自觉履行社会责任和权利义务，鼓励人民群众为实现自己的利益而努力奋斗。

（4）协调社会关系

引导人们正确处理个人与个人、个人与社会及个人自身的关系，通过协调关系、理顺情绪、化解矛盾、达成共识，使之和谐发展，从而最大限度地激发人的发展的内在动力是思想政治教育的重要目标。胡锦涛指出："加强和改进思想政治工作，注重人文关怀和心理疏导，用正确方式处理人际关系。"这一重要论述对思想政治教育提出了新的要求。当前，在向全面小康社会迈进的同时，社会竞争的加剧，生活节奏的加快，价值观念的嬗变，人际关系的复杂化，社会阶层的分化，使得部分社会成员感到生活压力增大，个人命运难以把握，不免产生急功近利、心浮气躁、怨天尤人的消极心态，滋生挫折感等负面情绪和心理问题。这些心理问题如果得不到及时的疏导化解，就会造成心理贫困、心理压抑和心理失控，在精神上会造成思想疲软、意志消沉和人格裂变，引发多种身心疾病。因此，迫切需要加强人文关怀和心理疏导，指导人们协调各种关系，帮助人们缓解思想困惑，疏导不良情绪，寻求精神家园，保持心理平衡，实现心理和谐，并进一步营造和谐的社会氛围。

2.促进社会全面进步

思想政治教育的目标不仅表现在促进人的全面发展，还表现在促进社会的全面进步。

（1）推动经济发展

思想政治教育的经济发展目标，主要是从思想政治教育对经济建设的效用关系这个层面上进行定位的。思想政治教育通过直接作用于人这一生产力中的首要因素，提高劳动者的思想政治素质，促进劳动者掌握科学技术和提高劳动技能的积极性，可以直接促进生产力的发展。思想政治教育还可以通过促进生产关系的变革，对解放和发展生产力产生不可忽视的作用。具体来说，就是通过思想政治教育将精神力量转化为物质力量，为经济健康发展提供方向保证、精神支柱和发展动力，从而推动社会生产力的发展。

（2）建设民主政治

思想政治教育的政治发展目标，主要是从思想政治教育对政治建设的效用关系这个层面上进行定位的。党的思想政治教育是无产阶级政治的重要内容，是实现无产阶级统治并运用其政权发展经济、促进社会全面进步的重要途径。思想政治教育通过加强政治理论、政治理想与政治信念教育，把反映特定社会经济形态和政治制度的立场观点、思想意识、道德规范等意识形态传授给社会成员，使其转化为个人的信念、品质和行为，引导人们把握社会发展的规律和趋势，明确社会发展的政治方向，形成全社会的政治共识，协调国家生活的各种政治关系，达到凝聚人心、巩固政权、稳定社会、引导发展的目的。

（3）发展先进文化

社会主义先进文化是适应先进生产力发展要求、代表最广大人民的根本利益、顺应人类文明发展趋势、促进社会全面进步的文化。先进文化包括先进的思想道德和先进的科学文化两部分，其中思想道德规定着整个文化的性质和方向，是先进文化的核心内容。建设社会主义先进文化，就是要通过加强思想政治教育，坚持用社会主义核心价值体系武装全党，教育人民，提高全体人民的思想政治素质和科学文化素质，增强民族凝聚力，在全社会形成共同理想和精神支柱，从而为社会主义物质文明建设、政治文明建设、精神文明建设与和谐社会建设提供强有力的思想保证、精神动力和智力支持。

（4）促进社会和谐

思想政治教育的社会发展目标，主要是从思想政治教育对社会建设的效用关系这个层面上进行定位的。和睦、和谐、和平是人类的美好理想。

一是要开展和谐理念教育。要适应人、社会与自然和谐发展的需要开展和谐理念教育，引导受教育者正确处理个人与自然、个人与社会以及个人自身错综复杂的关系，从而以健康的心理和健全的人格融入自然、融入社会。

二是开展科学发展观教育。科学发展就是以人为本，全面协调可持续发展。可持续发展作为一种新的发展观，意味着在人与自然的关系和人与人的关系不断优化的前提下，实现经济效益、社会效益和生态效益的有机统一，从而使社会获得持续永久性的发展。要引导人们牢固树立以人为本、全面协调可持续的科学发展观，学会与自然和谐相处，在发展经济的同时注意保护资源和改善环境，使人口、资源、环境、经济、社会协调发展，走生产发展、生活富裕、生态良好的文明发展道路。

三是开展维护社会稳定教育。保持社会稳定，是推进改革开放和社会主义现代化建设的基本前提，是全面建设小康社会的重要保证，也是构建社会主义和谐社会的必然要求。要适应构建和谐社会的要求进行维护社会稳定的教育，通过教育使人们认识到促进社会和谐与维护社会稳定是每一个公民的责任，通过思想疏导、精神激励、人文关怀、利益协调、行为规范来塑造社会主流价值观，提高人的素质，化解矛盾冲突，实现社会稳定。

（三）人的发展与社会进步的辩证互动

人的全面发展与社会全面进步是互为前提、协调统一的，二者相互支持、相互促进，共同发展。一方面，社会发展必须以人的发展为前提和归宿。人的全面发展是最广大人民的根本利益的最高形式。人的全面发展，既是社会进步和发展的结果，也是社会进步和发展的重要前提。人的全面发展，作为人自身发展的理想状态，是社会历史发展的必然趋势，社会发展的最终目标和最高理想不仅是物质的丰富和经济的增长，而且还包括在此基础上的人的全面发展。另一方面，人的全面发展的程度总是随着社会的进步而不断提高。生产力的发展是不断实现人的全面发展的物质基础，社会关系制约人的全面发展程度，文化是促进人全面发展的重要条件，教育是造就人的全面发展的重要手段。这些充分说明个人的发展依赖社会的发展，社会的发展为个人的发展提供空间和条件。因此，在人的全面发展过程中，人们既要考虑个人的发展，又要适应社会发展的要求，遵循社会发展的客观规律与社会的道德规范和法律规范。正如马克思恩格斯所指出的那样："只有在共同体中，个人才能获得全面发展其才能的手段，也就是说，只有在共同体中才可能有个人自由。"

中国特色社会主义建设的实践证明，人的发展与社会发展互为前提和基础。人越全面发展，社会的物质文化财富就会创造得越多，人民的生活就越能得到改善，而物质文化条件越充分，又越能推进人的全面发展。在当代中国，中国共产党提出了科学发展观的战略思想。以人为本是科学发展观的本质和核心，也是思想政治教育的根本宗旨。坚持以人为本的科学发展观，就要把满足人的发展需要作为社会的经济、政治、文化发展的着眼点和目的地，实现人的自由和全面的发展。

二、思想政治教育的任务分类

思想政治教育应该承担的责任就是思想政治教育的任务。思想政治教育的根本任务是用马克思主义理论武装人民群众，不断提高人们认识世界、改造世界的能力。思想政治教育的主要任务是开展理想信念教育、爱国主义教育、道德法治教育和全面发展教育，引导人们积极弘扬和践行社会主义核心价值观。

（一）理想信念教育

理想是指人们在实践中形成的、具有实现可能性的、对未来的向往和追求。信念是人们坚信未来美好结果的、稳定的自我意识。

那么如何开展理想信念教育？

1.思想政治教育的基本任务——树立正确的"三观"

思想政治教育的基本任务之一，就是引导受教育者树立正确的世界观、人生观和价值观，促使受教育者对"三观"在思想中自觉认同，在信念中自觉守护，在行为中自觉遵循。一个人只有确立了正确的世界观、人生观和价值观，才能在实践中自觉调整和校正个人的思想行为，使其符合一定的社会规范和行为准则，成为一个遵纪守法、品德高尚的人，一个健康向上、有益于社会的人。要培养正确的世界观、人生观、价值观，最重要的就是要把"三观"教育与受教育者的思想特点和生活环境结合起来，由此培养和提高其辨别是非对错的价值判断能力、抵御不良思想侵蚀的自我觉悟能力。在思想多样化和文化多元化的背景下，是与非、对与错复杂相伴，这既是对正确思想观念的挑战，又能促进正确思想观念的形成。培养人民群众辨别是非对错的价值判断能力，要注重培养对正确价值标准的认知能力和理解能力，培养抵御不良思想侵蚀的自我觉悟能力。在进行正确的"三观"教育时，要通过是与非、善与恶、美与丑的对比教育，通过历史与现实、普遍与个别、眼前与长远的辩证教育，帮助人民群众提高正确观察、分析、评判各种社会思潮的能力，从而保持思想认识的正确性和坚定性。

2.思想政治教育的实践任务——实现中国特色社会主义共同理想

确立中国特色社会主义共同理想，对于思想政治教育任务而言，既是一个理论问题，也是一个实践问题。只有从理论和实践的结合上准确把握中国特色社会主义共同理想，才能进一步增强树立中国特色社会主义共同理想的自觉性和坚定性。我们在表（5-2）中对如何进行思想政治教育的实践任务进行简单的论述。

表5-2 如何进行思想政治教育的实践任务

实践步骤	具体内容
要正确认识和处理共产主义最高理想与中国特色社会主义共同理想的关系	实现共产主义是我们的远大目标，是共产党人的最高理想。建设中国特色社会主义，是实现共产主义的必经阶段，因此，实现现阶段共同理想与实现最高理想本质上是一致的。没有最高理想的指引，就不会有共同理想的确立和坚持；没有共同理想的确立，最高理想就没有实现的基础。
要正确认识和处理个人理想与共同理想的关系	中国特色社会主义共同理想把国家的发展、民族的振兴与个人的幸福紧密联系在一起，为个人理想的实现提供了广阔的舞台。社会成员只有使个人理想服从民族、国家的共同理想，与共同理想保持一致，才能最大限度地实现人生价值和社会价值。
要正确认识和处理理想和现实的关系	理想源于现实，又高于现实。现实与理想之间既有一致性，又有差异性。这就要求我们既不能只看到理想的美好，看不到社会现实的复杂性和矛盾性，从而盲目乐观；也不能只看到现实中的问题和困难，否定理想的合理性，从而消极悲观。尤其应该认识到，现实向理想的转变是一个充满曲折的过程，正因为现实不如理想那么美好，才更需要我们为改变现实而努力奋斗，用智慧和汗水切实解决现实问题，就会实现中国特色社会主义的美好理想。

3.进行理想信念教育的终极任务——实现民族复兴和共产主义

进行理想信念教育的最终任务，就是要使受教育者接受马克思主义的科学理论，确立建设中国特色社会主义、实现中华民族伟大复兴和实现共产主义的理想信念，进一步夯实人民群众为实现民族复兴和共产主义而团结一致的思想根基。马克思主义深刻揭示了人类历史发展规律，为人民认识和改造世界提供了科学的立场、观点和方法，是指导工人阶级和广大劳动人民群众实现自身解放的强大思想武器。通过理想信念教育，使受教育者进一步坚定马克思主义的理想信念，深刻认识人类社会发展规律，深刻认识实现中华民族伟大复兴和共产主义的历史必然性，认识这一过程的艰巨性和复杂性。实现共产主义是中国共产党的最高理想。通过理想信念教育，要使人们明确社会主义最终战胜资本主义是历史发展的必然，是不以人的意志为转移的客观规律，从而使他们坚定对于社会主义、共产主义的信仰，坚定对于民族复兴的信心。"同时必须认识到，实现共产主义是一个非常漫长的历史过程，我国现在仍处于并将长期处于社会主义初级阶段。我们必须从这个实际出发确定现阶段的奋斗目标，脚踏实地地推进我们的事业。"[1]思想政治教育必须把坚持正确导向贯穿于理想信念教育的各方面和全过程，保证广大人民群众在思想上、政治上、行动上团结一致，巩固全国各族人民团结奋斗的共同思想基础，战胜前进道路上种种困难，共同为实现中华民族伟大复兴和共产主义而努力奋斗。

（二）爱国主义教育

爱国主义教育是思想政治教育中重要的组成部分（表5-3）：

表5-3　爱国主义教育和思想政治教育的内在联系

爱国主义的内涵	具体内容
爱国主义的意义	爱国主义是中华民族的光荣传统，是推动中国社会前进的巨大力量，是各族人民共同的精神支柱，是社会主义精神文明建设主旋律的重要组成部分，同时也是中国培养四有新人的基本要求。
爱国主义的内容	爱国主义精神从来就是推动历史前进的一种巨大力量。它是在中华民族悠久历史文化的基础上产生和发展起来的，反过来又给予中华民族历史发展以重大的影响。中国人民的爱国主义虽然在每个不同的历史阶段都有不同的具体内容和特点，但是也具有共同的内容和特点。

[1]《十六大以来重要文献选编》(中)，中央文献出版社，2006年版，第622页。

续表

爱国主义的内涵	具体内容
爱国主义与思想政治教育的内在联系	爱国主义教育是思想政治教育的重要内容，是提高全民族整体素质、增强民族凝聚力的基础性工作。在新的历史条件下，加强爱国主义教育，继承和发扬爱国主义优良传统，对于振奋民族精神，增强民族凝聚力，团结全国各族人民自力更生、艰苦创业，为建设中国特色社会主义宏伟事业而奋斗，具有重要的现实意义和深远的历史意义。思想政治教育要以爱国主义教育为重点内容，深入进行爱国主义优良传统教育，弘扬和培育民族精神，以及爱国报国情怀和改革创新精神。

（三）民主法治教育

民主和法治教育是思想政治教育的重要组成部分，是养成人们良好行为的重要方式。培养人们良好的民主和法治意识是民主法治教育的核心。加强民主法治教育是提高人的综合素质，促进社会和谐发展的有效途径，是时代发展的迫切要求。

那么我们要如何开展民主法治教育？

首先是要进行社会主义民主教育。党的十八大报告指出："人民民主是我们党始终高扬的光辉旗帜。改革开放以来，我们总结发展社会主义民主正反两方面经验，强调人民民主是社会主义的生命，坚持国家一切权力属于人民，不断推进政治体制改革，社会主义民主政治建设取得重大进展，成功开辟和坚持了中国特色社会主义政治发展道路，为实现最广泛的人民民主确立了正确方向。"[1] 在我国现阶段，开展社会主义民主教育是一个系统工程。在我国社会主义初级阶段，培养人们的民主意识，必须以马克思主义政治理论武装人、以社会主义政治制度规范人、以集体主义的价值观引导人、以广泛的政治参与锻炼人，通过社会主义的民主理论教育和民主实践，促成人与社会的民主素养不断提高。

其次是进行社会主义法治教育。增强人民的民主法制意识，教育人们做尊法、知法、守法、用法、护法的好公民。知法是守法、用法的前提，因而法治教育要注意提高人们的法律认知水平；但法治教育最终要落到守法、用法、护法上来，因而提高人们的法治意识，提高人们遵守法律、依

〔1〕胡锦涛：《坚定不移沿着中国特色社会主义道路前进 为全面建成小康社会而奋斗——在中国共产党第十八次全国代表大会上的报告》，人民出版社，2012年版，第25页。

法办事的自觉性，更应成为法治教育的重点。

（四）全面发展教育

人类综合素质（图5-1）的全面发展具有丰富而深刻的内涵（表5-4），其中，思想政治素质是最重要的素质。

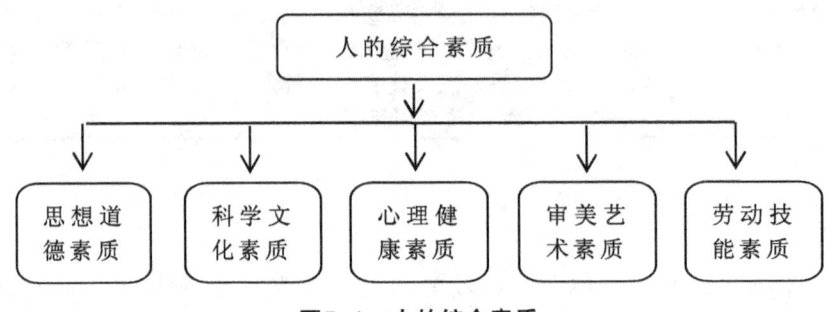

图5-1　人的综合素质

思想政治教育视域中的全面发展教育就是要以人的综合素质教育为依托，拓展和延伸思想政治教育的空间，寻求两者相互促进、共同提高的结合点，实现两者的良性互动，促进人的素质的全面提升。

5-4　如何进行思想政治的全面发展教育

实践步骤	具体阐释
思想道德素质教育	教育者应该采取一切行之有效的办法，帮助受教育者获取一切有益的思想道德方面的理论知识；教育者应充分调动受教育者的积极性，使其进行独立自主的选择，形成切合自身实际的思想信念、人生目标和道德理想；教育者通过正确、有效的引导，帮助受教育者实践其思想信念、人生目标和道德理想，并形成良好的行为习惯。可见，把这三个环节连接起来，就构成了一个从"知"到"信"再到"行"的发展过程。
科学文化素质教育	1.要培养崇尚科学的精神，使受教育者把自己的整个身心投入到科学事业中，为人类科学文化的发展作出应有的贡献；2.帮助受教育者全面认识科学的价值，从人与自然协调发展的角度来开发和利用科学资源，造福于人类及其子孙后代；3.传授现代科学文化知识，使受教育者在具有广博的科学文化知识的同时，通过一系列理论与实践的探索，为树立正确的世界观、人生观、价值观奠定牢固的科学文化知识基础；4.培养创造性思维能力，使受教育者敢于突破思维定式，不迷信权威，保持思维的独立性、敏锐性、辩证性、发散性，提高受教育者的创造性思考问题和解决问题的能力。

实践步骤	具体阐释
心理健康素质教育	心理健康素质教育要遵循思想政治教育和人的心理发展规律，坚持心理健康教育与思想教育相结合、普及教育与个别咨询相结合、课堂教育与课外活动相结合、教育与自我教育相结合、解决心理问题与解决实际问题相结合，引导人们提高心理调节能力，培养良好的心理素质。
审美艺术素质教育	审美情感的品质与强度，影响到主体的审美判断以及价值取向。审美艺术素质教育的开展，有助于审美主体分清美与丑、善与恶、真与假的界限，并且对其作出正确的评价和选择，从而激发自己对美的观照、欣赏与追求的热情，特别是提高其审美鉴赏和审美创造能力。
劳动技能素质教育	劳动技能素质教育包括劳动技术的教育和劳动能力的培养两个方面。作为一名合格的劳动者，除了学习和掌握劳动技术以外，还必须培养和锻炼自身应具有的劳动能力，不断提高自己的脑力和体力。加强劳动技能素质教育是思想政治教育的一项任务，我们不仅要让受教育者掌握相应的劳动技能，还要让他们通过学习劳动技能丰富和完善自身，实现全面发展。

第二节　思想政治教育载体的开发与运用

一、思想政治教育载体的开发

（一）重点开发体现社会主义核心价值观的教育载体

社会主义核心价值体系是兴国之魂，决定着中国特色社会主义发展方向。社会主义核心价值观是当代中国的价值共识，影响着中华民族凝聚力和个体精神动力。推进社会主义核心价值体系和核心价值观进教材进课堂，进头脑，离不开教育载体的开发。其一，开发红色文化。红色文化资源丰富，形式多样。其中既有红色物质文化，如领袖故居、伟人旧居、革命遗物、纪念物、会议遗址等革命纪念地；也有红色精神文化，如"井冈山精神""长征精神""延安精神""雷锋精神"等。其二，积极开发主题道德实践活动。通过动员广大群众积极参与，共同建设主题道德实践活动也是一项重要尝试。包括志愿服务、慈善公益活动、"百姓爱心故事"评选及宣讲活动等。

（二）积极开发新媒体中的教育载体

新媒体实现了"所有人对所有人传播"的信息流，改变了人际传播和大众传播的传统方式。其一，在传统的教学载体中引入多媒体和课堂活动等现代载体，运用多媒体技术辅助教学，就可以把原本枯燥的思想政治教育课上得有声有色，入情入理。如在思想政治理论课堂上，制作内容丰富，集合声音、图像、视频文件为一体的多媒体教学课件，能够增强教学内容的生动性和形象性，提高思想政治理论课的教学效果。其二，利用互联网，开发思想政治教育主题网站、创建E—班、建立各种网络互动社区等，是网络思想政治教育的新方式。其三，实施网络内容建设工程。

（三）重视开发生活环境中的教育载体

生活环境随着社会变迁而改变，其中蕴含着丰富的思想政治教育资源，有待开发为思想政治教育载体。其一，进一步开发自然环境中的教育资源。优雅有人文内涵的自然环境可以陶冶人的情操，发挥思想政治教育功能。校园环境、社区环境是建设的重点。其二，开发人际环境资源。和谐有序、积极向上、良性竞争的人际环境对培养人际关系、责任感的养成、团队意识的培育等具有积极意义。其三，优化良性的媒介环境。媒介环境对青少年的影响日益增强，对思想政治教育的效果也起到强化或弱化的作用，净化、优化媒介环境，可以进一步发挥传媒载体的教育功能。

二、思想政治教育载体的运用

（一）如何保证思想政治教育的主导性

思想政治教育特色载体，是指具有中国特色、区域特色、文化特色并区别于其他思想政治教育的载体，诸如共产党员、共青团员、民主生活会；承载爱国主义传统和中华优秀文化传统的爱国主义教育基地、红色资源等；承载社会主义核心价值观的文化资源和生活资源；承载思想政治教育的大众传媒资源和网络资源等。坚持主导性，就要积极运用特色载体。

（二）如何保证思想政治教育载体的丰富性

在思想政治教育过程中，需要综合运用各种载体，以实现最佳的教育效果。从教育目标来看，不同的教育目标需要选择不同的载体，多种教育目标并存，要求综合选择载体。从教育对象的构成来看，思想政治教育涉及不同层次、不同年龄阶段的人，同时，同一个人又具有知情意信行等多种心理方式，综合运用载体才能保证教育的针对性。从教育的过程来看，思想政治教育受到主体、客体、介体和环境等多因素的影响，特别是在当代中国，环境的复杂性、多变性不断增强，影响到思想政治教育过程及其效果，只有综合运用各种载体才能保证教育的合力。在综合多种思想政治教育载体过程中，要遵循科学性、动态性、最优化的原则。

（三）如何保证思想政治教育的时代性

新技术革命以来，信息技术快速发展，特别是互联网的发展给思想政治教育载体带来了新的发展契机。青少年尤其是大学生对现代技术适应性强，掌握速度快。在互联网时代，青少年通过各种终端使用互联网，网络已经影响到了他们认识世界、学习、游戏和生活，甚至影响到了他们的心理素质。针对现代技术带来的新情况、新问题、新契机，思想政治教育需要认真研究，积极探索如何利用现代技术转变教育观念、改革教育方法、更新教育内容、丰富教育载体。只有这样，才能保证思想政治教育的时代感。

第三节　思想政治教育的教育者和教育对象

教育者和教育对象是思想政治教育的两个基本要素，在思想政治教育中起着基础性和决定性的作用。正确认识教育者和教育对象在思想政治教育中的地位与功能，科学地处理两者之间的关系，对于提高思想政治教育的质量具有重要意义。

一、思想政治教育者

思想政治教育者是思想政治教育活动的基本要素之一，在思想政治教育过程中居于主体地位，起着重要的作用。

（一）思想政治教育者的地位

思想政治教育者的地位是指思想政治教育者在思想政治教育活动中所处的位置。思想政治教育者在思想政治教育中居主体地位。所谓主体是与客体相对应的关系性范畴，从不同角度界定具有不同的含义。在哲学中思维与存在这一基本问题上，主体是指具有认识和实践能力的人，它与人之外的客观事物、主体认识和实践的对象相对应。在法律上，主体是指依法享有权利和承担义务的自然人、法人或国家。其与主体的权利和义务所指向的对象(包括物品、行为等)相对应。在事物构成的要素上，主体是指事物的主要部分，与事物的非主要部分相对应。所谓主体性属哲学范畴，是指主体所具有的本质属性，即人所特有的主观能动性。

由于思想政治教育者和教育对象都是人，故思想政治教育者的主体地位，主要不是指具有主体性的人，而是指其在教育者和教育对象这一矛盾中居矛盾的主要方面，在思想政治教育过程中起着主导的作用。在思想政治教育活动中，教育者的主体地位主要体现的是：活动的发动者、组织者和实施者（表5-5）。

表5-5　思想政治教育者的地位

地位属性	具体表现
思想政治教育者是思想政治教育活动的发动者	1.承担一定阶级、政党进行思想政治教育的责任；2.确定思想政治教育要解决的主要问题；3.决定思想政治教育的启动。
思想政治教育者是思想政治教育活动的组织者	1.确定思想政治教育的目标；2.选择思想政治教育的内容；3.构建思想政治教育的机制。根据思想政治教育的目标、内容与特定环境和条件，建立健全有效的思想政治教育机制的任务也主要由思想政治教育者来承担。
思想政治教育者是思想政治教育活动的实施者	1.制订思想政治教育活动的方案；2.落实思想政治教育方案；3.总结、评价思想政治教育的效果。

（二）思想政治教育者的特点

特点是指一事物区别于他事物的特殊属性。思想政治教育者的特点是指思想政治教育者区别于思想政治教育其他要素的特殊之处。思想政治教育者在思想政治教育活动中的地位决定了其特点（表5-6）。

表5-6　思想政治教育者的主要特点

特征属性	具体阐释
思想政治教育者的主导性	在经济全球化不断深入，互联网迅猛发展，改革开放进入"攻坚期"和"深水区"，思想文化多元多变多样、交流交融交锋态势愈加凸显的当代，思想政治教育所处的环境和教育对象的思想复杂多变。为此，把握思想政治教育的正确方向，发挥思想政治教育正能量作用的问题就更加重要。思想政治教育者承担着思想政治教育"舵手"的职责，在思想政治教育中具有引领作用，保证着思想政治教育各个环节、各个方面沿着正确的方向发展。
思想政治教育者的示范性	思想政治教育者在思想政治教育过程中的主体地位，是在思想政治教育活动中，在引领教育对象的过程中实现的。作为引领者的思想政治教育者，其言行对教育对象具有示范作用。身教胜于言教，树人先树己，在思想政治教育中体现得更为明显，是思想政治教育者应具备的基本素养。
思想政治教育者的创造性	思想政治教育者必须善于将阶级、政党意识形态要求的"一般"与教育对象思想政治品德"具体实际"相结合，制订出切实可行的教育方案并付诸实施。不机械地照搬一般要求，而将其同具体实际有机结合，需要创造精神和能力。同时还必须跟上时代发展的步伐，引导和提升教育对象的思想政治素质。而要达于此，思想政治教育者必须做到面向未来，富有开拓和超越精神。

（三）思想政治教育者的功能

思想政治教育者在思想政治教育中所处的地位和所具有的特点决定着其功能。作为思想政治教育的发动者、组织者和实施者，在思想政治教育中的功能主要体现如下。

1.教育活动组织功能

教育活动组织功能是指教育者在思想政治教育过程中具有组织实施教育活动的功能。思想政治教育是一种主体性活动，有效地组织是教育活动取得成效的必要条件。教育者是教育活动的组织者，在教育过程中，教育者承担着根据一定阶级、政党意识形态的要求和广大教育对象思想品德的状况确定教育目标，根据目标要求选定教育内容，设计教育活动的实施方案，根据主客观条件和保证实效的要求构建实施方案的机制，掌控教育过程的进度。主持教育活动的总结评价等工作，在整个思想政治教育过程中起着组织、主导的作用。

2.思想理论传导功能

思想理论传导功能是指教育者在思想政治教育过程中具有理论传输和引导的作用。正确思想理论指导是人们实践活动获得成功的前提和保证，进行先进思想和科学理论教育是思想政治教育的重要职责，教育者是这一职责的承担者。在思想政治教育过程中，教育者负有向教育对象宣传、灌输先进思想和科学理论，引导教育对象的思想朝着社会发展所要求的方向发展的职责。

3.思想释疑解惑功能

思想释疑解惑功能是指教育者在思想政治教育过程中具有破解教育对象思想疑问，排解教育对象思想困惑的作用。随着社会发展的多样化、复杂化和快速化，人们对社会问题认识的难度增大，由于人们自身存在的实践和认识的局限，制约着其对问题的准确判断和清晰认识，使困惑、迷茫和不解成为生活中的常见现象。长期不解的思想疑惑会造成人们的心理郁闷，进而影响人们积极的处世态度。唐代文学家韩愈说过，"师者，所以传道授业解惑也。"思想政治教育者承担着对教育对象释疑解惑的职责，即承担着用马克思主义的立场、观点和方法破解教育对象思想中的疑点，排解教育对象认识上的困惑，帮助教育对象用正确的思想方法认识社会现象的责任。

4.德行培育提升功能

德行培育提升功能是指教育者在思想政治教育过程中具有培养和提高教育对象符合社会发展要求的思想道德认知及其行为水平的作用。人们的思想行为与社会的发展要求存在着一定的矛盾，这是人类思想发展的规律，也是某一社会思想发展的动力。但是，矛盾必须保持在一定的限度内，超出了其应有的张力，它就会从社会思想发展的动力转变为阻力。将社会成员的思想政治品德与社会发展要求的矛盾控制在适度范围内，是思想政治教育者的职责。也就是说，在一般情况下，思想政治教育者承担着向教育对象宣传社会主流意识形态，使教育对象了解、接受社会主流意识形态的内容与要求，并将之转化为自觉的行为，从而提高教育对象的思想政治素质，使教育对象的思想行为不断趋向社会主流意识形态要求的责任。

二、思想政治教育对象

思想政治教育对象是思想政治教育的又一基本要素，在思想政治教育过程中居于客体的地位，起着不可忽视的作用。

（一）思想政治教育对象的地位

所谓思想政治教育对象是指在思想政治教育活动中作为教育者活动对象的人。思想政治教育是社会实践活动的一种形式，按照辩证唯物主义的观点，现实的实践活动都是对象性活动。依实践活动形式不同，实践活动的对象亦不相同，其可以是物也可以是人。在物质生产领域中，活动的对象基本是物；在协调和处理社会关系领域中，活动的对象则是人。思想政治教育是以人的思想为主要活动对象的实践活动，因此活动的对象必须是人而不是物。同思想政治教育者一样，思想政治教育对象也包含个体和群体。作为思想政治教育对象的个体是指一切人，即接受教育的所有人，也包括在特定教育活动中的教育者，因为教育者要先受教育。作为思想政治教育对象的群体是指具有某一共同点的个人组成的整体。例如，在同一战线、同一行业工作人员的整体，像工人、农民、机关干部、教师、大学生等；在同一单位、部门工作人员的整体，像工厂中的车间、学校中的班级、军队中的连队等；在同一年龄段人员的整体，像青少年、中老年等。从不同角度还可以划分出多种类型的教育对象群体。

思想政治教育对象的地位是指思想政治教育对象在教育活动中所处的位置。思想政治教育对象在思想政治教育中，居于接受教育者的教育引导的地位。与教育者相比较，教育对象在教育活动中居次要地位，在思想政治教育过程中起着参与、配合的作用。在思想政治教育活动中，教育对象客体地位的主要体现是不可或缺的教育要素、接受者和出发点与落脚点三个方面。

1.思想政治教育对象是思想政治教育活动不可或缺的要素

教育者与教育对象是构成矛盾的两个方面，他们相互依存，相互作用，缺一不可。如果缺少教育对象，这一矛盾就无法成立，思想政治教育也不可能存在。教育对象作为教育者进行思想政治教育的对象，是教育活动得以开展的必要要素，缺少教育对象的思想政治教育只能是抽象的而不是现实的活动。因此，教育对象虽然是教育活动的客体，却是思想政治教育不可或缺的要素。

2.思想政治教育对象是思想政治教育活动的接受者

现实的实践活动都是主体作用于对象的活动。思想政治教育是实践活动的一种形式，也必然是教育主体作用于教育对象的活动，即教育者实施教育、教育对象接受教育的活动，无接受者的教育活动只存在于想象之中。在思想政治教育中接受教育的责任由教育对象来承担。

3.思想政治教育对象是思想政治教育活动的出发点和落脚点

思想政治教育者要保证思想政治教育活动有效，就不能从自己的主观认识和愿望出发，而必须从教育对象思想品德的现实状况出发，根据教育对象思想政治品德现状与社会主流意识形态要求之间存在的差距，确定教育的目标、教育的内容、教育的方案、实施教育等。因此，教育对象思想政治品德现状尚未达到社会主流意识形态要求的问题，是思想政治教育活动开展的出发点。出发点和落脚点是统一的。思想政治教育活动所要达到的目的，是使教育对象认同社会主流意识形态，并将之内化为自己的思想观点、价值观念，外化为自觉的行为习惯，从而提高教育对象的思想政治素质。因此，促进教育对象的思想政治素质适应社会主流意识形态发展的要求，实现社会主流意识形态个体化是思想政治教育的落脚点。

（二）思想政治教育对象的特点

思想政治教育对象的特点是指思想政治教育对象区别于思想政治教育其他要素的独特之处。思想政治教育对象在思想政治教育活动中的地位决定了其特点。

1.思想政治教育对象的受控性

思想政治教育对象的受控性是指思想政治教育对象在教育过程中具有从属性和配合性。思想政治教育对象是思想政治教育者开展教育活动的对象，在一般情况下教育对象要服从教育者的教育活动安排，支持、配合和接受教育者的引导与影响，充分发挥受教育者的作用。

2.思想政治教育对象的能动性

思想政治教育对象的能动性是指思想政治教育对象在教育过程中具有自觉性和积极性。思想政治教育对象是有血有肉、有思想、有情感的人而不是物，虽然居于思想政治教育的客体地位，但不同于物质客体，是具有主观能动性的人。教育对象在参与和接受思想政治教育的过程中，不是被动、消极的，而是有目的、有主见、有选择、有创造的。

3.思想政治教育对象的可塑性

思想政治教育对象的可塑性是指思想政治教育对象的思想政治品德通过思想政治教育可以发生变化得到提升。根据历史唯物主义原理，人的思想不是一成不变的，随着所处社会环境的变化发展，人们的思想也会变化与发展。在思想政治教育的作用下，教育对象能够提升自身的思想政治素质，缩小与社会主流意识形态要求的差距，从而实现个人的发展，促进社会的进步。

（三）思想政治教育对象的作用

教育对象在思想政治教育中所处的地位和所具有的特点，决定了其在思想政治教育中的作用。该作用主要体现如下。

1.参与教育活动

教育对象是思想政治教育的必要要素，因而要参与思想政治教育的全过程。教育对象参与教育活动可以分为被动参与与主动参与两种情况。被动参与是指教育者在教育活动中，必须考虑教育对象思想行为的状况、特点，并以此作为教育活动的依据，也可以说，是教育对象以自身的思想行为状况参与教育活动。例如，教育者在确定教育目标，选定教育内容，选择教育载体、教育方法等教育环节中，为了保证科学性与有效性，需要从教育对象的实际情况出发。主动参与是指教育对象积极投身思想政治教育活动之中发挥其作用。例如，在思想政治教育过程中，教育对象主动配合教育者，与教育者产生情绪、语言和行为的互动等。上述两种情况说明，思想政治教育活动整个过程和各个环节都离不开教育对象的参与。

2.反馈教育过程

思想政治教育过程是教育信息输出、输入和反馈的过程。教育对象是教育信息的接受者，参与了思想政治教育的全过程，因此，教育对象对教育信息的接受状况反映了思想政治教育过程的状况，特别是实施教育的状况。人们的思想政治素质通过人们的心理与言行体现，教育对象对教育内容、教育方法所表现出的态度、情感、语言和行为是对教育过程效果的反馈，教育者从中可以比较客观、准确地捕捉到教育过程的信息。比如，教育对象对教育信息表现出的态度、情感和言行，既能反馈出教育者搜集分析教育对象思想信息、确定教育目标、制订教育方案等教育准备和决策的情况，又能反馈出教育者选择教育内容、教育途径、教育方法手段、营造教育环境等实施教育的情况。只要善于观察教育对象的心理和言行，就能基本知晓教育过程的全貌。

3.体现教育效果

唯物辩证法认为，人类改造客观世界的效果要通过其活动对象的改变来体现，通过活动对象改变的状况来检验。思想政治教育的效果也不能仅仅通过教育者自身或教育内容、教育方法、教育手段等教育介体的状况来体现和检验，而是要通过教育对象思想行为的变化来体现和检验。思想政治教育的目的就是要促进教育对象内化教育内容，提高自身的思想政治素质，在思想和行为上达到社会主流意识形态和核心价值观的要求。因此，教育对象的内化外化情况体现了思想政治教育是否达到了"进头脑"，是否实现了由"精神力量"向"物质力量"的转化。

（四）思想政治教育对象的重点

思想政治教育的对象由于在社会中所处的地位、所起的作用和所具有的特点不同，有重点与非重点之分，青少年和领导干部是思想政治教育对象的重点。

1.青少年

青少年是青年和少年的统称。少年一般是指十岁至十五六岁阶段的人。青年是指十五六岁到三十岁左右的人。据此，青少年是指十岁至三十岁左右的人。青少年成为思想政治教育对象重点的缘由在于：

第一，青少年是国家的未来和民族的希望。在历史发展的长河中，青少年具有重要地位，他们代表着国家的未来和民族的希望。毛泽东曾把青年比作"早晨八九点钟的太阳"。一个社会的发展和一个民族的延续是通过一代代人的"接力"实现的，青少年代表并决定着社会和民族的明天和未来。有了青少年社会就会发展，国家就会兴旺，民族就有希望。缺少青少年，社会、国家、民族就会面对后继乏人之忧。赢得青少年就赢得未来已成为当今世界有识之士的共识。因此，青少年在社会、国家和民族中的地位决定了其是思想政治教育对象的重点。

第二，青少年是党和人民事业发展的推动力量。青少年特别是青年是党和人民事业发展的生力军。在中国革命和建设的各个历史时期，青年都站在前列，发挥了生力军的作用。在推翻帝国主义、封建主义、官僚资本主义"三座大山"的革命运动中，广大爱国青年在中国共产党的领导下，和全国人民一道前仆后继、英勇奋斗。新中国成立后，广大青年积极投身到社会主义建设的洪流中，为新中国的建设和发展作出了巨大贡献。进入改革开放新的历史时期，青年又为中国特色社会主义建设事业贡献力量。没有青年一代的浴血奋战，就不会有新中国的诞生；没有一代有理想、有道德、有文化、有纪律的青年的奋发努力，建设中国特色社会主义的目标就难以实现。青年兴则国家兴，青年强则国家强，已被历史证明。因此，青少年在党和人民事业中的作用决定了其是思想政治教育对象的重点。

第三，青少年具有较强的可塑性。青少年处于生理、心理和思想从不成熟向成熟过渡，处在从儿童向成人的发展阶段。他们虽然生活在社会中，但还未正式步入社会，涉世不深，处世经验少，思想比较单纯，是非判断能力不强，容易受到外界影响和不良因素的干扰，因而可塑性强。由于青少年的这一特点，以及其在社会发展中的地位，各个阶级、各种势力都力图用自己的政治观点、价值观念影响、争夺青少年，都试图将青少年塑造成本阶级、本势力的拥护者与接班人。因此，青少年的特点决定了他们是思想政治教育的重点对象。

第四，当代中国青少年成长发展中存在着不容忽视的问题。当代中国正处于经济全球化、世界多极化、文化多元化、社会信息化迅猛发展以及深层矛盾凸显时期。这一客观环境，与青少年处于人生发展的关键阶段，世界观、人生观、价值观正在形成的状况相交织，形成了当代青少年既有接受正面教育，迅速成长的可喜局面，也有需要引起重视的各种问题。当代青少年具有思想开放、活跃，自信进取，求新求变，掌握现代工具，主体意识、独立意识较强等优势，但有些青少年也存在理想信念不够明确、坚定，价值取向偏差，社会责任感缺乏，艰苦奋斗精神淡化，心理素质欠佳等问题。这些问题的存在会影响青少年的健康成长与发展，影响他们扣好人生的"第一粒扣子"。因此，当代中国青少年成长发展中的问题也决定了其是思想政治教育对象的重点。

2.领导干部

领导干部是指率领并引导群众朝一定方向前进的人。当今中国的领导干部一般是指担任县、团、处级及以上领导职务的人员。领导干部作为思想政治教育对象的重点，是由其在社会中所处地位和所起作用决定的。正如习近平总书记在讲建设社会主义法治国家时所强调的："必须抓住领导干部这个'关键少数'，首先解决好思想观念问题。"[1]

第一，领导干部是党和国家形象的代表。中国共产党是中国工人阶级的先锋队，是中国人民和中华民族的先锋队，是全中国人民的领导核心。中华人民共和国是人民当家做主的社会主义国家。党和国家的宗旨是全心全意为人民服务，其任务是带领全国人民实现国家富强、民族兴旺、人民幸福的奋斗目标。党和国家不是抽象的概念，而是由其成员组成的社会实

---

[1] 习近平：《加快建设社会主义法治国家》，《求是》，2015年，第1期。

体，党和国家的宗旨和任务也需要其成员去落实和完成。因此，全体党员和各级政府工作人员就是党和国家宗旨与任务的重要承担者，是党和国家形象的体现者。领导干部是党员和政府工作人员中的优秀者，是党和国家的代表者，因而也是党和国家形象的最直接体现者。领导干部的思想、言行直接代表着党和国家的形象，影响着党和国家的声誉。为了保证党和国家在人民群众中享有崇高的威望，必须加强对领导干部的思想政治教育。

因此，领导干部在社会中所处的地位决定了其是思想政治教育对象的重点。

第二，领导干部是党和国家路线方针政策制定的决策者、落实的领导者与组织者。"政治路线确定之后，干部就是决定的因素"[1]，是说在执行党的路线时干部具有决定性的作用。对于领导干部来说，他们不仅是政治路线的执行者、落实者，而且是党和国家路线方针政策制定的决策者，其地位和作用更为重要。为了保证党和国家事业不断向前推进，党和政府的领导干部要根据国内外形势变化的要求，科学地制定不同时期发展的路线方针政策，以明确发展的方向、目标和举措，统一党员和广大群众的思想，凝聚各方面的力量。

路线方针政策制定后，领导干部又是保证其落实的领导者和组织者。领导干部所处的岗位要求他们带领广大党员和群众，将路线方针政策落实到各项具体工作中去，变为党员和群众的实际行动，保证党和国家事业的发展从思想转变为现实。为此，领导干部能否科学准确地把握党和国家路线方针政策的精神，是否具有领导和组织落实的能力，直接关系到路线方针政策能否被广大党员和群众所理解、接受与践行。为了保证党和国家路线方针政策制定科学、落实到位，必须提高领导干部的思想政治素质。因此，领导干部在党和国家事业发展中的作用决定了其是思想政治教育对象的重点。

第三，领导干部是广大党员和群众的榜样。"领导干部处在党和人民事业的领导岗位上，这就决定了在保持党的纯洁性方面负有极为重要的责任，由此也决定了务必时时、处处用党的纯洁性要求对照自己、检查自己、修正自己、提高自己，要求别人做的自己带头做到，要求别人不做的自己带头不做，以自己率先垂范的实际行动充分体现党的纯洁性。"[2]孔子也说过，"政者，正也。子帅以正，孰敢不正。"领导干部的职责决定了他

〔1〕《毛泽东选集》第2卷，人民出版社，1991年版，第526页。
〔2〕习近平：《扎实做好保持党的纯洁性各项工作》，《求是》，2012年，第6期。

们是广大党员和群众的引领者，他们的言行会备受人们关注，影响着人们。广大党员和群众会以领导干部为榜样，或崇敬、学习，或迎合、效仿。因此，领导干部思想作风的状况直接影响着和引领着社会的风气，它或起到"上梁正下梁直"的作用，或起到"上梁不正下梁歪"的作用。为了保证领导干部在社会中发挥引导的正能量，必须提高其思想政治素质。因此，领导干部在广大党员和群众中的榜样作用决定了其是思想政治教育对象的重点。

第四，当代中国领导干部中存在着亟待解决的问题。在新的历史条件下，世情、国情、党情发生了深刻的变化，党面临着巨大的考验。一大批忠诚于党、热爱人民，牢记宗旨、心系群众、爱岗敬业、无私奉献的优秀领导干部涌现出来，树立了领导干部的光辉形象。但是，也有一些领导干部存在能力不够、动力不足、定力不稳的问题，出现失德失范、脱离群众、形式主义、官僚主义、享乐主义和奢靡之风等问题。甚至有些领导干部挡不住诱惑，耐不住寂寞，因而失去操守，跌倒在权力、金钱、美色等关隘上。这些情况引起了广大党员和群众的强烈反映，带来了恶劣的社会影响，严重地损害了党和政府在人民群众中的形象和威望，动摇了党的执政地位。为了巩固党的执政地位，必须提高领导干部的思想政治素质。因此，当代中国领导干部中存在的问题也决定了其是思想政治教育对象的重点。

总之，领导干部所处地位和所起作用，决定他们与一般群众和青少年有所不同，他们既是受教育者，又是教育者。为此，对领导干部进行思想政治教育，一靠自身努力进行自我教育，二靠组织培养。教育的要求、内容和方式，要符合领导干部的实际。"各级领导干部都要树立和发扬好的作风，既严以修身、严以用权、严以律己，又谋事要实、创业要实、做人要实。"[1]"培养干部，要抓好党性教育这个核心，抓好道德建设这个基础，加强宗旨意识、公仆意识教育。要强化干部实践锻炼，积极为干部锻炼成长搭建平台。"[2]

三、思想政治教育者与教育对象的关系

思想政治教育者与教育对象作为矛盾的双方，也和其他事物一样是对

---

〔1〕《习近平论"三严三实"——十八大以来重要论述摘编》，《党建》，2015年，第6期。
〔2〕《习近平谈治国理政》，外文出版社，2014年版，第417页。

立统一的关系。但是，他们之间的对立统一关系又具有特殊性。特殊性体现在两个方面：一是该矛盾的双方都是具有主体性的、在现代社会具有法律赋予一定权利和义务的人；二是该矛盾的双方是在思想政治教育中处于不同地位、起着不同作用的人。因此，思想政治教育者与教育对象的关系应该是民主平等、主导主动、双向互动和相互转化的关系。

（一）民主平等关系

思想政治教育者与教育对象民主平等关系是指教育者与教育对象具有对等社会地位、享有相同权利的关系。所谓民主是指人民有参与国事或对国事有自由发表意见的权利。所谓平等是指人们在社会政治、经济、法律等方面享有相同的待遇，泛指地位相等。民主与平等相辅相成。列宁指出："民主意味着平等。"[1]平等是民主的基础，没有人与人之间的平等关系则不可能有民主的权利；民主是平等的保证，民主的权利如被剥夺平等也就是虚假的。

思想政治教育者与教育对象民主平等关系由两者关系特殊性的第一个方面决定。思想政治教育者与教育对象的关系属于"社会关系的生产实践即社会政治实践"[2]中的关系，是具有能动性的人与人之间的关系。我国社会中人与人之间的关系应该是民主平等的关系。思想政治教育者与教育对象民主平等的关系主要表现在两个方面：

1.地位平等关系

地位平等包括社会地位平等和人格平等两个方面。社会主义国家是以公有制为主体，人民当家做主的国家。国家的性质决定了每个公民都是国家的主人，公民之间只有社会分工不同，没有社会地位高低贵贱之分。另外，每个公民都享有宪法所赋予的权利和义务，任何人都不能超出法律之外或居法律之上。社会主义国家的思想政治教育者和教育对象同是国家的公民，因而他们的社会地位与人格是平等的，都享有进行思想政治教育的权利和接受思想政治教育的义务。

为此，两者在思想政治教育活动中应该相互尊重。为了保证教育者与教育对象地位平等关系的建立，既要克服教育者以高高在上、盛气凌人的态度对待教育对象，又要克服教育对象以轻视乃至蔑视的态度对待教育者

---

〔1〕《列宁专题文集论马克思主义》，人民出版社，2009年版，第270页。

〔2〕《马克思主义哲学》编写组：《马克思主义哲学》，高等教育出版社、人民出版社，2009年版，第82页。

及其工作的现象。

2.民主和谐关系

民主和谐关系包括自主参与和配合得当两个方面。思想政治教育者与教育对象的平等关系决定了两者不仅都享有教育与受教育的权利，也都享有在思想政治教育活动中自由发表意见的权利。当教育者与教育对象都能够充分表达自己的意愿，思想政治教育实现集思广益之时，教育者与教育对象之间就能够做到相互理解、密切配合。为此，在思想政治教育中两者应该做到主动献策、相互包容。为了保证教育者与教育对象民主和谐关系的建立，既要克服教育者"一言堂"或"自由放任"的工作态度和工作作风，又要克服教育对象片面强调权利而不主动配合教育者工作的思想与行为。

（二）主导主动关系

思想政治教育者与教育对象主导主动关系，是指在思想政治教育中教育者发挥主导作用与教育对象发挥主动作用的关系。所谓主导，是指主要的并且引导事物向某方面发展的事物或方面。所谓主动，是指不依赖外力的推动而行动。教育者和教育对象在思想政治教育中虽然地位平等、同享民主权利，但是他们的作用不完全相同。其中教育者居教育主体地位，起着主要的、引导活动方向的作用；教育对象居教育客体地位，起着自主参与和主动内化、外化的作用。教育者与教育对象主导主动关系主要体现在两个方面：

1.自主参与关系

教育者与教育对象主导主动关系的基础是"自主"，即两者都是自主而不是被动参与教育活动的，在教育活动中他们都具有独立性，都能充分发挥各自的积极性。教育者自主地参与教育活动的各个环节，发挥引导作用；教育对象自主地为教育活动献计献策，主动地配合教育者的工作，努力地将教育内容内化为自己的思想观念，外化为行为习惯。为了保证教育者与教育对象自主参与关系的建立，既要克服教育者做"传声筒"，即照搬照转倾向，也要克服无视教育对象自主性的现象，还要克服教育对象消极应付教育的思想行为。

2.互动共进关系

思想政治教育者与教育对象互动共进关系，是指教育者与教育对象在思想政治教育中发挥自觉能动性，实现共同发展的关系。目的性是能动性的主要表现。思想政治教育者与教育对象自主参与教育活动，在活动中发挥主导主动作用都是在一定目的支配下进行的，都以满足一定需要为前提。教育者为了提高思想政治教育的效果，满足一定阶级、政党和个人发展的需要而充分发挥其主导作用；教育对象为了提高自身思想政治素质，实现个人理想抱负而充分发挥其主动作用。教育者与教育对象自觉能动性的发挥，能够满足他们的需要，实现他们参与教育活动的目的，从而促进两者的发展和思想政治教育质量的提升。为了保证教育者与教育对象互动共进关系的建立，既要克服教育者盲目施教的现象，也要克服教育对象盲目受教的现象。

（三）双向互动关系

思想政治教育者与教育对象双向互动关系是指教育者与教育对象之间相互作用、相互影响的关系。唯物辩证法认为，矛盾的双方既相互依存又相互作用。思想政治教育者与教育对象作为思想政治教育的两个基本要素，在教育过程中不仅各自发挥着主导或主动的作用，而且还相互发生作用。教育者与教育对象双向互动关系主要体现如下。

1.教学互动关系

所谓"教"，是指教育者及其所从事的教育工作。所谓"学"，是指教育对象及其所从事的学习活动。思想政治教育者与教育对象教学互动关系是指教育者的教育与教育对象的学习之间互相作用的关系。思想政治教育中的教学互动关系包含学校中教师教与学生学的关系，但不完全等同于这一关系，它是面向社会各行各业、各个方面的教学关系，这种关系较之学校中的师生关系更为复杂。思想政治教育者与教育对象在教育过程中承担着不同的职责，教育者的主要职责是进行引导即教，教育对象的主要职责是接受教育即学。两者的职责在思想政治教育过程中不能孤立、单向地完成，必须在两者的相互作用中完成。教育者的"教"要受到教育对象"学"的状况的制约。同样，教育对象的"学"也要受到教育者"教"的状况的影响。当两者处于良性互动时，就会呈现"教学相长"的态势。反之，则会出现"教学俱伤"的情况。为了形成教育者"教"与教育对象"学"之间的良性互动关系，必须克服教育者与教育对象相互无视即看不到对方作用的现象。

2.作用互动关系

思想政治教育者与教育对象作用互动关系，是指教育者的主导作用与教育对象的主动作用之间互相作用、互相影响的关系。教与学是教育者与教育对象的职责，职责的不同决定了教育者的主导作用和教育对象的主动作用。在思想政治教育中教育者与教育对象的作用亦不是孤立、单向地发挥，而是在交互作用中发挥。教育者的主导作用要在教育对象主动性充分发挥的基础上才能更好地实现，教育对象的主动作用也只有在教育者正确有效的引导下才能正向、积极地发挥，两者缺一不可。为了形成教育者与教育对象主导主动作用的良性互动，必须克服教育者与教育对象相互掣肘的现象。

（四）相互转化关系

思想政治教育者与教育对象相互转化的关系，是指教育者与教育对象在思想政治教育活动中可以互相转化的关系。唯物辩证法认为，矛盾的双方相互依赖，在一定条件下可以相互转化。教育者与教育对象作为矛盾的双方也是一样，不仅具有互动关系，而且具有在一定条件下相互转化的关系。教育者与教育对象相互转化关系主要体现如下。

1.角色转化关系

思想政治教育者与教育对象角色转化关系，是指教育者与教育对象在教育过程中所处位置、职责和作用发生改变，教育者变为教育对象，教育对象变为教育者。在特定的思想政治教育活动中，教育者与教育对象的角色是确定的，不可随意转换，否则，就会陷入角色混乱，难以把握。但是超出了特定条件，即在思想政治教育发展的"链条"中，两者的角色则会改变。如在特定教育活动中是教育者，但按照"教育者先受教育"的原则，当其进入接受教育的阶段或活动时，就转化为教育对象了。同样，在特定教育活动中是教育对象，当其进入其他教育形式如自我教育或家庭教育时，或当以往的学生成长为教师后，就转化为教育者了。为了准确把握教育者与教育对象角色转化关系，既要克服混淆教育者与教育对象的现象，又要克服不分条件地将教育者或教育对象绝对化的思想与行为。

2.互补转化关系

思想政治教育者与教育对象互补转化关系，是指教育者与教育对象在教育过程中角色未变，但互相吸取对方所长补己之短的关系。事物都是一分为二的。现实中的正常人，都有其优点与缺点、长处与短处。教育者与教育对象也不例外，也都是现实生活中的人，也都有各自的长与短。思想政治教育者与教育对象在相互作用的过程中，可以通过学习将对方的所长转变为自己所长，实现优势互补，从而达到提高自身素质实现发展的目的。为了保证教育者与教育对象互补转化关系的建立，必须克服教育者与教育对象盲目自信、故步自封的思想与行为。

四、正确认识和对待教育对象

思想政治教育者与教育对象在思想政治教育中各有特点与功能，对教育活动的进程和结果都起着重要的影响作用。但是基于传统思想政治教育"以教育者为中心"，忽视甚至否定教育对象的需求与作用，已成为有些教育者的思维定式，至今仍未能改变。为了使思想政治教育更好地适应现代社会发展的要求，提高其科学化水平，有必要专门阐述正确认识和对待教育对象的问题。

（一）正确认识和对待教育对象的重要性

正确认识和对待教育对象对于教育者做好思想政治教育工作具有至关重要的意义，而充分认识其重要性则是正确认识和对待教育对象的前提。

1.思想政治教育从实际出发的需要

从实际出发、实事求是是辩证唯物主义的基本观点和基本方法，是中国共产党的思想路线的重要内容。思想政治教育也不例外，要保证教育的科学性和有效性，就必须坚持从实际出发、实事求是这一前提。思想政治教育是做人的思想引导工作的，由此决定了其从实际出发的内容是从教育对象的现实思想行为出发，而不是从教育者的需要、认识出发，更不能从其他方面的需要出发。教育对象现实的思想行为与一定阶级、政党所代表的时代、社会发展要求之间的差距，就是一定时期思想政治教育要解决的主要问题。缩小这一差距使之保持在适度范围，是思想政治教育者的基本职责。因此，思想政治教育从实际出发，就是从教育对象思想行为的现状出发。实践证明，如果教育者缺乏对教育对象思想行为状况的全面准确了解，就不能做到从实际出发，就不能达到主观与客观相统一，就很难获得思想政治教育工作的成功。

2.增强思想政治教育针对性提高实效性的需要

针对性是实效性的基础和保证，缺乏针对性的思想政治教育难以取得良好的实效。教育对象的思想行为是思想政治教育的出发点，增强思想政治教育的针对性就是使教育的目标、内容、方法、载体等方面都符合教育对象思想行为的实际，都突出教育对象思想行为的特点。只有针对性强的思想政治教育，才是有实效的教育。实践也证明，缺少针对性的一般说教，不仅难以取得实效，而且会使教育对象产生逆反心理；"有的放矢""对症下药"的思想政治教育，不仅有助于提高教育的吸引力，而且能够保证教育的实效性。

（二）正确认识和对待教育对象的原则

原则是指说话或行事所依据的法则或标准。在思想政治教育中要做到正确认识和对待教育对象，必须遵循正确的原则。

1.以人为本原则

思想政治教育者以人为本，就是以教育对象为本。以教育对象为本包括两个方面的内容：一方面，将教育对象视为人而不是物。教育对象虽然是思想政治教育者进行教育活动的对象，但其不是无意识、无目的、无需求、被动接受他人改造的物，而是"具有意识的、经过思虑或凭激情行动的、追求某种目的的人"[1]。即是说，教育对象是具有主体性的、处于发展中的人。为此，在思想政治教育中坚持以人为本的原则，就不能视人为物。另一方面，将教育对象作为思想政治教育的出发点和落脚点。教育对象的思想行为状况是思想政治教育活动开展的前提和基础，决定着教育目标的确定，教育内容、教育方式方法的选择，教育效果的评价等；解决教育对象思想政治品德与社会发展要求差距的问题，贯穿于思想政治教育活动的全过程；提升教育对象的思想政治素质，促进其全面发展是思想政治教育的根本目的。因此，在思想政治教育中坚持以人为本的原则，必须做到平等对待教育对象，而不能忽视教育对象的作用。

2.尊重关爱原则

正确认识和对待教育对象中的尊重关爱原则，是指在思想政治教育中尊重、关怀、爱护教育对象。尊重、关怀、爱护教育对象包括两个方面内容：一方面，以谦和的态度对待教育对象。教育对象在思想政治教育中具有不可或缺和不可替代的地位与作用，拥有独特的人格与长处。为此，教育者在思想政治教育中，必须高度重视教育对象的地位与作用，尊重其人格，虚心学习其优长，使教育对象得到被尊重的感受，尊重需要获得满足，从而激发其参与思想政治教育的积极性和主动性。另一方面，关注教育对象的成长、发展。健康成长、更好发展是广大青少年和成年人迫切的心理需求，也是教育对象接受思想政治教育的重要动因。实现健康成长、更好发展需要具备客观条件与主观条件。但是，教育对象在成长发展过程

---

[1]《马克思恩格斯文集》第4卷，人民出版社，2009年版，第302页。

中，往往会面对客观条件不具备、主观条件有差距的困扰，渴望得到帮助与引导。因此，教育者在教育过程中就不能只给教育对象提要求，而忽视其成长发展之需求。应该自觉地了解教育对象的需求和面临的困难，积极地为教育对象的成长发展创造外在条件，耐心地引导教育对象正确认识差距，找出提升、发展的路径与举措，让教育对象的发展需求得到满足，同时也使思想政治教育的感召力得到提高。

3.客观公正原则

正确认识和对待教育对象中的客观公正原则，是指在思想政治教育过程中实事求是地认识和公平地对待教育对象。该原则也包括两个方面的内容：一方面，实事求是地认识教育对象。教育对象都是现实的人，都具有个性特点和长短、优劣，并且长短、优劣交织在一起难以分辨。为此，教育者在思想政治教育中应该坚持唯物、辩证的观点，客观地认识教育对象，辩证地分析、评价教育对象，切忌主观臆断、以点带面、以偏概全。另一方面，公平地对待教育对象。教育者在思想政治教育中应该以对教育对象的客观认识为基础，公平地对待每一个教育对象。在处理问题时要做到一视同仁，不带个人主观偏见，更不能以与自己感情亲疏为标准对待教育对象。这样，教育对象的公平需要才会得到满足。

（三）正确认识和对待教育对象的方式

方式是说话做事所采取的方法和形式。在思想政治教育中要做到正确认识和对待教育对象，还需要采用科学的方式方法，这是教育者能够做到正确认识和对待教育对象的工具。

1.了解理解教育对象

所谓了解教育对象是指思想政治教育者对教育对象的思想、心理与行为状况掌握清楚。所谓理解教育对象是指思想政治教育者能够站在教育对象的角度认识、看待教育对象。了解与理解的关系是，了解是理解的基础，理解是了解的结果。只有做到对教育对象思想、心理与行为状况的透彻了解，才能达到对教育对象行为动机的深切理解，才能做到从教育对象的角度认识问题。

了解理解教育对象是正确认识和对待教育对象的前提。处于每一时代、社会和特定群体的教育对象的思想、心理与行为有其共性，也有其个性。由于每个人的生活经历、所受教育情况、工作和家庭环境等方面的差异，决定了教育对象的思想、心理与行为都有其明显的个体特性。要做到正确认识和对待教育对象，教育者必须了解教育对象的特殊性，理解他们产生某一思想、心理与行为的原因和动机，避免主观、片面地看待教育对象。

做到了解理解教育对象，教育者必须做到：一要深入调查。教育者只有深入教育对象的工作、生活之中，才能切实了解教育对象，才能知晓教育对象思想、心理与行为的特点及其原因，才能真正读懂教育对象。否则，浮于表面，没有与教育对象的直接接触，缺乏对教育对象工作、生活的切身体验，则难以达到对教育对象的真正了解。二要换位思考问题。教育者只有善于站在教育对象的角度，从教育对象所处的主客观条件来分析其思想、心理与行为的合理性与局限性，才能真正地理解了教育对象，才能做到善解人意。否则，只是站在教育者自身或者他人的角度去看待教育对象的思想、心理与行为，则难以做到对教育对象的理解。

2.及时沟通思想情感

所谓及时沟通思想情感，是指在思想政治教育过程中，教育者要根据教育对象思想行为状况尽快进行思想情感的交流。及时沟通思想情感是正确认识和对待教育对象的必要方法。教育对象是有思想、有情感的现实人，其思想情感会随着所处主客观条件的变化而变化。要正确认识和对待教育对象，必须在其思想情感发生变化时，及时与其进行沟通，以掌握其变化的情况，进行必要的疏导。特别是当教育对象出现负面情感时，教育者更应及时与其沟通，进行正面引导。这样不仅有助于全面、客观地认识教育对象，而且能够增进教育者与教育对象的感情，提高教育的实效，还能够将意外事故消灭在萌芽之中。

要做到及时与教育对象沟通思想情感，教育者必须做到：一要掌握沟通方法。与教育对象沟通思想情感，要根据特定环境和教育对象的个性特点，采用适当的方法。沟通的方法主要有话语(谈话、讨论等)沟通、肢体语言沟通、网络沟通等。恰当的方法有助于提高沟通的效率与效果。方法单一或方法选择不当，则会使教育对象产生"走形式、无诚意"的逆反心理，从而影响沟通效果。二要提高沟通技巧。为了保证与教育对象进行思想情感的沟通效果，还要注意运用沟通方法的技巧。比如，在运用谈话沟通法时，就有直截了当和委婉含蓄之分，应该针对教育对象的特点采取相应的方式。又如，在运用肢体语言沟通时，也有眼神、表情、动作等形式，应根据教育对象的特点采用恰当的方式。如果选择沟通方法正确，但缺乏运用技巧，也会出现事倍功半的结果。

3.建立密切交往关系

所谓建立密切交往关系，是指在思想政治教育过程中，教育者与教育对象之间建立无心理距离的关系。与教育对象建立密切交往关系是正确认识和对待教育对象的重要方法。历史唯物主义认为，现实人的实践活动是在一定条件下进行的，人们从事不同的实践活动，形成了生产、经济、政治、思想等交往关系。思想政治教育是教育者和教育对象共同参与的社会实践活动，在活动中两者形成了以思想交往为主的交往关系。管理心理学认为，在管理活动中人们都要介入两种交往关系：一种是公务交往关系，一种是私人交往关系，两种交往关系相互影响、相互作用。良好的私人交往关系会促进公务交往关系的健康发展，良好的公务交往关系有助于私人交往关系的密切和谐。在思想政治教育活动中，教育者与教育对象同样处于两种交往关系中。要正确认识和对待教育对象，教育者首先要与教育对象建立良好的公务交往关系，即客观地认识、尊重教育对象，公平公正地对待教育对象，想方设法为教育对象的发展创造条件，以赢得教育对象的认可与支持。同时，还要与教育对象建立健康的私人交往关系，即得到教育对象的充分信任和无保留地思想倾诉。

密切交往关系的建立，可以促进教育者有效地了解理解教育对象，增进双方的感情，提高思想政治教育的质量。

要做到与教育对象建立密切的交往关系，教育者必须做到：一要增强与教育对象建立密切关系的主动性。在教育者与教育对象这对矛盾中，教育者居矛盾的主要方面，起主导作用。只有教育者首先放下架子，以平等的态度对待和尊重教育对象，努力拉近与教育对象的心理距离，才能与教育对象建立密切的交往关系。否则，教育者高高在上，与教育对象存在心理隔阂，则难以建立密切的交往关系。二要多做"雪中送炭"的工作。俗话说，"感人心者莫过于情"。当教育对象在思想、心理或其他方面遇到问题和困难亟待相助时，教育者能够主动给予关心和鼎力帮助，就会得到教育对象的高度信任而建立密切的关系。如果在教育对象面对困境感到无助时，教育者不能为教育对象排忧解难，则难以建立密切的关系。三要提高自身人格魅力。"打铁还须自身硬"。如果教育者具有坚定的理想信念，高尚的道德情操，勤奋努力工作的态度和较强的业务能力，在教育中处处以身作则，率先垂范，就会得到教育对象的敬佩，对教育对象产生强烈的吸引力，因而能够建立良好的交往关系。否则，教育者不能严格要求自己，言行不一，心口不一，就会丧失人格吸引力，也难以建立密切交往关系。

第四节　思想政治教育的现代化借鉴与发展

一、思想政治教育的现代化借鉴

列宁曾说："只有确切地了解人类全部发展过程所创造的文化，只有对这种文化加以改造，才能建设无产阶级的文化。"[1]在当代社会，思想政治教育要面向世界，吸纳人类文明优秀成果，借鉴西方发达国家在价值观教育上的经验。在理论研究领域，广泛地借鉴相关学科有价值的研究成果，推进思想政治教育科学化。

（一）对西方发达国家有益经验的借鉴

国外特别是发达国家在思想政治教育方面积累了丰富的经验，值得我国思想政治教育借鉴。

1.社会化的思想政治教育方式

西方国家的思想政治教育就是通过诸种不同的社会途径，把西方国家的意识形态渗透到社会之中，力图实现人的社会化，"西方国家间接地或含蓄地教育孩子认识到，政治意识和政治态度是好公民应有的品质"[2]。西方国家采用不同的方式将思想政治教育的内容隐形地嵌入到社会生活中。比如，"美国的社会性思想政治教育工作，是通过宗教、政党活动、社区、家庭等途径来进行的"[3]，"社会教育是美国思想政治教育的基本途径"。在英国，"除了学校，还通过社会途径开展思想政治教育，主要是大众传媒、社会科学研究机构、社区、政党活动等"[4]。"法国的思想政治教育除了学校以外，还有家庭、社区、大众传媒等"[5]。这种发动社会机构、社会

〔1〕《列宁专题文集 论社会主义》，人民出版社，2009 年版，第 394 页。

〔2〕李俊伟：《思想政治工作现代化和科学化》，红旗出版社，2007 年版，第 270 页。

〔3〕陈立思：《当代世界的思想政治教育》，中国人民大学出版社，1999 年版，第 143 页。

〔4〕陈立思：《当代世界的思想政治教育》，中国人民大学出版社，1999 年版，第 157 页。

〔5〕陈立思：《当代世界的思想政治教育》，中国人民大学出版社，1999 年版，第 503 页。

组织等社会力量参与思想政治教育活动的做法值得我们借鉴。

2.保持意识形态教育导向的长期稳定性和连续性

只有坚持长期如一的教育才是有效的教育。西方发达国家十分注重保持思想政治教育的稳定性和连续性。美国宪法自1787年制定至今，宪法的主体仍然保持着当年华盛顿签字的面貌，有意识地保持国家根本大法的面貌，对宪法的修改持严格的态度，修改也只是通过"修正案"的方式。所以美国的大中学生大部分都记得美国宪法的前言和条文，起到了良好的传统教育效果。美国坚持把历届总统的画像一个不少地悬挂在白宫中央大厅的椭圆形的走廊里，以国家最高领导人的稳定积累展示美国资产阶级执政的合法性。法国中学普遍使用的《历史》教科书中，仍然保持着与社会主义国家意识形态的根本分歧，谴责社会主义国家的民主国体。这种把外交关系与意识形态教育分割进行的策略，保持了法国意识形态教育的稳定性和连续性。

（二）对相关学科知识的借鉴

思想政治教育学是以思想政治教育现象与规律为研究对象的学说，如哲学、教育学、社会学、心理学等诸多学科的优秀成果，对思想政治教育具有借鉴作用。思想政治教育的创新发展，也需要借鉴相关学科的最新成果。[1]

下面，我们主要论述思想政治教育学对教育学、心理学、伦理学、社会学以及传播学的借鉴。

1.对教育学和心理学的借鉴

教育学是思想政治教育学理论建设的参照，思想政治教育学的体系、结构、概念，从教育学得到借鉴。教育学的一些原则、方法，特别是教育学的最新成果，有利于促进思想政治教育发展。在思想政治教育研究中，我们可以从心理学借鉴方法，诸如心理健康教育方法、心理咨询方法、心理净化方法等，用以对教育对象的引导，拓展思想政治教育领域与方式。

2.对社会学的借鉴

思想政治教育应当根据社会发展的需要，在把握思想政治教育与社会之间内在关系基础上，借鉴社会学的理论与方法展开以破解现实问题为中

[1]马克思主义哲学为思想政治教育提供世界观与方法论指导。思想政治教育哲学是从哲学层面研究思想政治教育问题，主要揭示思想政治教育一些本源性、基础性命题。对于思想政治教育研究来说，思想政治教育哲学的研究提供了更高、更深的理论成果，可以增进人们对思想政治教育的深刻认识，以及培育了思想政治教育学科的宏观思考。

心的研究，以此推动思想政治教育创新发展。

3.对伦理学的借鉴

伦理学的研究可以帮助思想政治教育认识到人的思想品德发展的基本规律与特点。伦理学的研究，特别是道德理论的每一次推进和更新都能够为思想政治教育发展注入活力。当代伦理学发展，特别是德性伦理学的复兴对思想政治教育具有重要的借鉴意义。

4.对传播学的借鉴

在一定意义上讲，思想政治教育也可视为主导意识形态的传播活动。在现代开放社会，思想政治教育面对的是开放的社会信息环境，传播学的理论与方法对思想政治教育具有重要的借鉴价值。传播学的基本理论，如大众传播理论、受众分析理论、媒介理论等，对分析思想政治教育传播结构、过程，把握受众心理、提升传播效果具有重要的借鉴作用。

（三）对现代管理科学知识的借鉴

现代管理科学发源于西方。随着产业革命和工厂工业的形成发展，19世纪末20世纪初，在西方产生了最初的管理理论。经过100多年的发展，管理科学已形成较为完善的理论体系。管理科学的发展大体经历了四个阶段。

1."古典管理理论"阶段

"古典管理理论"阶段(19世纪末至20世纪20年代)是管理科学发展的第一个阶段。美国的泰勒是古典管理(科学管理)理论的创始人，被西方誉为"科学管理之父"。他于1911年出版的《科学管理原理》标志着古典管理理论的诞生。他主张以科学化、标准化的管理取代经验管理，通过定额管理、计件工资、员工培训、设备及工艺流程标准化等措施激励员工，以提高工效，降低成本。泰勒开创的理性管理模式为日后管理理论的进一步发展奠定了基础。与此同时，法国的法约尔在《工业管理与一般管理》(1916年)一书中分析了管理活动的五要素和企业经营的六种活动，论述了管理的十四条原则等，构建了企业管理理论的基本体系，从而丰富和完善了古典管理理论。古典管理理论的另一代表人物——德国社会学家韦伯的研究则集中体现在组织管理理论方面，他认为只有法定权力才能作为行政组织的基础，才能维系组织的连续和目标的达成。他的行政组织理论对后世产生了深远影响，被誉为"组织理论之父"。

2."行为科学管理理论"阶段

"行为科学管理理论"阶段(20世纪20年代末至20世纪50年代初)是管理科学发展的第二个阶段。行为科学管理理论是在古典管理理论的基础上发展起来的。行为科学发展的前期，以美国的梅奥和罗特利斯伯格的"社会人"理论和"人际关系学说"为代表；后期则以美国的马斯洛和赫茨伯格的"自我实现人"的理论和激励理论为代表。

在梅奥等人奠定的基础上，行为科学在后一阶段的发展，主要集中在以下几个领域。一是有关人的需求、动机和激励的理论，马斯洛的"需求层次论"以及赫茨伯格的"激励因素—保健因素理论"；二是同企业管理有关的"人性"理论，代表性理论是美国的麦格雷戈的"X理论—Y理论"。他把传统的管理理论称作"X理论"，认为这种理论主张对工人以管束和强制为主；他提出以诱导为主，鼓励工人发挥主动性和积极性，称这种管理思想为"Y理论"。他认为两种理论对人性的看法相异，出发点不一样。此外，行为科学还对企业的领导方式进行了研究，形成了一些有影响的研究成果。

3. "管理科学丛林"阶段

"管理科学丛林"阶段(20世纪60年代至20世纪80年代初)是管理科学发展的第三阶段。"第二次世界大战"以后，管理学者先后将运筹学、决策理论、电子计算机技术运用于企业管理，形成了管理科学学派。在此基础上，又产生了社会系统学派，认为只有用系统观点管理企业，才能提高效率，更好地达到目标。在信息时代背景下，以组织管理为特征的新的管理科学理论迅速产生，管理理论新学派林立，争奇斗艳，这就是"管理理论的丛林"阶段。其代表人物美国学者哈罗德·孔茨在《管理理论的丛林》(1961年)和《再论管理理论的丛林》(1980年)等文中，将管理理论划分为11大学派，认为其共同特点是重视决策，重视信息和科学预测，主张以人为企业管理的中心，重视社会心理因素的作用，重视智力投资和智力开发等。管理理论各学派在人性假设上并不一致，有的把人看作"复杂人"，有的则把人看作"决策人"。总之，这一时期的管理理论对以往的管理理论进行了合理的综合，弥补了行为科学的不足，使管理理论得到进一步完善。

4. "企业文化理论"阶段

"企业文化理论"阶段(20世纪80年代至今)是管理科学发展的第四阶段。这一阶段的代表人物是日裔美国学者威廉·大内，他在1981年提出的"Z理论"，主张将集体意识或归属感作为调动人的积极性、主动性、创造性的基本手段。他认为这种管理方式集中体现在日本人的企业中，主张美国应学习日本经验，结合美国特点，形成自己的管理方式。此后，他又在一系列论著中对这一理论进行了系统论述。企业文化理论关注人的精神层面，强调着力营造企业人的共同精神家园，主张将归属感作为调动员工积极性的基本手段，从而大大促进了管理理论的发展。

随着信息革命、知识经济进程加快，新的管理理论如迈克尔·波特的竞争战略理论、迈克·哈默、詹姆斯·钱皮的企业再造理论、彼得·圣吉的学习型组织理论等不断涌现。彼得·圣吉撰写的《第五项修炼——学习型组织的艺术与实务》一书，专注于探究复杂问题更整体而持久的根本解决之道。他将系统动力学简化为适宜推广的系统思考、整合式创新的现代管理理论与技术，认为对待小至一个家庭，大至全球的问题，最重要的事情是克服学习的智障。

二、思想政治教育借鉴与发展案例分析

思想政治教育的发展，是以现代思想政治教育为指向，以传统思想政治教育为参照，通常借鉴国外思想政治教育的经验教训，在思想政治教育观念、体制、内容和方法等方面逐步实现现代化的过程。思想政治教育的发展，必须坚持马克思主义的指导地位，处理好指导思想一元化和社会意识多样化的关系，要提高甄别社会思潮和文化派别中真假、善恶、是非、美丑的能力，推动社会主义文化大繁荣，在继承我党思想政治工作宝贵经验的基础上，需要对思想政治教育的目的、任务、原则、内容方法等诸要素进行现代转化和发展。本章精选的两个案例，"大国之殇——苏联解体回眸"以及"德国为何匆匆弃核？"，从正反两个方面说明了思想政治教育为什么要不断借鉴与发展以及如何借鉴与发展的问题，对于推动思想政治教育的发展，具有重要的启示意义。

案例5-1

大国之殇——苏联解体回眸[1]

1991年8月24日戈尔巴乔夫宣布辞去苏联共产党中央总书记职务。12月21日，11个加盟共和国领导人在阿拉木图签订议定书，决定共同创建"独立国家联合体"，正式宣布"苏维埃社会主义共和国联盟停止存在"。12

〔1〕改编自高放等：《科学社会主义的理论与实践》，北京，中国人民大学出版社，2008；黄苇町：《苏共亡党十年祭》，南昌，江西高校出版社，2002；陆南泉等：《苏联兴亡史论》，北京，人民出版社，2004；李慎明主编：《低谷且听新潮声：21世纪的世界社会主义前景》，北京，社会科学文献出版社，2005；李慎明主编：《(2006年：世界社会主义跟踪研究报告》，北京，社会科学文献出版社，2007；周尚文、叶书宗、王斯德：《苏联兴亡史》，上海，上海人民出版。

月25日，戈尔巴乔夫宣布辞去苏联总统职务。至此，克里姆林宫上空飘扬了70多年的红旗悄然降落，已存在69年之久的世界上第一个社会主义国家解体了。

这个有着93年建党历史、74年执政历史的苏联共产党，怎么会在一夜之间遭遇了这样的命运呢？

1985年3月戈尔巴乔夫当选为苏联共产党中央总书记，他所面对的是已经僵化的苏联模式带来的大量社会矛盾，当时苏联的社会经济已呈现停滞状态。苏联社会总产值50年代平均年增长10%，1976—1980年降为4.2%，1981—1985降为3.6%。国民收入50年代平均年增长10%，70年代上半期降为5.7%，下半期降为4.3%，1981—1984年降为3.5%。经济的停滞使得要求社会改革的声浪频起。从戈尔巴乔夫刚上台时的1985年苏共中央4月全会，经过翌年的苏共第二十七次代表大会，到1987年苏共中央6月全会，这期间提出了根本改革经济管理的必要性，制定了加速发展战略。趁苏联改革之机，西方国家加大了对苏联意识形态方面的渗透。一方面，增强专门对苏东国家广播的"自由电台""自由欧洲电台"以及"美国之音"的宣传攻势，将这些电台的俄语及其他东欧语种节目每周总播音时间增至1097个小时，在播音内容上除传统的意识形态外，还增加了策动东欧国家脱离苏联控制及苏联境内各民族"自决"等内容。同时，通过各种渠道向这些国家输送、散发宣传西方价值观的图书报刊，甚至直接涉足苏联新闻界，如至今仍深具政治影响的《独立报》，就是1990年由法国某报业集团帮助创办的。另外，美苏学者围绕政治改革、经济改革、人权、裁军、对外政策和历史问题等主题举行的"圆桌会议"等风行一时，借以宣传西方关于人权、民主、自由等问题的看法，从而逐渐使"西化"成为戈尔巴乔夫执政时期苏联社会思想的主流。

1987年，戈尔巴乔夫提出了"新思维"执政理念——以"人道的、民主的社会主义"作为指导思想开展改革，受到西方欢迎。同年11月，他应美国出版商的请求，撰写了《改革与新思维》(俄文全名为《改革以及关于我国和全世界的新思维》)，分别用俄文和英文同时出版。戈尔巴乔夫在书中宣称，"新思维"是核时代的政治思维。它不仅是针对核战争和国际政治问题的，而且也是针对苏联国内问题的，是苏联社会主义建设面临急剧转折时期提出来的，其目的在于指导苏联的"改革"。

1988年3月13日，《苏维埃俄罗斯报》发表了列宁格勒工学院女教师尼娜·安德烈耶娃的一封读者来信，题为《我不能放弃原则》。信中尖锐地指出，社会上涌动的一股股所谓"反思历史思潮"，实则是主张全盘西化的逆流。文章提出了当时舆论界许多不正常的现象。

　　这封信即刻在全苏联引发了轩然大波。苏共中央政治局接连两天召开紧急会议商讨对策，制止和反击这股所谓的"反对改革的势力"。结果戈尔巴乔夫将坚持马列主义原则的、原主管意识形态的政治局委员利加乔夫调整为主管农业，取而代之的是中央书记亚历山大·雅科夫列夫。雅科夫列夫曾经长期担任苏联驻加拿大大使，以思想西化著称，在陪同戈尔巴乔夫出访过程中曾与戈尔巴乔夫长时间密谈，深受戈氏赏识。

　　在雅科夫列夫的直接授意下，《真理报》于1988年4月5日发表了反击文章《改革的原则：思维和行动的革命性》，对安德烈耶娃给予了全面反击和打压。由此，已经被撕开裂口的苏共思想和意识形态工作的大堤，急速滑向崩溃的边缘。

　　1989年11月26日，戈尔巴乔夫发表《社会主义思想与革命性改革》一文，提出：要"根本改造整个社会大厦、从经济基础到上层建筑"；主张"三权分立"，强调应保证行政权和立法权的分开以及司法权的独立；论证苏联正在建设的"不仅是人道的社会主义，而且是民主的社会主义"。

　　1990年2月5日至7日，苏联共产党中央举行2月全会，进一步作出了三项决定。一是提出修改宪法，取消1977年宪法第六条关于苏联共产党是苏维埃社会的领导和指导力量的规定。二是准备实行多党制。三是建议实行总统制。2月全会勾画了"人道的、民主的社会主义"政治体制的基本面貌。

　　1990年7月2日至13日，苏联共产党举行第二十八次代表大会，苏联共产党公开分裂为三派：以政治局委员、中央书记利加乔夫为首的"传统派"或"保守派"；以原政治局候补委员、中央书记、莫斯科市委第一书记叶利钦为首的"激进派"或"自由民主派"；以戈尔巴乔夫为首的"中派"或"社会民主派"。

　　三派针锋相对，争论不休。斗争结果是利加乔夫落选，叶利钦宣布退党，戈尔巴乔夫重新当选为中央总书记。大会依照戈氏旨意通过了纲领性声明《走向人道的民主的社会主义》、党章以及其他一系列决议，从而使"人道的、民主的社会主义"形成了比较完整的思想体系。这次大会标志着苏联共产党出现五大变化：一是党的指导思想变了，从科学社会主义转向民主社会主义；二是党的奋斗目标变了，"以在国内建立人道的、民主的社会主义为自己的目标"；三是党的阶级性质变了，提出苏联共产党是"按自愿原则联合苏联公民"的"政治组织"；四是党的地位作用变了，不再讲苏联共产党是"政治体制的核心"和"社会的领导力量"，而是同其他政党、社会政治团体平等竞争的合作伙伴关系；五是党的组织原则变了，允许少数人利用党的舆论工具捍卫自己的不同观点，允许党员"按纲领进行联合"。

苏共二十八大后，国内形势更加危急。大规模的集会和示威此起彼伏；民族分裂主义越闹越凶，联盟国家出现解体危机；有些共和国开始组织自己的军队，非法武装组织越来越多；苏联共产党员大批退党，广大党员对党的前途失去信心。但是面对严重危机，多数群众的政治态度还很鲜明。1991年2月23日，莫斯科30万人举行集会，声明支持国家统一，反对叶利钦之流。3月17日，全苏举行公民投票，76.4％的投票公民赞成保留联盟、保留苏联国名，反对分裂国家。"传统派"据此向戈氏施加强大压力，要求他采取强硬措施稳定局势。戈氏迫于压力，态度有所转变，采取一些稳定局势的措施：一是组成了一个倾向"传统派"的领导班子；二是采取了若干强硬措施，如对不执行上级机关决定的行政机关和官员要绳之以法等等；三是加强了舆论导向；四是公开同以叶利钦为首的"激进派"对抗。但戈尔巴乔夫向"传统派"靠拢只是策略性转变，一到关键时刻，他就后退让步，从倾向"传统派"变为倾向"激进派"，从批评叶利钦变为同叶利钦联手合作。这种变化的标志是1991年4月23日的"9+1"联合声明。

"9+1"联合声明是指由苏联总统戈尔巴乔夫同9个加盟共和国的领导人坐在一起，通过"圆桌会议"形式发表的联合声明。声明规定，在签订新联盟条约后半年内，要通过新宪法，重新选举苏联人民代表、最高苏维埃和总统，建立新的中央政府。这实际上是要推翻合法产生的、任期不到一年的国家最高权力机构。"9+1"联合声明规定，签订的新联盟条约把国家改为"主权共和国联盟"，突出各共和国的"主权"，删去了反映联盟性质的"社会主义"。这意味着苏联将改变国家性质，放弃统一的联盟和背离社会主义。

1991年8月19日，以副总统亚纳耶夫为首的"传统派"宣布组成"国家紧急状态委员会"，国家全部权力在6个月内移交给该委员会行使，史称"8·19"事件。

苏"紧急状态委员会"的公报刚一发布，西方首脑便立即频频磋商，协调立场，一致谴责"8·19"事件违法，甚至威胁若发生暴力，西方将作出反应。在整个事变期间，布什与被包围在白宫内的叶利钦热线电话联系频繁，不断给叶利钦打气，并试图通过叶利钦向当时联系不上的戈尔巴乔夫传达"指示"，让他"同叶利钦并肩在一起"。美还通过"美国之音"向苏联全境传送叶利钦发表的声明和号召，鼓动苏联反共势力和群众抵制"紧急状态委员会"，并利用美驻苏大使馆为据点，向右翼反共力量提供制作政治宣传品所需的复印机、纸张及通信器材等。叶利钦也乘机反击，指出这是"反宪法的政变"，呼吁全国举行总罢工。军队和"克格勃"也不听"紧急状态委员会"的指挥。结果这场事变只持续了三天。亚纳耶夫等4名紧急状态委员会的成员被拘留审查。"紧急状态委员会"最终遭到失败。

"8·19"事件后,形势急转直下,苏联国内掀起了大规模的反共浪潮。叶利钦发布命令,停止俄罗斯共产党活动,没收俄罗斯共产党财产。戈尔巴乔夫为保证自己苏联总统的职位,继续与叶利钦争夺权力,竟又向叶利钦的反共举措让步,于8月24日宣布辞去苏联共产党中央总书记职务,并要苏联共产党中央"自行解散"。次日,苏共中央书记处发表声明,宣布接受自行解散中央的决定。随后,《真理报》等苏联共产党报刊被停止出版,苏联共产党中央大楼被查封,苏联共产党档案被接收。各共和国的共产党也被禁止活动,某些领导人甚至被追捕。

此后不到4个月,苏维埃社会主义共和国联盟解体,戈尔巴乔夫宣布辞去苏联总统职务,一个时代的历史帷幕悄然落下。

第六章

思想政治教育的管理、评估及反馈

第一节　思想政治教育的管理系统

思想政治教育目标的实现和运行效率的提升，都需要系统而有序的管理，需要从管理体制、管理制度和管理机制方面进行建设。

一、思想政治教育的管理

（一）思想政治教育管理的内涵

思想政治教育作为一项社会实践活动，包括思想政治教育者、思想政治教育对象、思想政治教育目标、思想政治教育内容等要素。在思想政治教育运行过程中，需要对这些要素进行有效管理和评估，以优化思想政治教育运行系统和提高思想政治教育的有效性。

思想政治教育管理是推动思想政治教育有效运行的重要途径，其过程是通过一定的方式协调思想政治教育系统的各个要素，主要包括思想政治教育管理的内容、原则和发展。

1.管理与思想政治教育管理

思想政治教育管理既与一般管理具有共性，又因思想政治教育的特点，在内涵和内容上呈现出差异性。

（1）管理的一般内涵

在管理学视域里，管理是管理者通过一定的方式协调各种关系，有效使用和调整人力、物力、财力等管理资源，实现组织目标的过程，管理实践过程中的基本要素如图6-1所示。

（2）思想政治教育管理的含义

思想政治教育管理是管理者在遵循思想政治教育规律的过程中，通过一定的规范与措施，协调思想政治教育活动中的各种要素并进行有效配置，以实现思想政治教育目标的过程。把握这一概念，要与思想政治教育的其他概念相区别（表6-1）：

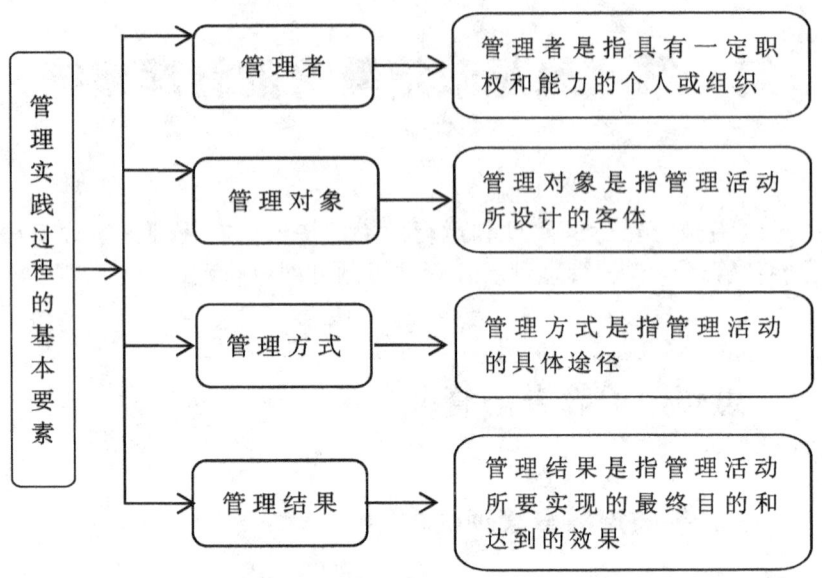

图6-1 管理实践过程的基本要素

表6-1 思想政治教育管理与思想政治教育活动的区别

概念　　区别	范畴	方法
思想政治教育管理	思想政治教育管理的对象是思想政治教育系统中的所有要素，包括思想政治教育者、教育对象、目标、内容等基本要素。	思想政治教育活动的对象是思想政治教育客体。
思想政治教育活动	思想政治教育管理包括制度管理、奖惩管理、行政管理、教育管理等方法	思想政治教育活动主要是通过民主、说服教育、引导沟通等方法来实现。

　　思想政治教育管理，是社会管理活动的一种特殊形式，它既有管理活动的一般特征，又蕴含着思想政治教育的特殊要求（图6-2）。

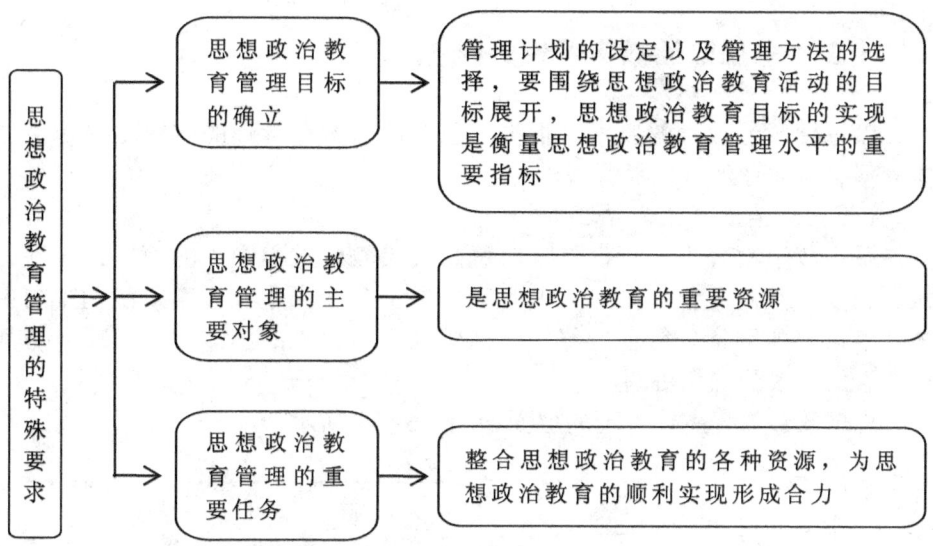

图6-2　思想政治教育管理的特殊要求

2.思想政治教育管理的构成要素

思想政治教育管理包括管理者、管理对象、管理方式、管理结果等基本要素（图6-3）。

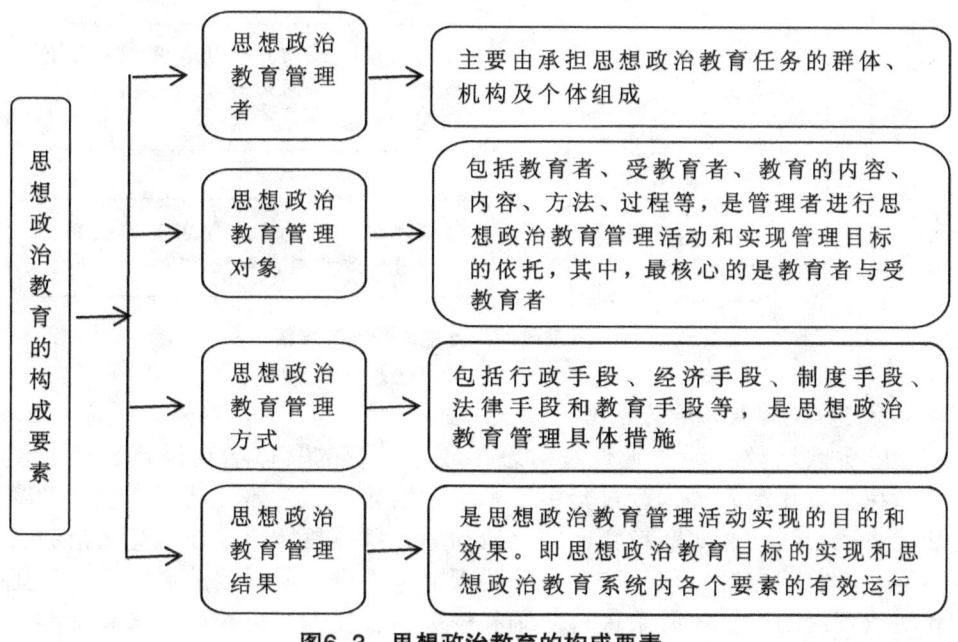

图6-3　思想政治教育的构成要素

（二）思想政治教育管理的内容

以思想政治教育的要素为根据，思想政治教育管理的内容主要包括主体管理、活动管理和过程管理。

1.思想政治教育主体管理

思想政治教育主体管理是指对思想政治教育过程中人的管理，管理的核心、要素和对象都指向对人的管理，要义在于人是社会实践活动中的主体和最重要的因素。管理的终极指向即在于激发人的主体性，实现人与其他要素的有效配置和协调。

思想政治教育主体管理的层面如图（6-4）所示。

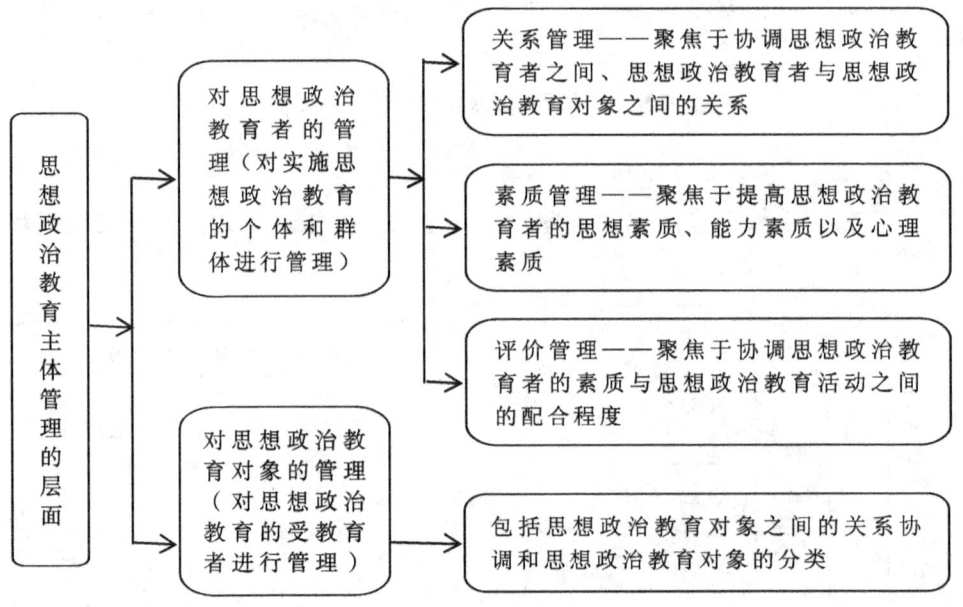

图6-4　思想政治教育主体管理的层面

2.思想政治教育活动管理

思想政治教育活动管理是对思想政治教育的具体活动进行调整和规范。在思想政治教育运行过程中，思想政治教育的具体活动形式包括教育活动、社会活动、实践教育、文化活动等，每一具体活动在思想政治教育主体、对象、内容、载体、方法等要素上呈现出差异，因此需要根据思想政治教育活动的具体要素进行协调和规范，主要是对思想政治教育活动中的程序、环节、参与活动的人、活动效果、活动的具体形式等进行调节。例如，思想政治教育的实践活动管理，首先需要确立实践活动的具体目标、载体、活动流程、实施方式等，并对实践活动的具体效果进行反馈和评估。

3.思想政治教育过程管理

思想政治教育过程管理是对思想政治教育的认识过程、实施过程、反馈过程及其参与运行诸要素的协调和指导。

首先，思想政治教育运行的过程管理。思想政治教育运行过程包括认识过程、实施过程、反馈过程三个阶段，每一阶段都蕴含思想政治教育的基本要素和环节，它们推动着思想政治教育过程的进程，因此，需要对思想政治教育过程进行有效调控。这一管理，一是聚焦于思想政治教育认识、实施和反馈三个阶段的顺利衔接；二是分别推进各个阶段的具体运行。例如，思想政治教育的"内化"是教育者引导受教育者将社会所要求的政治、思想、道德，转化为内在思想，在这一阶段需要对思想政治教育对象和能够成为思想政治教育内容的"文本"进行有效管理。

其次，思想政治教育运行的要素管理。参与思想政治教育运行的主要要素包括思想政治教育者、教育对象、教育内容、教育环境和教育方法。对这些要素进行管理，一是形成各个要素之间的配合与协调，以推动思想政治教育对象知、情、意、信、行的转化。如网络环境中的色情、暴力、凶杀等消极、诱惑信息与个体的正确价值观形成冲突，冲击学校思想政治教育的效果，因此需要通过网络环境管理使其与思想政治教育内容相一致。二是合理运用思想政治教育具体要素，使其能够有效参与思想政治教育的运行。思想政治教育某一具体要素的参与程度受到其他要素的制约。

最后，思想政治教育运行的评价管理。思想政治教育运行的评价管理包括思想政治教育评价标准、评价对象、评价方式等，对这些评价要素的管理不仅直接影响思想政治教育的价值实现和判断，而且影响下一次思想政治教育具体活动的展开。例如，思想政治教育评价标准具有客观性和稳定性，但特定环境所蕴含的价值观念构成了教育者实施评价的不同认识，从而影响评价效果。尤其是当这种不同认识与评价标准不一致甚至相抵触时，将直接影响思想政治教育评价的合理性和准确性。再如，思想政治教育运行的评价对象包括思想政治教育者和思想政治教育对象，二者的具体评价方式不同，前者着眼于素质、胜任力和活动效果，后者着眼于思想素质和知行统一。因此需要对这些评价要素进行多样化的分层管理。

（三）思想政治教育管理的原则

思想政治教育管理原则是思想政治教育管理活动必须遵循的规范或准则。在思想政治教育管理活动中，思想教育与管理育人相结合、规范约束与自我管理相结合、系统管理与单项管理相结合，是思想政治教育管理活动有序运行的基本原则。

1.思想教育与管理育人相结合

思想政治教育管理是以人为中心的人本管理，其最终指向的是人的思想和行为的养成。因此，在思想政治教育管理过程中，需要将管理育人与思想教育相结合，形成制度管理与人文管理的合力。制度、法律、规章等是硬性管理，着眼于人的行为规范的养成，思想教育是柔性的软约束，着眼于通过说服引导的方式激发人的积极性和内在动力，在自觉自愿的基础上实现自主管理。例如，大学生思想政治教育中"教书育人、服务育人和管理育人"，即是高校思想教育与管理育人相结合的集中体现。

2.规范约束与自我管理相结合

在思想政治教育管理过程中，规范约束是通过规章制度约束思想政治教育的教育者与受教育者的行为和思想政治教育的运行，以保证思想政治教育运行的有序性和稳定性。但规章制度的强制性和惩罚性是管理的外在性制约，仅有这种外在性管理是不够的，还需要受教育者自觉遵循规章制度，实行自我管理，因此，需要将规范约束与自我管理结合起来。自我管理着眼于激发思想政治教育主体的主观能动性，使思想政治教育管理内化为主体自身需要，并推动思想政治教育主体对规范约束的认同和支持。2004年，中共中央、国务院颁发的《关于进一步加强和改进大学生思想政治教育的意见》，在"加强和改进大学生思想政治教育的基本原则"中指出："坚持教育与自我教育相结合，既要充分发挥学校教师、党团组织的教育引导作用，又要充分调动大学生的积极性和主动性，引导他们自我教育、自我管理、自我服务。"

3.系统管理与单项管理相结合

思想政治教育管理是一个有机系统，它是由诸多管理条文、制度、规章组成的，这种系统性不是管理对象、管理方式、管理者等某一个要素的简单相加，而是协调规范各个要素的体系。因此思想政治教育管理过程首先是各个要素之间相互协调和整体效果的最大化。另一方面，思想政治教育管理系统内部在纵向上具有层次性，例如决策层、执行层和操作层，各层次的管理对象和管理幅度应与其层次的实际相适应。因此需要对各个层次及其要素实行单项管理，以实现单项要素的最优化。

（四）思想政治教育管理的发展

思想政治教育管理的发展是指思想政治教育管理在理念、方式、内容、对象等要素层面的现代化过程，发展的前提是思想政治教育活动、社会环境和思想政治教育人员等的不断发展变化。思想政治教育管理的发展包含两层含义：一是思想政治教育管理从传统向现代的转变，二是思想政治教育管理的现代发展。

1.思想政治教育管理发展的机遇与挑战

思想政治教育管理的发展具有深刻的现实依据，它呈现出开放性、现代化和科学技术相互交织的图景。这一图景给思想政治教育管理发展提出机遇和挑战（表6-2）。

表6-2　推动思想政治教育发展的两大要素

推动思想政治教育发展的两大要素	具体阐释
人的现代化推动思想政治教育管理模式发展	思想政治教育的管理者是人，人在现代化进程中呈现为从"传统人"向现代人的转变，即人的现代化。这就要求思想政治管理需要由过去的"管制"和训导式的单向度管理模式向"自我管理"模式转化，充分发挥集体管理和思想政治教育对象的自主性。
互联网和信息技术迅速发展推动思想政治教育管理创新	互联网络为思想政治教育营造了新的网络空间。这个空间的运行方式、对象、效果等方面与现实物理空间的思想政治教育不同，这就要求思想政治教育管理对象要提高自身的自我组织和自我管理能力。

2.思想政治教育管理观念的发展

思想政治教育管理观念的发展主要是指管理思维从传统向现代的发展，这种思维方式的发展集中体现为从物的管理向人的管理转变、从单一管理向综合管理转变、从重复性管理向创新性管理转变。

（1）由重物的管理向重人的管理转变

有些单位思想政治教育管理，往往重视有形资源管理，例如重视思想政治教育环境要素的管理、思想政治教育场地的管理等。这种管理模式的优势在于易于控制管理过程，但容易陷入见"物"不见"人"的状态。而现代管理理论强调人既是管理的主体又是管理的客体。因此，思想政治教育管理，应将人置于思想政治教育管理过程的核心地位，坚持管理过程中教育人、鼓舞人与尊重人、理解人、关心人相结合，进行富有人文精神的柔性管理。这种以人为核心的管理模式不仅能激发人的内在动力，而且能促进管理对象在自觉自愿的基础上实现自主管理。

（2）从单一管理向综合管理转变

有些部门的思想政治教育管理，重视单一要素管理，这种管理的优势在于容易聚焦管理重点，但缺陷是容易割裂思想政治教育管理过程中各个要素及与外部系统之间的关联性，陷入"头痛医头、脚痛医脚"的误区。因此，思想政治教育管理强调管理要素之间的互动关联，注重各个要素之间不断发生着信息和能量的流动和转换。例如，对于思想政治教育管理者和管理对象而言，只有双方形成良好互动和共同为实现思想政治教育目标努力时，思想政治教育管理的效果才能实现。

（3）从重复性管理向创新性管理转变

传统思想政治教育管理对象，在价值观、思维方式、行为方式上往往表现为稳定性和单一性，思想政治教育管理者可以凭借个人经验满足思想政治教育管理的需要。相比而言，现代社会生活方式、社会组织形式等日趋多样、复杂，思想政治教育管理者和管理对象的独立性、选择性明显增强，单一的管理模式无法适应不同的思想政治教育管理对象的需求，这就要求从思想政治教育管理的传统经验模式，转化到具有多样性、层次性、开放性的思想政治教育管理模式。

二、思想政治教育管理的体制

思想政治教育管理体制，是指在思想政治教育活动中，对各类管理者在组织结构、权责归属以及合作方式等方面进行的制度化安排。思想政治教育管理体制主要包括以下两种模式：

（一）基层单位的思想政治教育管理模式

在思想政治教育发展的早期阶段，由于受思想政治教育工作领域的限制，通常采取以具体单位为主进行思想政治教育管理。中国共产党把党支部建立在连上的优秀传统，就是这种思想政治教育管理模式的典型。在这样的管理模式下，业务工作、行政管理与思想政治教育管理是统合的。

（二）以集成管理为主的思想政治教育管理模式

在单位的受教育者的数量达到一定规模，特别是受教育者群体是思想政治教育重点的单位，为了加强思想政治教育的统一领导和管理，形成思想政治教育的合力效应，需要专门设置思想政治教育管理机构，如成立党委宣传部、高校学生处等。这些专门的思想政治教育管理机构负责思想政治教育对象的政治理论学习、党团组织建设和日常思想政治教育。这种各个部门都要管的模式，就是集成管理的综合管理模式。

三、思想政治教育管理的制度

思想政治教育管理的高效、有序运行，需要合理的制度保障。良好的制度安排不仅能够增强思想政治教育管理活动的稳定性，也能有效提升思想政治教育管理的规约力。

（一）集体学习与形势政策教育制度

集体学习与形势政策教育制度，是思想政治教育者有组织、有计划、有目的地将党和国家的路线、方针政策、治国方略、改革思路等方面的最新理论成果和实践经验，进行学习、宣讲和阐释，旨在让广大受教育者及时获悉党和国家关于经济发展与国家建设、民生改善与文化繁荣、社会治理与对外策略等方面的基本立场和具体措施，帮助他们把个人发展与国家发展结合起来。开展群众性的精神文明建设活动，进行各种形式的爱国主义教育，结合实际培育和践行社会主义核心价值观等，只有坚持集体学习与形势政策教育的制度，才能得到落实和保证。

如何根据世情、国情和党情的发展变化，在总结集体学习与形势政策教育制度管理经验的同时，创新集体学习与形势政策教育方式，则是坚持集体学习与形势政策教育制度的重要课题。

（二）党团组织活动与民主生活制度

党团组织活动与民主生活制度是党团组织对党员、团员进行教育和管理的一项重要制度。党团组织活动是党团组织内部实现思想政治教育管理有序化的重要环节；是凝聚思想共识、实现信息沟通、保持组织活力的有效形式。广大共产党员、共青团员通过参与党团组织活动，一是明确自己肩负的政治使命，二是增进党员、团员之间的相互学习与交流，提高自身的思想道德素质。

民主生活制度是中国共产党思想政治教育的又一宝贵经验。民主生活制度的运行，一是及时将思想觉悟高、能力素质强的优秀人员吸纳到党组织中来，充实党组织力量，丰富民主生活内容；二是党组织内部开展批评与自我批评，为党内民主和思想政治教育提供平台。党团民主生活制度，是开展思想政治教育、发挥批评与自我批评作用的有效保证。

（三）文化活动与文化建设制度

文化活动与文化建设，能够为思想政治教育管理创造良好的文化环境，将主导价值观与思想政治教育管理目标相衔接，从而把思想政治教育的刚性管理转化为人文熏陶，让教育对象主动参与思想政治教育活动，因而是思想政治教育管理的重要载体。在以文化活动的形式推进育人活动时，应该坚持"以文化人、以理服人、以情感人"的统一原则，将文化活动的思想性与艺术性相结合，既要避免为了吸引教育对象参与而将文化活动过度娱乐化甚至庸俗化，也要反对将思想政治教育活动变成用文化外衣包裹的"说教"。而是要体现文化活动的特性，结合思想政治教育管理的特殊要求，用教育对象熟悉而乐于接受的方式，推进文化活动与文化建设的制度化运行。

（四）思想政治教育管理对象自我教育与自我管理制度

思想政治教育管理的目标是要启发人们的自我教育意识，养成自我管理的习惯，进而推动思想政治教育的有效运行。首先，要将思想政治教育管理与群众的日常工作、生活实际相对接，在管理理念和方法上改变"硬约束"运行模式，准确把握思想政治教育的应然要求与实然需求之间的契合点。其次，在思想政治教育管理过程中应尊重群众的主体性，探寻群众自教与他教、自律与他律之间的和谐运行路径。

四、思想政治教育管理机制

思想政治教育管理机制（图6-5）是思想政治教育管理制度运行的具体体现。

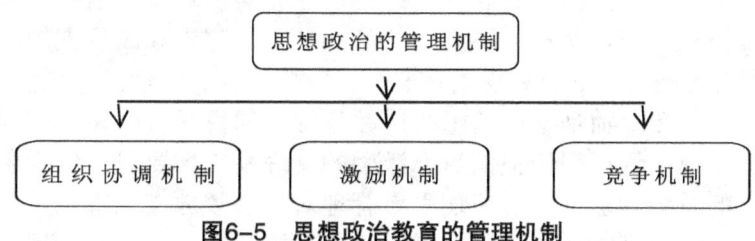

图6-5　思想政治教育的管理机制

（一）组织协调机制

思想政治教育管理包括管理者、管理对象、管理方式等诸多要素，这些要素之间需要相互配合与协调。如思想政治教育的环境管理，可以运用规章制度的硬约束予以保障，网络立法即是通过法规管理思想政治教育的网络环境；思想政治教育的队伍管理则需要把制度管理与柔性管理方式相结合。因此，思想政治教育环境是思想政治教育管理的重要内容，通过调整和优化环境要素，发挥环境育人的作用，对思想政治教育运行将产生正强化作用。

（二）竞争机制

思想政治教育管理系统运行，除了需要正确的决策和可靠的制度保障外，同样需要引入竞争机制。竞争可以增强思想政治教育管理的动力，优化管理结构，从而使思想政治教育管理队伍及成员保持生机与活力。一是要从各管理部门的实际着手，形成管理者"能进能出，能高能低"的竞争机制和职业准入制度。二是在强化思想政治教育管理岗位聘任规范化的前提下，建立"按需设岗，公开招聘，竞争上岗，聘约管理，从严考核"的岗位聘任制度。三是坚持科学设岗，平等竞争，择优聘用，建设一支高素质的思想政治教育管理队伍。

（三）激励机制

思想政治教育管理中的激励机制是运用奖励与惩罚方式，激发人的积极性和主动性，并设置明确而有意义的目标对行为进行导向。当前思想政治教育管理中运用的激励机制，主要有关怀激励、目标激励和榜样激励。

第一，关怀激励是对人们的生活境遇、发展前途给予关怀、理解、信任和肯定，为他们创设有利于发挥能动性和实现自身价值的平台，努力做到"以情感人"。这种关怀激励的基础是充分尊重和满足人的需要，同时，这种关怀的内容涉及从物质、事业到精神的多个层面。

第二，目标激励是指以思想政治教育管理的目标，引导人们的思想和行为转变。现代管理理论强调目标激励的管理模式，要以工作为主线和以人为中心的系统管理，有意识地引导管理对象高效地实现组织和个人的目标。思想政治教育管理通过目标激励机制，能够把命令式的管理转化为人们为实现管理目标的自觉行动，把思想政治教育管理过程中的"人"培养为目标的制定者和目标执行者。通过目标激励，还能及时调整思想政治教育的运行过程。

第三，榜样激励发挥效能的关键在于为人们提供榜样的感化作用，当看到别人成功的行为受到表扬与肯定，就会加强作出同样行为的倾向；反之，看到他人的某种行为受到惩罚，则会告诫自己避免类似的行为发生。

第二节　思想政治教育的评估

思想政治教育评估是思想政治教育的重要组成部分，它直接影响思想政治教育各个环节的信息反馈、教育活动的调整。

一、思想政治教育评估的作用

思想政治教育评估，是指评估体系中的各个要素之间的相互配合所发挥的效果，主要表现为导向作用、鉴定作用、激励作用、选拔作用和咨询作用。

（一）导向作用

思想政治教育的评估是对思想政治教育实现其功能和价值的判断。这种价值判断自身就蕴含评价标准的判定和价值方向的引导，通过对活动方向作出认定，对教育效果作出价值判断，以防止思想政治教育方向的偏离和教育过程的失序，从而使思想政治教育运行方向和活动过程始终按照教育目标来运行。

（二）鉴定作用

在思想政治教育过程中，评估的鉴定作用主要体现在对思想政治教育目标实现状况的鉴定。思想政治教育目标是思想政治教育活动在未来一定时期内所要达到的预期，教育活动要围绕目标以及依据目标而制订的计划来开展，教育内容的筛选、教育过程的运行、教育方法的整合、教育方案的设计、教育情境的设置，都要围绕教育目标展开。这些环节只有与教育目标保持一致并为之服务，才能实现思想政治教育的有效性。而思想政治教育评估，就是通过具体指标体系对这些环节进行鉴定，评判其运行方式与作用。

（三）激励作用

思想政治教育评估是对评估对象作出的价值判断，通过评估使思想政治教育活动主体对思想政治教育活动进行反馈并及时进行调整。一方面，思想政治教育评估具有"正激励"作用，即通过对评估对象的实践活动及其效果的肯定，进一步激发其主动性；另一方面，思想政治教育评估也具有"负激励"作用，评估不合格或者效果较差的评估对象，使其认识到差距并促进其改进。

（四）选拔作用

选拔作用是指思想政治教育评估为思想政治教育者进行业绩考评、职务晋升等，以作为人才选拔和使用的依据。选拔是按照一定的条件进行挑选，挑选活动一般是依据评价进行的。从另一个角度看，以评估为基础的选拔活动，也起到了激励和鞭策的作用，有利于思想政治教育活动的开展和经验的推广。

（五）咨询作用

咨询作用是指思想政治教育评估通过对教育系统活动过程中的各个环节的运行状况与效果信息的及时收集、整理和分析，为科学决策和领导管理提供客观、可信的信息，以便思想政治教育者作出科学决策。

二、思想政治教育评估的特点

思想政治教育评估的特点是思想政治教育评估特殊存在和运行方式的本质体现。具体而言，主要表现为宏观评估和微观评估的结合、单项评估与综合评估的统一、显性评估与隐性评估的辩证、动态评估和静态评估的统一。

（一）宏观评估和微观评估的结合

思想政治教育的微观评估是对某一特定的思想政治教育过程进行评估，这种评估一般是针对特定的教育活动的评估，也是思想政治教育评估中使用较为广泛的评估方式。如学校思想政治理论课的考试评估，就是从学生的视角，运用反馈的方式对思想政治理论课的教学活动进行评价。再如，思想政治教育的实践教育，一般使用调查问卷、访谈、答辩等形式，对该活动的效果进行评估，这种评估一般是总体的、全面的。如邓小平在1989年时曾对思想政治教育进行评价："我们最近十年的发展是很好的。我们最大的失误是在教育方面，思想政治工作薄弱了，教育发展不够。我们经过冷静考虑，认为这方面的失误比通货膨胀等问题更大。"[1]这是对改革开放之后一段时间思想政治教育的宏观评价。这一宏观评价，既充分肯定了思想政治教育的重要作用，又对进一步加强思想政治教育具有指导

---

[1]《邓小平文选》第3卷，人民出版社，1993年版，第290页。

作用。因此，思想政治教育评估的首要特点就是宏观和微观的结合，这既体现思想政治教育评估的方向性，又体现了评估的操作性。

（二）单项评估与综合评估的统一

思想政治教育评估需要把单项评估与综合评估相统一，既要注重单项指标的完成情况，也要注重整体的综合效果。

单项评估是某一具体活动的某一方面的评价，多以量化评价为主。例如，学校查阅或运用思想政治理论课的试卷考查方式，评估思想政治理论课的效果，考查学生对教育内容的掌握情况。单项评估依据评估指标体系的不同，大致可以分为两种类型：一是从认知、情感、意志、信念和行为等方面，分别评价教育对象思想品德形成发展的具体环节与效果；二是从教育内容方面进行的单项评估，如将思想、政治、道德、法律和心理等具体内容作为评估对象。

思想政治教育的综合评估是用一般性的思想政治教育衡量标准对具体的活动进行评估。即把思想政治教育作为综合总体，用统一的标准来衡量各个具体的教育活动。综合性评估更侧重于总体效果，而非某一单项的状况。所以，单项评估是综合评估的基础，综合评估是单项评估的目的。

（三）显性评估与隐性评估的辩证

思想政治教育评估的对象不仅是思想和道德的认知，而且是情感和行为的养成，因此评估具有显性和隐性辩证统一的特点。显性评估的方式着眼于认知类型和行为类型的教育，隐性评估的方法着眼于思想类型和品德类型的教育。思想政治教育的显性评估对于调动教育者与受教育者的积极性以及反馈的指向性，具有重要的现实意义。但这种评估的作用难以充分体现思想的塑造与改造的效果。其原因在于，人们的情感与行为养成具有长期性，一次性的思想政治教育活动无法完成人的知、情、意、信、行的转变，为此需要采用隐性评估的方式。例如，社会主义核心价值观教育，就需要把显性评估和隐性评估结合起来。对社会主义核心价值观，需要有一个认知的过程，不仅要使教育对象认识到价值观之内涵，进行社会主义核心价值观的培育，而且需要转化为个体的情感和行为。对社会主义核心价值观教育的评估，不能单纯以是否掌握了核心价值观的具体内容为标准，更重要的在于是否入心入脑和实践。

（四）动态评估和静态评估的统一

思想政治教育既是某一具体的教育实施过程，又是由多次具体活动构成的系统，因此评估需要把静态和动态统一起来。思想政治教育的静态评估，是对一定时空条件下的思想政治教育活动、教育效果及条件因素的评估。动态评估是在一定序列上的时间空间中，对思想政治教育活动、教育效果及条件的评估。坚持动态、静态相结合，既要着眼于思想政治教育各项构成要素在评估活动某一阶段中的相对稳定性，又要着眼于思想政治教育所能达到的程度和发展的趋势。以社会主义核心价值观教育评估为例，"青年的价值取向决定了未来整个社会的价值取向，而青年又处在价值观形成和确立的时期，抓好这一时期的价值观养成十分重要。这就像穿衣服扣扣子一样，如果第一粒扣子扣错了，剩余的扣子都会扣错。"[1] 因此，"扣扣子"的比喻，生动地说明思想政治教育评估需要静态和动态结合。既要看到第一粒扣子的确定性和静态性，又要看到它对之后所有扣子影响的动态性，从青年及其社会影响两个维度进行评估。从青年的维度看，青年价值观现状是静态的，青年价值观教育是动态的；从社会影响维度看，青年价值观教育是静态的，对社会的影响是动态的。

三、思想政治教育评估的实施

思想政治教育评估的实施，就是思想政治教育评估的实现过程，主要包括实施原则、实施环节和实施方法。

（一）思想政治教育评估的原则

思想政治教育评估的原则，是进行思想政治教育评估的遵循，体现思想政治教育评估的普遍意义与思想政治教育的规律性。具体来说，评估要坚持实事求是的原则、系统性原则、定量与定性相结合的原则（表6-2）。

---

[1]《习近平谈治国理政》，外文出版社，2014年版，第172页。

表6-2　思想政治教育评估的原则

思想政治教育评估的原则	具体阐释
实事求是原则	要以思想政治教育活动自身的具体情况为依托，把握思想政治教育材料，用客观的标准进行比较、鉴别，透过繁杂的现象把握思想政治教育活动的本质，作出符合现实的评估结论。实事求是的评估原则，要体现在具体的评估方法之中。思想政治教育评估首先要认清思想政治教育的现象，并通过去粗取精、去伪存真、由此及彼、由表及里的认识方法，把握思想政治教育的本质。然后，才能通过联系具体的教育实际，进行有效的评估。
系统性原则	从纵向来看，坚持评估的系统性，就是要坚持思想政治教育评估的整体性和层次性。要重视思想政治教育某一部分、某一环节的评估，但层次要服从整体，没有整体就没有层次，就没有系统性。从横向来看，坚持评估的系统性，就是既要坚持不同类型思想政治教育评估的连续性，又要坚持思想政治教育评估阶段的连续性。一次评估的结果，不代表评估的完结，而是下次评估活动的开始和为新的思想政治教育活动做准备。
定性与定量相结合的原则	思想政治教育的定性评估，是通过把握评估对象的整体和性质，获得对某一具体思想政治教育活动效果的性质判断。思想政治教育的定量评估，是运用量化的形式，通过对评估对象表现出来的一些可以量化的关系进行整理分析，从量上，即范围、程度、数量上，对某一特定评估对象进行判断。如政治理论教育、形势政策学习等，可以用时间多少、参与人数、进行的次数等量化的方式进行评估。定性评估侧重于思想政治教育的性质评估，如效果的好与坏，影响的积极与消极，作用的正面与负面等。榜样示范、典型观摩、参观爱国主义教育基地、开展各种纪念日活动等方面的评估教育，既可定性评估，也可适当定量评估。思想政治教育的评估是定性与定量的有机结合。

（二）思想政治教育评估的环节

　　思想政治教育评估的环节是思想政治教育活动展开的具体步骤，主要包括思想政治教育评估指标体系及权重系数的设计、组织评估过程、汇集评估情况和处理评估结果等，具体论述如表6-3所示。

表6-3　思想政治教育评估的环节

思想政治教育评估的环节	具体内容
设计思想政治教育评估指标体系及权重系数	1.确定评估目标。思想政治教育评估领导决策机构决定了评估目标，为指标体系设计规定了方向和范围。这一步骤是指标体系设计的基础。
	2.分解目标。分析评估目标所要表达的意思，并根据评估指标及其体系的特征与设计要求，将这些内容逐级分解，最后初步形成指标体系的草案。
	3.选择权重确定方法。权重是表明指标相对重要程度的参数，体现了各项指标的相互关系。主要运用特尔菲法、层次分析法和主观经验法。
	4.编制评估软件。即依据软件的实用性，对已经作出的草案进行调试。
	5.完善评估指标体系。通过对以上步骤的整理，最终形成一个完整的评估指标体系。
组织思想政治教育评估过程	1.领导决策机构的组件与人员的配置。主要是指政府、公司、学校和企业等单位中一定层次的领导决策者及其委托决策咨询部门或评估委员会。
	2.评估管理机构的组件与人员的配置。评估管理组织为评估活动的正常开展提供了组织支持，主要任务包括评估计划组织、评估组织管理、评估调控管理和评估信息反馈管理等。
	3.思想政治教育评估操作组织的构建。配置评估设计组织和人员，完成评估指标体系设计、评估专业方法设计和评估软件设计等任务；配置评估执行组织和人员，负责评估信息的收集和对评估对象进行打分。
汇集思想政治教育评估情况	1.搜集思想政治教育评估信息。评估操作组织和评估信息处理人员依据评估的目标、任务，按照评估指标体系的要求，运用相对合理的方法技术，有目的、有计划地获取有关评估对象的真实信息。
	2.整理评估信息。对评估信息和相关材料按照评估指标体系进行汇总、处理，填入相关的统计表格。
	3.根据评估信息、资料进行具体指标打分。
	4.统计各项指标得分结果。将评估专家返还的评估指标得分进行分类和统计，填入相应的评估表格，作好评估软件执行的数据准备工作。
	5.执行评估软件，进行具体评估。由评估信息处理人员执行评估软件，得出评估结论。
处理思想政治教育评估的结果	思想政治教育的评估结果主要包括评估对象的各种结论性意见和评估方案实施情况的总结性意见。处理评估结果，不仅需要审核评估结论的信度和效度；而且还要将这些处理意见应用于思想政治教育评估的实践，并丰富思想政治教育评估的理论研究。具体程序为：1.审核评估质量，编写评估报告；2.向有关部门反馈评估报告，公布评估结果；3.文件归档，完成评估活动，开始进入下一次评估的流程。

（三）思想政治教育评估的方法

其一，比较评估法和达度(标)评估法。比较评估法是一系列的运用不同的方式把特定主体的思想政治教育效果与他人相比较的方法的总称。比较评估表面上是教育者的工作绩效对比，其实质是思想政治教育效果的比较。通常采用的具体方法为：排序法；强制分级法，评估者按照一定比例将思想政治教育者分成不同的等级；要点分配法，评估者把固定的要点分配在一群教育者之间，优秀的业绩多得要点，拙劣者少得要点；成对比较法；关键性事件法，收集教育者的关键性事件，对其优秀表现和不良表现进行书面记录，形成考核资料；行为等级法，对教育者最优秀和最差劣的表现行为进行等级性量化；达度评估法，也叫达标评估法。达标评估法可以使绩效评估人员从管理者变成促进者，通过协同员工制订和完善思想政治教育工作计划，把教育者与思想政治教育事业有机地结合起来，它还使教育者从评估的消极旁观者转化成参与评估的积极主体。其实，在实际的思想政治教育评估实践中，很少单独使用一种方法进行评估，而是将各类绩效考评综合起来，以便提高思想政治教育评估的客观性和可信度。

其二，群体评估法和个体评估法。群体评估和个体评估是依据不同的评估主体而开展的评估方法。群体评估法是具有一定资格成员组成的群体，有安排、有计划地对思想政治教育活动进行评估的方法。群体评估法中的"群体"必须具有以下条件：一是具有资格的成员组成的特定组织；二是具有共同的固定的思想政治教育活动的评估；三是评估成员能够胜任评估的能力；四是成员之间的学习交流和互动。个体评估法是个体作为评估主体的评估方法。它可以是某个人对自身所接受的思想政治教育效果进行评价的方法，也可以是某个专家对其他人的思想政治教育进行评估。当然，在具体的思想政治教育评估中，要根据具体情况，选择使用群体评估或个体评估，可以是以某一评估为主，兼用另一方法。

其三，自我评估法和他人评估法。从事思想政治教育活动的教育者，在某一具体活动结束后，都会参照教育目标，对教育活动过程和教育结果进行反思，对教育活动作出评价。主要包括两种类型：一是教育者对施教过程或者施教效果的自我评价；二是教育对象对接受过程或者接受效果的自我评价。其实，这两种评价都是针对同一活动而进行的。他人评估法是思想政治教育评估常用的方法。实际上，思想政治教育是一种特殊的实践活动，在这个教育活动中，个人和社会有机地统一起来。例如苏霍姆林斯基讲青少年教育时说道，人只有处理好人与人的关系，才能最终使自己受教育。"每个人在少年期和青年早期就应教育别人，为别人的利益和幸福贡献自己的力量。我们有这样一条教育信念：如果一个人不教育任何人，不关心任何人，不保护也不爱护任何人，不往别人的心灵倾注自己的点滴心血，那么，他本人也就不能成为一个有教养的人"。自我教育和教育的统一性，决定了自我评估和他人评估的一致性。所以，要针对某一特定的教育活动，把自我评估和他人评估有机地结合在一起。

其四，定性评估法和定量评估法。根据思想政治教育活动的特点，很多情况下都要通过定量评估的方法，客观、正确地认识评估对象，从而为定性评估做好基础和准备。另一方面，思想政治教育的对象是"人"，人的主体性和思想的复杂性决定单纯量化的评估无法准确体现思想的变化发展，需要坚持定性和定量有机结合的评估方法。政治教育评估中常用的逻辑分析的方法有比较分析法、因果分析法、系统分析法和综合分析法等。

综合信息处理的结果即可形成评估结论。在形成评估结论时一般应坚持以下原则：第一，坚持价值判断与评估信息、评估标准统一的原则。形成思想政治教育评估结论要以事实为依据，以评估标准为准绳，按照评估信息所反映的水平，实事求是、全面准确、客观公正地作出价值判断，切忌主观臆造和以偏概全。第二，坚持判断结论与分析说明统一的原则。判断就是对评估信息所反映的对象事实作出结论，而分析说明则是对判断的结论进行解释。有判断有分析，人们才能"知其然，亦知其所以然"，才能获得有效的思想政治教育评估结论。

第三节 思想政治教育的评估反馈

思想政治教育评估结果的反馈，包括建立反馈通道，跟踪反馈信息，进行调节控制，用已经形成的评估结论影响思想政治教育系统的再输出，以实现思想政治教育的目标和任务。深入探索思想政治教育评估结果的反馈过程，必须正确把握思想政治教育反馈的作用和方法。

一、思想政治教育反馈的作用

思想政治教育评估反馈的意义以及作用如表（6-4）所示。

表6-4 思想政治教育评估反馈的意义及作用

思想政治评估反馈的内涵	具体阐释
思想政治评估反馈的意义	思想政治教育反馈是指在思想政治教育评估过程中，评估者将实施评估方案所形成的评估结论及时返回评估决策者、组织者、实施者和评估对象手中，通过调节相关的影响因素实现思想政治教育活动和思想政治教育评估的最终目标。思想政治教育评估结论的反馈既是评估活动自身的内在要求，又是实施评估活动的目的所在。思想政治教育评估是一次具体的思想政治教育过程的终点，而思想政治教育反馈则是一次完整的思想政治教育评估过程的终点。
思想政治评估反馈的作用	及时掌握教育对象的思想行为变化，正确评判思想政治教育的效果，为思想政治教育决策提供科学依据。评估者特别是评估管理主体只有及时掌握这些反馈信息和评估结论，才能不断强化、调整或修正思想政治教育决策，保证思想政治教育系统沿着正确的方向协调发展。
	有效监督思想政治教育活动的过程，完善思想政治教育活动的各方面要素和环节，促进思想政治教育目标的实现，同时也是思想政治教育评估的目标，而评估则是对教育活动达到这一目标程度的价值判断。思想政治教育评估信息的反馈，对于加强思想政治工作建设，不断增强思想政治教育的针对性、实效性，努力实现思想政治教育的目标至关重要。

二、思想政治教育反馈的方法

思想政治教育反馈主要是指思想政治教育评估信息的再输送，而思想政治教育反馈的方法主要是指思想政治教育评估信息再输送的渠道、方式和手段。思想政治教育反馈的具体方法很多，必须适应思想政治教育评估目的和思想政治教育系统运行的要求。从思想政治教育的过程来看，思想政治教育反馈的方法主要包括建立反馈通道、跟踪反馈信息、进行调节控制，即已经形成的思想政治教育评估结果如何回到评估决策人和评估对象手中，如何影响思想政治教育系统的再输出，如何发挥思想政治教育评估的调节功能。

（一）建立反馈通道

思想政治教育的评估结论，根据反映思想政治教育的要素、实施过程、效果等不同客体的内容，将部分或全部反馈给不同的对象，用于为决策提供依据或供评估对象修改目标和改进工作，这时的评估结果，也可称为反馈信息。反馈信息的再输送必须通过一定的信息反馈渠道来完成。根据反馈的对象和要求的不同，可以为思想政治教育评估建立三种不同的反馈渠道（表6-5）。

表6-5　思想政治教育如何建立反馈通道

具体通道	反馈方法及方式
职能反馈	职能反馈主要由评估者向思想政治教育的决策系统和主管系统全面反馈思想政治教育实施情况及思想政治教育评估的有关信息，使思想政治教育决策系统和主管系统能及时掌握思想政治教育系统运行的状况，了解思想政治教育活动开展的效果，以利于评估决策者对思想政治教育系统建设情况，及其适应社会需要促进人和社会全面发展的情况进行客观判断。职能反馈的形式可以是书面汇报，也可以是口头汇报或召开汇报会。无论采取哪种形式进行，都要求全面真实地反映评估的情况，既要有对思想政治教育要素、思想政治教育活动实施过程和思想政治教育效果的评估和分析，也要有评估工作本身的组织和实施情况；既要有思想政治教育的背景、现状，也要有加强和改进思想政治教育的建议和措施，以利于决策系统全面地掌握情况。
对象直接反馈	对象直接反馈即由评估者向评估对象（教育者和受教育者）直接反馈相关评估结果，使评估对象能迅速、及时了解思想政治教育的效果，必要时要对有些结果作出解释，并向评估对象提出今后改进的意见和建议，引导、激励评估对象不断改进、完善自己的工作和学习。这是一种点对点式的反馈方式。当然，这里的评估对象既可以是个人，也可以是相关利益群体。反馈信息的内容多为涉及评估对象敏感性的、不便公开的问题。对象直接反馈是思想政治教育评估中最常用的信息反馈通道，对于规范和创新思想政治教育工作，提高教育质量起着十分重要的作用。

具体通道	反馈方法及方式
大众反馈	大众反馈即评估者通过一定的媒体在一定范围内公布评估结果。这是一种横向反馈方式。主要用于评估结果中具有公共价值又不涉及保密性的数据和信息，通过电视、广播、报纸、手机、网络等大众媒体，在不同的范围内公开，既可作为相关学者进行研究的有效资料，又可促进不同地区、不同单位思想政治教育者相互学习、借鉴，取长补短，还可通过数据和事实向广大的社会民众展示思想政治教育的实效并接受社会的监督。它在一定程度上可消除社会民众对思想政治教育工作可能存在的误解和偏见，广泛提高社会民众对思想政治教育系统的认同感和支持度，不仅大大提高了评估结果的使用率，而且能为思想政治教育争取更好的环境和氛围。

（二）跟踪反馈信息

思想政治教育的反馈通道建立以后，评估者明确了反馈信息的流向，下一步则要将反馈信息结合思想政治教育系统的特点，分对象、分层次地反馈给相应的接收者。评估者根据评估目标的不同，确定反馈信息，并通过一定的信息反馈通道，向评估决策者、评估对象或其他反馈信息接受者传递，促进反馈信息接受者强化或校正相关决策或行为，形成新的信息输出，从而构成一个完整的、良性循环的信息流程，对思想政治教育系统的构建和完善，对思想政治教育工作的过程和模式进行调节和优化，努力实现思想政治教育的目标和任务。在这个过程中，评估者将根据反馈信息、反馈通道及反馈信息接收者情况的不同，采取不同的方式方法进行反馈。一般来说，反馈信息必须遵守以下三个原则（表6-6）。

表6-6　思想政治教育反馈信息应遵循的三大原则

原则的属性	具体内容
客观全面性	客观、全面、准确，努力实现价值判断与客观事实的统一，这是贯穿于整个评估过程的总原则。在评估的各环节要强调评估工作的客观全面，要从思想政治教育系统的实际出发，以促进人的全面发展与社会的全面进步为落脚点。评估者在向决策系统和主管系统反馈评估结果时，必须全面客观。评估者在向评估对象反馈评估结果时，除了认真分析、全面把握评估结果所反映的信息外，还要了解评估对象其他方面的情况，以弥补反馈信息的不足，矫正误差，把准确全面的信息反馈给评估对象，使之从评估活动中真正受益。

原则的属性	具体内容
及时性	思想政治教育评估更多涉及的是人们的思想信息，因此及时反馈十分必要。只有及时，才能迅速发现问题和解决问题，把人们的思想问题解决在萌芽状态。同时，要发挥思想政治教育评估的激励功能，也要求评估者尽快地将评估结果反馈给评估对象，使评估对象能根据反馈信息，及时调整自己的学习和工作方法，实现正向激励的促进作用和负向激励的鞭策作用。
指导性	思想政治教育评估的目的是为了对思想政治教育过程实施控制，保障思想政治教育过程不会偏离思想政治教育的目标。其核心是通过对思想政治教育效果的评估来调节思想政治教育的要素和过程，从而实现思想政治教育的目标，不断提高人的思想政治素质和综合素质，促进人的全面发展和社会的全面进步。因此，在处理评估信息、反馈评估结果等环节中，教育者要帮助教育对象找出产生问题的根源，并提出指导性的意见和建议。

（三）进行调节控制

思想政治教育评估的最终目的是为了"以评促改，以评促建"。这个最终目的只有通过思想政治教育评估的调节控制才能实现。

思想政治教育评估的反馈调节没有固定的统一模式。评估目的、评估内容、评估环境、评估主客体不同，都会影响到反馈调节的实施和效果。因此，要根据不同的情况和要求，因时因地制宜，切不可教条化。要按照中国特色社会主义现代化发展的要求，充分考虑受教育者的客观现状和发展需要，及时根据反馈信息，调整优化思想政治教育系统的各个因素和教育活动的各个环节，使之达到最佳效果（表6-7）。

表6-7　思想政治教育评估的调节控制

调节控制环节	具体措施
正反馈调节与负反馈调节相结合	思想政治教育评估要通过负反馈调节不断完善思想政治教育系统，协调思想政治教育与党的其他工作及其内部各要素间的关系，改进教育方法，消除教育过程中所产生的教与学之间的偏差，保证思想政治教育高效率、高质量地有序推进，促进思想政治教育系统的最优化，实现思想政治教育的目标和要求。

续表

调节控制环节	具体措施
过程反馈调节与结果反馈调节相结合	过程反馈调节是在思想政治教育实施过程中进行，将某一具体教育过程中反映出来的反馈信息在较短时间内反馈给评估对象，以利于在教或学的过程中，及时地修正偏差，保证思想政治教育活动有序进行，有效地促进受教育者良好思想政治素质的形成。
主体反馈调节与环境反馈调节相结合	主体反馈调节是指通过评估主体(主要是教育主体和学习主体)的自我评估和相互评估，对主体的思想、行为和能力等方面进行调节，以实现对思想政治教育活动的有效调控。环境反馈调节就是通过对思想政治教育外环境的引导和调节，强化正向舆论氛围，抑制负向舆论氛围，为思想政治教育营造良好的环境和氛围。主体反馈调节的反馈信息主要来源于教育活动和评估活动的主体，他们的反馈调节往往带有一定的主体性、主观性，而环境反馈调节则扩大了反馈信息的来源和信息的客观性、准确性。

第七章

思想政治教育的探索与创新

第一节　网络思想政治教育的探索

随着科学技术突飞猛进的发展，互联网也飞速发展起来，互联网被人们广泛使用，极大地改变了人们的信息环境、交往方式和思维方式。同时，互联网的普及、运用和互动传播的优势，促使思想政治教育的领域和途径得以拓展，使网络思想政治教育成为网络社会中人的全面发展的客观要求。

一、互联网及其对人的发展的作用

网络思想政治教育是伴随着互联网的出现和普及而产生和发展的。要理解网络思想政治教育的产生和发展，首先要了解什么是互联网，互联网的形成和发展过程以及对人的发展的作用。

（一）互联网的形成与发展

1.互联网的概念及演进

互联网又称因特网、国际互联网、国际交互网，一般简称为"网络"，是指由多个计算机网络相互连接而形成的一个大型信息网络。它集通信网络、电脑、信息资料库及日常电子产品为一体，打破了传统的时空界限，形成了一个全新的以数字信息生产、交流、使用为中心的跨时空、跨文化的网络虚拟空间，使所有的人都能通过互联的电脑节点在系统协议的基础上，随时进行多媒体信息的传输与互动，开展交流、学习和工作等活动。

在图7-1中，我们以最直观的方式将互联网的界定的发展呈现给大家。

需要指出的是，除了从技术性或工具性的视角来界定互联网之外，更应当重视互联网对社会和人的发展所产生的重大影响，即互联网创造了一个新的生存空间和实践空间。从这个视角来界定互联网，可以反映出互联网与人的发展关系，避免仅仅将互联网作为一种工具，从技术层面狭义理解（图7-2）。

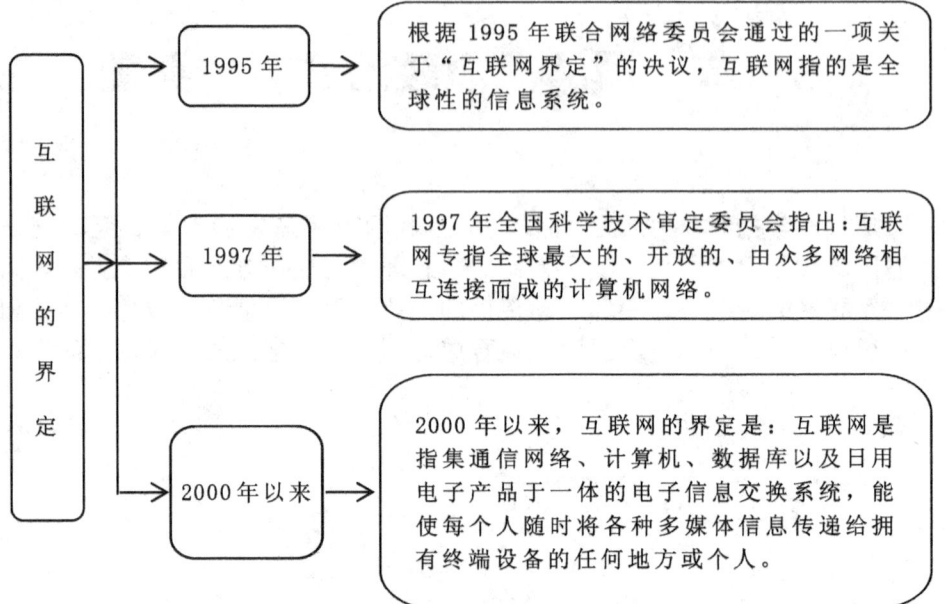

图7-1 互联网的界定

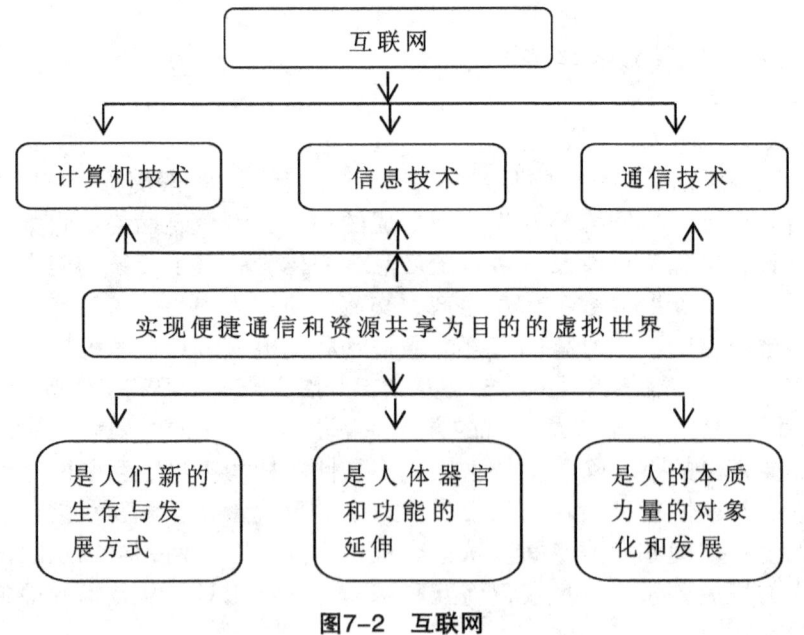

图7-2 互联网

2.互联网的形成背景与标志

互联网最初出现在军事领域，然后逐渐应用到民用领域。20世纪60年代，美国国防部为了实现信息资源共享，于1969年建成了世界上第一个采用分组交换技术的计算机网络——阿帕网 (ARPANET)，这就是互联网的前身。1983年，阿帕网分裂成两个网络，即 ARPANET 和 MILNET，前者开展与非军事领域有关的营运活动，而后者则应用在纯军事领域。尽管有应用领域的区分，但是两个网络并非完全独立，而是互相连通实现通信和资源共享。

互联网的真正起点是1986年美国国家科学基金会建立的一个庞大的网络架构——美国国家科学基金网。1990年阿帕网完成历史使命后停止运行，随即美国国家科学基金网便成为国际互联网初期的主干网。由于资金等方面的原因，美国国家科学基金网免费开放的权限只面向高等学校及公共研究机构，并且对一切与商业活动有关的数据信息在该主干网的传输予以限制。然而，网络潜藏的巨大商机，还是催生了一批由大企业自主兴建的主干网络。1995年，美国国家科学基金网停止运营，国际互联网基础设施领域的商业化进程进入快速发展时期。互联网的迅猛发展推进了社会信息化，给整个社会信息环境带来了深远影响。

3.互联网在中国的发展阶段与影响

中国互联网建设的时间不长，发展十分迅速。互联网在中国的发展历程大致可划分为三个阶段（表7–1）。

表格7–1　互联网在中国的发展阶段与影响

发展阶段	具体历程及影响
中国对互联网的研究试验阶段(1986—1993)	1986年部分高校和科研部门开始研究互联网技术，中国学术网 (Chinese Academic Network，CANET) 启动。1987年9月20日，中国在互联网上发出的第一封电子邮件，标志着中国人使用互联网的序幕已经拉开。1990年，中国国家计算机与网络设施 (National Computingand Networking Facilityof China，NCFC) 投入建设。NCFC 也称为中关村网，分为两层,低层为中国科学院院网 (CASNET)、北京大学校园网 (PUNET)、清华大学校园网 (TUNET)，高层为连接国内其他教育科研机构和互联网的 NCFC 主干网。这一阶段的网络服务对象仅限于少数高等院校和研究机构，网络应用主要是小范围内的电子邮件服务。1990年11月28日，钱天白教授代表中国正式在 SRINIC(Standard Research Institute's Network Information Center) 注册登记了中国的顶级域名 CN，开通了使用中国顶级域名 CN 的国际电子邮件服务，标志着中国的网络有了自己的身份标志。

发展阶段	具体历程及影响
互联网在中国的起步阶段(1994—1996年)	1994年4月20日，NCFC工程通过美国Sprint公司联入Internet的64K国际专线开通，实现了与Internet的全功能连接，标志着中国被国际上正式承认为真正拥有全功能Internet的国家。随后，我国又建成了中国教育和科研网(China Educationand Research Network，CERNET)，简称"教育网"，该网络的中心设在清华大学。1995年5月，邮电部也开通了China Net，这是一个面向全国的商业网，可以向全社会提供各种互联网服务。此后，互联网开始进入中国公众生活领域并迅速发展。
互联网在中国的快速发展阶段(1997年至今)	这一阶段中国的互联网用户数基本以每半年翻一番的速度增长。根据2015年7月23日中国互联网络信息中心发布的《第36次中国互联网络发展状况统计报告》，中国互联网网民规模继续呈现高速增长态势。该《报告》显示：截至2015年6月，我国网民规模达6.68亿，互联网普及率为48.8%，手机网民规模达到5.94亿。这些指标和数据表明，中国互联网已迎来快速的增长期，中国互联网大国的规模已经成形，并且正在逐步走向成熟。目前已基本建成了中国科技网、中国教育和科研网、中国公用信息网、中国金桥信息网和中国公众多媒体通信网五大网络系统。

（二）互联网信息传播的特性及其对人的发展的作用

互联网的信息传播，同传统方式的信息传播相比，具有突出的特点。

1.互联网信息传播的特点

互联网之所以能够在很短的时间内获得迅猛的发展，是因为互联网作为一种全新的信息传播媒介具有一些鲜明的特点，显示出前所未有的魅力。

第一，互联网信息的数字化与信息环境的虚拟性。互联网是信息数字技术发展的产物，互联网的数字化特性就是在互联网上任何信息均以数字的形式存在并在计算机之间传输，从而使真实的世界经过数字化处理变得虚拟。经由网络的虚拟性，人类社会向网络延伸，产生出虚拟的网络社会。在互联网上，数字化和虚拟性使人们更容易打破时空界限，进行更直接的、跨文化的交流，通过这种交流，互联网用户可以最充分地发挥自己的想象力和创造力，获得成就感和满足感，感受到自身价值的存在。

第二，互联网的开放性与平等性。互联网的开放性是指网络作为信息交流平台，是一个开放的而不是封闭的系统。互联网技术与网络协议的开发正是朝着开放性的目标展开的。为达到这一要求，互联网采取了分布式结构和包切换的传输方式，这为网络的开放性提供了技术上的保障。网络的开放性在网络架构上的主要体现，一是对用户的开放；二是对信息服务提供者的开放；三是对互联网提供者的开放；四是对互联网未来改进的开放。互联网这一成长性和开放性的平台网络促进了互联网日新月异的发展，并构成了互联网全球性传播的支撑与特质。因此，开放性是互联网的本质特征。

从表面上看，互联网对广大网民来说是开放的、自由的、平等的，网络用户似乎都是具有独立性与开放性的平等主体。在一定使用功能范围内，网络用户作为传播主体在网络上地位的平等，以及由此形成的"扁平化"的网络虚拟世界，可能会在特定时空内暂时解构现实社会中的社会结构。但实际上互联网信息的传播还是要受到网络权限的控制，即编辑权和出版人权利的操持。看起来，一部电脑网络技术的发展史，似乎就是一部从技术集权不断趋于大众分权的历史。实际上人们也面临着信息霸权和信息垄断的新问题，成千上万的大众呼声也可能在某种网络霸权的编排下，成为"沉默的螺旋"，难以发声。当然，电脑从大型主机变为普通百姓也可以使用的个人电脑，也强化了分权和平等的趋势，而互联网的兴起则对打破一定层面的信息垄断和由此衍生的集权控制具有潜在的突破性作用。但扩大的公众选择机会在缺少理性控制的情况下，容易使一些人成为信息霸权的奴隶。

第三，互联网的丰富性与多元性。所谓互联网的丰富性，是指网络信息的容量无限丰富，信息海量，信息来源在相当程度上往往超出了一定的意识形态限制，多种多样。在同等的时间与空间条件下，与图书、报刊、广播、电视等传统媒体相比，网络具有更大的信息容量、更多元的信息内容、更丰富的信息形态和更快捷的传播能力。无数的计算机终端时时刻刻都在制造和传播着信息，使信息数量呈现几何级数递增和扩散的态势；网络信息的形态不仅仅是文字和图片、声音、图像等，多种信息媒体形态的存在使互联网信息从平面发展到立体，从静态发展到动态。网络传播特性可以让人们接受信息不再受时间与地点的限制，而且信息经过数字化处理后传播，保真性更强，传输质量更高，占用储存空间更少。由于信息生产和传播者的价值取向、思想观念的差异，互联网信息在内容趋向上，体现出多样化的意见表达，这就决定了网络媒介信息资源的无限丰富性和多元性。

第四，互联网的主体性与互动性。所谓互联网的主体性，是指互联网的使用者具有较强的主体性，互联网是迄今为止最能体现人的主动性、积极性和创造性的媒介传播形态。所谓网络传播的互动性，是指互联网信息的传播者与受众之间的双向互动传播，即人们在使用网络媒体进行信息交流的过程中能够获得及时、即时的反馈。相对于报纸、广播或电视，网络不是固定的影响与被影响的单向关系，而是相互影响的双向互动过程。网络传播的主体性与交互性不仅改变了传播者获取信息的方式，也改变了传递和发布信息的方式。

2.互联网为人的活动与发展开辟新的领域

在互联网出现之前，现实社会是人类活动与发展的唯一社会领域，以自然环境和现实社会作为人类发展的物理空间，既奠定了人的现实基础，也决定了人的现实发展的可能。互联网的诞生，大大延伸了人的身体器官，拓展了人活动和发展的新领域，建构出一个虚拟社会，产生出人的虚拟存在、虚拟认识、虚拟实践等活动。在虚拟社会中，人如何进一步摆脱和超越各种外在的制约和内在的束缚，充分释放自己的潜能，这是互联网带给我们的新的发展领域和问题。

互联网拓展了人与自然关系的实践领域。互联网可以实现对自然界的虚拟、演绎与再现，从而有助于人类进一步深化对自然规律的认识和把握，不断提高与自然和谐共处的自觉性，模拟和超脱自然界对人的实践活动的限制和束缚，更好地掌握自然界的规律，在改造和利用自然界的实践活动中获得人力的解放和自由，实现与自然的和谐相处。

互联网拓展了人与社会关系的实践领域。互联网建构的虚拟社会环境拓展了传统社会的社会结构类型，产生了开放性、扁平化的社会结构。人们通过虚拟社会建立起普遍性交往，不断突破现实社会中的物质和人际关系条件的各种局限，极大地获得了人的社会交往的丰富性与自由度。由于互联网联通的广泛性和无限性，通过互联网实现更广泛的学习，实现更广泛的知识共享，也为人们学习交流和为社会提供各种服务提供了可能。

互联网拓展了人对自身认识的实践领域。互联网建构的虚拟社会为人认识自身提供了丰富的数字信息资源，为人的自身的全面发展拓展了信息空间。因此，人的虚拟社会活动及虚拟发展所带来的不仅仅是人在现实社会生存和发展方式的实际改观，更重要的是改变了人看待自身的传统观念与习惯，使人从束缚自己才能发展的自身条件中解放出来，为研究人自身在虚拟社会中的发展提供了新的视域与平台。

互联网作为一种新型的数字化空间所形成的虚拟性社会，正深刻地影响着作为主体的人的生存和发展状况。互联网拓展了人的活动和发展的领域，认识与实践的客体对象也越来越多地以网络化、虚拟化的形式存在，人们认知和实践的情景获得了极大丰富。与此同时，互联网的数字化、虚拟化、符号化和开放性等特征也使其与现实社会之问构成了一种界限分明的二元关系。

3.人在互联网领域活动与发展的新问题与新要求

人在虚拟环境中的生存和发展，为实现人的全面发展提供了新的活动领域，但与此同时，互联网也使有些人陷于发展的困境之中，其中引发一些人在虚拟与现实之间活动的矛盾和问题。互联网以及相应的虚拟社会生活的形成，拓展和延伸了人们生存、活动和发展的空间，使得当下人们抛离了以往确定时空的现实社会生活秩序的轨道，可以实现在虚拟与现实两个不同的社会生活领域中的频繁转换，由此造成有些人虚实两种不同场域的人格特征、价值观念、社会角色与行为规范的矛盾与冲突，使这些人在虚实生存和发展过程中，往往容易陷入一种虚实难辨、模棱两可的境地。另一方面，虚拟社会自身给人的活动与发展带来矛盾和问题。现实社会中存在的经济、政治和文化矛盾与冲突，以及人们在现实社会生活中业已形成的各种思想观念和行为方式，往往通过网络虚拟活动被带入网络虚拟社会之中，进而造成了人在虚拟社会中面临的多重冲突和挑战。具体而言，在互联网建构出的虚拟社会中，人的活动与发展主要面临以下五个新问题与新挑战。

第一，互联网拓展的新领域中存在的多元价值观与社会稳定必须坚持的社会主义核心价值观之间的矛盾与冲突。在互联网出现之前，传统的大众传媒由于受制于时空界限，主导核心价值观念的宣传、教育和引导空间，往往仅局限于一国的国界范围之内，加之信息手段不发达，人们能够接触到的信息载体主要是报纸、电视、广播等，政府和学校对这些载体传递的信息内容可以依据主导价值观进行选择和引导。而伴随着互联网技术的普及，网络的超时空性打破了人们在进行信息交流活动中地域和国界的限制。而互联网上各种海量信息鱼龙混杂、难辨真伪，观点纷呈、难辨良莠。特别是纷繁复杂的各种社会思潮的迅速传播，诸如拜金主义、享乐主义、极端个人主义在网络上蔓延，给一些人的价值观形成冲击，给社会主义核心价值观的培育和践行带来严峻挑战。与此同时，西方国家充分利用互联网传播的优势，大肆宣扬和强力推行文化霸权主义，有组织有目的地进行资本主义价值观和意识形态的渗透，以互联网为载体加速推行"和平演变"战略。青少年时期是一个人世界观、人生观和价值观的形成和坚定的阶段，各种思想观念和行为方式有可能对他们的成长带来影响。这就需要加强对互联网上多元价值取向进行科学评析和引导，用社会主义核心价值观引领和规范互联网的活动与发展。

第二，互联网带来的虚拟与现实之间不同社会角色与行为规范的矛盾与冲突。互联网的发展建构了一个与现实社会相互区别又紧密联系的虚拟社会，人们同时在现实和虚拟两个领域活动，由此产生了一个虚拟与现实之间转换的问题。虚拟社会和现实社会存在两种思维与价值观的张力，虚实不同的社会角色定位和生活范式之间的差异、矛盾与冲突，使有些人陷人虚实难辨的发展困境，造成人在虚拟与现实转换之间的角色认知与行为规范的错位和矛盾。青年在现实社会的成长过程中都要经历一个社会化的过程。所谓社会化即按照社会期待的要求和标准完成特定社会角色学习和塑造的过程，这种社会角色的学习与塑造过程通常包括角色行为规范与角色行为方式两个方面。它是社会期待角色与个人现实角色的统一，两者相辅相成，缺一不可。而在网络虚拟社会中的社会化，人们寄予更多关注的是角色的个人形象和行为方式，相反，角色所固有的社会期待和行为规范的塑造却往往被一些人忽略。虚拟社会中的角色行为方式与角色行为规范相分裂所带来的社会期待角色与个人现实角色的矛盾和冲突，往往容易造成有些人在网络世界中的角色认同危机，产生"虚拟"自我、"理想"自我与"现实"自我之间角色定位上的迷惘或缺失，这也是形成网络双重人格的主要原因。

在现实社会中，人们行为规范的形成主要依靠法律的强制约束、借助于传统习俗、社会舆论的监督以及人们内心的道德自律来共同实现。人们在现实生活中对社会规范的遵守和服从是外在制约与内在约束共同作用的结果。但是在网络社会中，这种外在的强制约束和内在的道德自律之间的统一被网络放大的自由和无序所打破，法律的强制力量由于互联网相关管理法规的不完善而被削弱。传统习俗、社会舆论对人的外在软约束，由于网络活动主体的虚拟性、多样性、随意性和隐匿性等特点，难以像在现实生活中那样发挥作用。加之当前网络技术还未达到对网络行为的有效监控，使得网络领域里违反法律或道德规范的行为得不到及时有效的制约，从而也就不能避免互联网虚拟空间里一些人责任意识淡化和行为失范现象的出现。

第三，互联网带来的虚拟与现实社会交往方式和秩序的矛盾与冲突。现实社会中人的自身能力的获得以及社会关系的建立与丰富，是在与他人的交往关系以及社会实践过程中实现的。人们通过人际交往和社会实践活动建立起来的人与人、个人与群体及群体与群体之间的关系，使人们对这种社会关系有着强烈的归属感和依赖感。而在虚拟社会中，人与人以及人与社会的交往与实践，是通过虚拟实践的方式，即数字化为中介的人机交往方式来实现的，其特点是可以打破现实世界中交往须遵循的秩序和规则的约束，寻求在更大的空间和时间范围内的交流与沟通。这种交往与实践方式所形成的"人机实践与交往"依赖，以及"现实实践与人际往"疏远，势必会造成有些青年与现实社会的接触和交流减少，对现实生活的参与意识缺位，由此会导致他们在现实生活世界中的人际互动受阻，现实社会思维能力训练被忽视，产生现实实践与虚拟实践、人际交往与人机交往的矛盾和问题。解决人际交往与人机交往矛盾的关键，在于人作为社会实践和交往的主体，应当把握虚拟交往的尺度，掌握虚拟与现实的区别，培养和保持参与现实生活的兴趣和能力。

第四，互联网带来的信息膨胀与现实中人处理信息能力有限的矛盾与冲突。一方面，互联网信息技术飞速发展，使得互联网的信息过度膨胀，信息呈现爆炸增长的态势，但信息质量却参差不齐、良莠难辨。另一方面，由于现实中人们对信息识别、选择、处理以及接受数字信息的能力的有限性，使得通过计算机界面进入虚拟社会准确获取有效信息变得比较困难。这就好比面对一个无边无际的信息海洋，要想获得有效信息就必须永远不断地挖掘下去，但似乎永远也不可能达到信息的底层。对于某些人来说，这是一种挑战和机遇，而对另外一些人来说，则更像是一种迷茫和沉溺。在互联网活动中的人们都可能有过这样的信息搜索体验：通过任何一个搜索引擎，输入任何一组词或一句话，都可以获得成千上万条相关信息。一方面似乎更加快捷地获取了相关信息，不免让人兴奋；另一方面，当面临如此繁多的信息却不知如何去有效筛选的时候，又让人产生迷惘与困惑。此时海量信息，带给人的感觉不再是方便获取，反而是选择的压力与困境。

第五，互联网潜在的安全风险与人们活动与发展安全性需要的矛盾与冲突。互联网成功地拓展了人的活动和发展的新领域，技术的不断更新换代使互联网所拓展的人的活动与发展的新领域也处在不断完善和发展之中。在这个全新的领域中，虚拟社会结构领域的稳定性、安全性和私密性仍然需要继续完善，责任主体的规约与控制等方面仍然存在很多先天不足，其所包含的不确定性还未能得到有效控制，难以充分保障互联网安全地满足人们现代生活中各种复杂的需求。比如网络重要信息的安全性和保密性还不够高，网络金融活动还不断落入网络欺诈的陷阱，人们网络活动与发展过程中身份、财务、浏览痕迹等信息的泄露等问题，使互联网依然是缺乏有效法律监管和规范的风险高发领域。互联网领域带来的新风险，要求互联网不断完善法律法规和相关政策，加快互联网安全环境建设，保障对互联网拓展的新领域进行必要的安全监管。

二、网络思想政治教育的发展与新课题

网络思想政治教育已经成为思想政治教育的重要组成部分，其中，正

确把握网络思想政治教育的发展过程、教育形态及其面临的新课题已成为首要的问题。

（一）网络思想政治教育的发展

网络思想政治教育经历了形成、发展的几个阶段。

1.网络思想政治教育概念

网络思想政治教育有两个方面的内涵：一是运用网络这一思想政治教育的新领域、新工具和新方法，来加强和改进思想政治教育使其更具针对性与有效性，主要涉及思想政治教育局部体系的构建；二是在网络化的社会大背景下，传统的思想政治教育如何从理念、内容、手段、机制以及组织方式上吸纳和借鉴网络传播优势，从而获得全方位创新和发展，主要涉及思想政治教育全面体系的构建问题。这两方面的内涵相互交织、密切联系（表7-2）。

表7-2　网络思想政治教育的分类

网络思想政治教育的分类	具体内容
工具性网络思想政治教育	"所谓工具性网络思想政治教育，是指利用网络载体进行的以提高现实社会人的思想政治素质而促进现实社会良性运行和协调发展的思想政治教育。在这里，网络只具有工具性意义，与报纸、广播、电视等媒体的意义相同，不过多一些特殊性罢了。"（教育部思想政治工作司组编、翁铁慧主编：《大学生网络思想政治教育》，高等教育出版社，2011年版，第32页。）
本体性网络思想政治教育	所谓本体性网络思想政治教育是指本身作为思想政治教育存在方式的网络思想政治教育，是指在网络所创造的虚拟时空中运行的、旨在提高虚拟社会中人的思想政治素质，促进人的虚拟生存与发展的思想政治教育。

网络思想政治教育是由网络所构成的虚拟人和虚拟社会组成的共同体，是思想政治教育运行的空间和存在方式。

综上所述，网络思想政治教育是指思想政治教育工作者在把握网络与思想政治教育关系本质属性基础上，在网络化虚拟社会中有目的、有计划、有组织地对人们的思想政治素质和道德品质修养施加影响，旨在促进人的虚拟生存与发展并进而促进虚拟社会良性运行和协调发展的双向互动的教育实践活动。

2.网络思想政治教育的发展阶段及成果

1994年，中国成为正式跻身国际互联网的国家，由此开启了网络时代高校思想政治教育发展的新历程。迄今为止，我国高校网络思想政治教育工作的实践大体经历了四个时期：初步探索阶段、主动建设阶段、全面发展阶段和总体布局、纵深发展阶段。这四个阶段分别形成了具有标志性、代表性的网络思想政治教育的成果。

第一，网络思想政治教育的探索起步阶段。这个阶段的主要特点是网络设施等硬环境建设发展迅速，而网络规范和秩序等软环境建设相对滞后；网络在拓展人们社会活动领域和视野的过程中机遇与挑战并存；网络思想教育在被动局面下起步，最初是以应对网络所带来的负面冲击和影响为主要内容。

1994年，我国正式接入互联网，由于受到互联网基础设施发展速度、运用计算机网络技术的难度等多方面因素的影响，人们从了解互联网到应用互联网，经历了一个较长的过程。对于网络思想政治教育，思想政治教育者开始并没有意识到思想政治教育与互联网的直接关系。1994年10月，中国教育和科研计算机网(China Educationand Research Network，CER. NET)建设全面启动后，高校校园网的建设与应用随即展开。1995年，中国大陆第一个国际互联网上的BBS站点"水木清华BBS网站"正式开通。1999年，清华大学汽车工程系汽71班党课学习小组，推出了以共产主义理论学习为主页的"红色网站"。

在这一阶段，高校思想政治教育面临着不可忽视问题。一方面由于高校思想政治教育工作者面对新的教育形势存在着认识与准备不足，对大学生在网络活动中的思想心理特点和行为方式缺乏了解和认识；另一方面，新的形势下，传统宣传思想教育相对来说缺乏具有吸引力和影响力的网络载体。[1]

第二，网络思想政治教育的主动建设阶段。这一阶段，中央和教育部开始有计划地部署网络思想政治教育工作。此后，伴随着高校网络硬件设施建设的不断成熟和完善，以校园BBS、学生网站为主要形式的校园网络媒介以及各类红色网站应运而生。特别是2001年以后高校校园网建设与应用朝着综合性方向进一步发展，形成了比较成熟的校园网络信息服务体系，其功能涵盖了教学、科研与管理活动的方方面面，为大学生获取各种有效

〔1〕教育部思想政治工作司组编：《加强和改进大学生思想政治教育重要文献选编(1978—2008)》.中国人民大学出版社，2008年版，第301页。

信息提供了一条重要途径。

第三，网络思想政治教育的全面发展阶段。2004年中共中央办公厅、国务院办公厅下发了《关于进一步加强互联网管理工作的意见》，对加强互联网的管理作出部署。2005年，教育部与共青团中央联合出台《关于进一步加强高等学校校园网络管理工作的意见》，提出一手抓建设、一手抓管理，对校园网络的管理提出更加严格的规范和要求。在中央的部署下，从2005年开始，清华大学、北京大学等高校的一些有影响力的BBS站点陆续完成了向实名制的校内交流平台的转变。在着力营造和谐网络文化环境，丰富网络文化内容，打造精品主题网站，引领主流网上舆论等方面，以"中国大学生在线"为代表的一批网站塑造了高质量、多层次的网络文化建设的新形象。

第四，网络思想政治教育的总体布局和纵深发展阶段。这一阶段网络文化建设被明确纳入我国社会主义文化建设的总体布局，高校校园网络建设与网络思想政治教育获得了进一步向纵深发展的大好机遇。一方面，综合性的校园网络社区建设基本完成，数字网络化校园基本形成；另一方面，校园网络在高校思想政治教育中的地位和作用日趋显著和完善，网络思想政治教育拓展到网上教育与网下教育的方方面面，形成联动协调的教育格局。在这样的背景下，网络思想政治教育理论体系的建构被提到了理论研究的议事日程并愈来愈受到学界的关注和重视。

（二）网络思想政治教育的形态

1.网络介质为标准划分的形态

BBS、QQ、SNS社区、飞信、博客、微博、微信等属于这一形态。介质原本是物理学中的概念，它是指物理系统在其间存在或物理过程(如力和能量的传递，光和声的传播等)在其间进行的物质。比如声音传播需要的物质就叫作声音的介质。网络介质简单来说就是网络传播的载体或媒介。思想政治教育要实现主客体之间信息、知识、思想和价值观的传递和互动，也必然要通过一定的介质才能实现。思想政治教育的网络介质，是指能够承载和传递思想政治教育的信息、知识、思想和价值观，成为联结思想政治教育主客体中介和纽带的物质存在方式和表现形态。而在网络中，这种物质存在方式主要表现为各种不断发展的计算机应用程序、网络站点以及网络活动社区。伴随着计算机技术的发展和互联网的普及，网络应用、站点和社区的不断丰富和更新，新的网络应用形态应运而生，也由此产生了新的网络思想政治教育主客体互动的介质，比如BBS、QQ、SNS社区、飞信、博客、微博、微信等。

BBS即电子公告牌，进入国内之初，是一种流行于中国教育和科研网内各大高校的信息交互平台，后发展为网络上普遍的社区性公共论坛。它包含多个不同主题的论坛版面，通常以匿名的方式向公众提供远程访问服务，公众可以在论坛版面上发表观点或分享信息。我国高校中的BBS在大学生日常学习、工作、生活中承载着信息发布、学术讨论、思想交流、休闲娱乐、校园管理等功能，是大学生们交流思想和获取信息的重要虚拟空间。校园BBS的出现为大学生思想政治教育创造了前所未有的崭新形态，也因其在大学生的学习生活中扮演着重要角色而备受学生关注。BBS作为网络介质其优势在于：第一，它能快速及时反映大学生的思想动态，通过BBS这一窗口，教师能够第一时间了解大学生们在想什么、说什么、做什么，他们有怎样的诉求；第二，BBS的交互性特点使它能够成为教师与学生间真诚沟通的桥梁，由于这种网络介质不受时间和空间限制从而使异地、即时、交汇性沟通成为可能；第三，BBS所创造的平等和谐的网络沟通氛围，有助于增强教育的实效性。BBS上教师主体的虚拟化特征使得大学生不再像直接面对老师那样顾忌和紧张，对话双方的平等相待直抒己见，让思想工作如春风化雨，润物无声，更能让大学生在潜移默化中受到影响。

QQ是一款基于互联网的即时通信软件，支持在线聊天、多媒体文件即时／离线发送和接收、语音／视频聊天、视频电话、QQ群聊、点对点断点续传文件、共享文件、网络硬盘、QQ邮箱等多种功能。QQ在大学生中的使用非常广泛，因其使用方便、快捷、有效的特点而深受大学生的喜爱。作为全新的网络介质之一，QQ所打造的网络沟通平台，为思想政治教育主客体之间的互动交流提供了最为有效便捷的载体。第一，思想政治教育工作者可以利用QQ与受教育者开展一对一的相互对话，进行心理咨询和疏导，及时解决学生的疑难和困惑，实现网络思想政治教育的个性化关注与引导；第二，使用QQ可以实现信息资源的快速广泛共享，提高信息传达的及时性和有效性。教育者所要传达的观念、思想和信息，以及大家都感兴趣和关心的信息资讯，通过上传到QQ进行共享，可以大大提升信息的利用率和影响力；第三，在QQ的诸多功能中，QQ群是聚集一定数量QQ用户的长期稳定的公共聊天室。团队成员可以通过语音、文字、视频等方式互相交流信息，教育者则通过与团队成员交流掌握其思想动态，发现问题并及时加以解决。

SNS，英文全称是Social Networking Services，是一种基于互联网的技术平台，它是以用户为中心来组织信息、通过共同的兴趣爱好来结交朋友的社区式网络应用形态。SNS社区里整合了多种应用，包括心情状态、日志、相册、兴趣群组等。SNS社区除了具有开放性、娱乐性、及时性、互动性等特点外，还有一个重要特点，即用户发展速度快，SNS社区的用户是通过发散式的邀请机制呈现出指数性的增长。用户人数增长迅速的实名类社交网站就是SNS社区的代表性形态。SNS社区不仅为用户提供了一个可以相互交流信息和思想的平台，而且为网络思想政治教育提供了新的媒介形态。高校思想政治教育工作者可以通过发挥SNS社区的功能作用，将社交类网站与高校思想政治教育相结合，用于引导和帮助大学生成长成才。第一，SNS社区为高校思想政治教育提供了丰富的信息资源，拓宽了高校思想政治教育的方式和手段。利用SNS社区信息容量大、传播速度快和覆盖范围广等优势，教育者可以在短时间内向学生提供或分享大量有效信息，并通过文字、视频和图片相结合的方式，全方位、立体性地向学生传播正确的思想和价值观念。第二，SNS社区实行网络实名制，便于高校思想政治教育者掌握大学生的基本信息和主要思想行为特征，从而有利于开展深入细致的思想政治教育。第三，SNS社区的开放性和包容性所营造出的和谐互动的教育环境，有助于师生间坦诚、平等、有效地沟通与交流，有助于增强思想政治教育的时效性和实效性。

飞信是移动互联网发展的产物，它的出现将影响最广的网络与传播最迅速的手机客户端连接起来。这种更加便捷的沟通方式所具有的优势使其迅速为大学生所接纳和使用，并创造了网络思想政治教育新的媒介形态。第一，飞信费用成本较低。下载飞信客户端、注册飞信用户是不收取任何费用的，收发飞信信息是按照信息产生的流量计费，为用户节省了很大的费用开支，这一点尤其受到没有独立经济收入的大学生的青睐。第二，飞信实现了电脑与电脑、手机与电脑、手机与手机之间的无缝对接与沟通。人们可以根据不同地点采取不同方式登陆飞信传递信息，而不必考虑受到客户端设备的影响。第三，飞信独特的群发功能可以使短消息在很短时间内同时传递给多人，轻松地实现一对多的师生主客体互动机制，其便捷性、快捷性无可比拟。

微博是微型博客(MicroBlog)的简称，是一种通过网络关注机制，运用电脑或手机终端记录和分享各种简短实时信息的广播式社交网络平台。由于微博记录和分享信息的即时性与随时性，信息内容的微型化与简明性，操作方式的多样化与便捷性以及互动交流的现场感与时效性等特点，迎合了一些人对多样化和个性化的需求，所以微博一经产生就成为许多人运用的新媒介形态。

微信是为智能终端电脑或手机提供即时通信服务的免费应用程序。它通过支持跨通信运营商和跨操作系统平台快速发送语音短信、视频、图片和文字等实现信息传递和分享，并通过社交服务插件在"朋友圈"中共享多媒体内容。微信的出现为网络时代提供了更加强大便捷的通信、社交和消息传播功能，使得无论是手机还是电脑之间，只要存在通信网络，就可以实现双人、多人语音对讲，信息传递、图片分享等功能；并且好友圈信息分享与好友互动的私密性，使用户信息得到了更好的保护。微信和微博的最大不同在于社交模式的差异，微博中的用户间属于"面对背"型的弱关系社交模式，即一个微博用户可以关注任意一个用户而不需要事先得到该用户的同意；微信的用户间则属于"面对面"型的强关系社交模式，即微信用户必须是双方同意才可能建立信息分享关系，因而"朋友圈"内的语音对话、信息传递、图片分享等具有良好的私密性，非微信好友之间不能阅读也无法参与评论。网络思想政治教育可以利用微信这一新介质更好地实现信息和情感关注、更私密性的话题互动，使思想政治教育目标更专注、过程更具个性化。

2.以教育主体的状态为标准划分的形态

在互联网出现以前的思想政治教育，主客体是面对面的、现实的、当下的状态。思想政治教育者凭借信息的优势，与受教育者进行直接的、面对面的接触与交流，特别是晓之以理、动之以情的教育引导方式能够对受教育者产生直接影响和感化。伴随着互联网的普及和运用，思想政治教育的渠道和手段获得了拓展，许多高校纷纷开设网上党校、网上团校、思想政治理论课教学辅导与答疑、网上心理咨询等，教育者活动方式逐渐发生了变化，出现了与传统"面对面"不一样的"非面对面形态"。

"非面对面形态"有两种不同的表现形式。第一种表现为网络应用软件的发展，即BBS、QQ、SNS社区、微信等互联网应用，都可以实现教育者与受教育者"非面对面"的沟通。尤其是多款应用程序都可以通过语音或视频，使教育者在实时或延时互动中进行有计划的教育和引导。这种"非面对面"状态虽然未必处于同样的时空环境，但在进行交流和互动的过程中，教育者与受教育者探讨的议题是一致的，目的是一致的，能够达到一种共情的境界。

"非面对面形态"的第二种表现形式是网络思想政治教育中教育者与受教育者逐渐虚拟化。网络的虚拟性决定了从事网络教育活动主体的虚拟性，即网络中的思想政治教育主体是虚拟的现实存在，这个主体没有具体的人格、身份和社会关系，不必物理在场，也无须"面对面"存在。这种虚拟表现为人格虚拟、身份虚拟和社会关系虚拟。在网络思想政治教育过程中，主体自身演化为符号化的存在；教育者与受教育者之间的互动也是通过虚拟符号化的互动实现的，受教育者通过虚拟主体形象和渠道了解必要的信息，实现价值观念的塑造。

综上所述，面对面的教育主体形态启示思想政治教育者应始终坚持以"教育者—受教育者"的互动方式对受教育者施加必要的影响，及时了解受教育者的思想动态，加强对受教育者思想认识的及时引导；非面对面的教育形态启示思想政治教育者充分利用网络信息技术，突破时间、地域、身份、社会关系的限制，实现现实基础上的主体虚拟化，为思想政治教育提供一个宽松、安全、弹性的环境氛围，以减少教育互动过程中可能产生的心理压力。非面对面的存在形态丰富和完善了思想政治教育主体的存在形态，克服了面对面主体形态的不足和制约，使思想政治教育具有更大的覆盖面以及更广泛的影响力。

3.以教育者与受教育者关系状态为标准划分的形态

在网络思想政治教育过程中，思想政治教育者与受教育者的关系状态，虽然表现出与现实思想政治教育不同的特点，但某种程度的非平等关系在网络思想政治教育中依然存在。这种关系状态的主要体现，是在特定部门、专业网站、政策法规宣传的红色网站上。

与此同时，由于互联网的出现和广泛普及，教育者的信息优势和技术优势部分丧失，网络空间中的平等成为互联网主要的价值理念和实践诉求。这就使思想政治教育者惯常占优势的主导地位受到了挑战，教育者不再是思想权威，而是制造、传播、管理网络信息，兼有信息传播者和对话者的双重身份；教育者与受教育者不再是上下级的等级关系，而是呈现出平等性形态。受教育者从网络上获取知识更加方便、快捷和全面，使教育者的信息优势和技术优势影响减弱。

互联网与思想政治教育的结合，极大地丰富了教育者与受教育者关系的形态。网络思想政治教育中非平等形态的存在，说明思想政治教育者在网络虚拟社会的主导性是真实存在的，也是必需的。因而教育者必须承担起传播正确思想理论和价值观的历史责任，积极用社会主义核心价值观引领多样化的社会思潮、影响网络舆论；网络思想政治教育中平等形态的出现，提示思想政治教育者要充分尊重受教育者参与网络的主体作用，调动其自我教育的能动作用，最终实现教育者与受教育者关系的良性互动。

（三）网络思想政治教育的重要课题

网络思想政治教育面临着许多新情况、新问题，主要有网络舆情、信息辨析、自主性丧失等。

1.正确分析、对待网络舆情

舆情是公众对某些重大社会问题和社会热点现象所反映出来的带有一定倾向性和影响力的观点、意见和态度的总称。网络舆情是指公众对在互联网上广泛传播并引发社会关注的热点事件和问题所作出的情绪或言论反映。但并非所有的情绪或言论都能形成网络舆情，情绪或言论借助网络虚拟空间，引发一定量网民的共同关注和议论，并且形成较大的社会影响，才能构成网络舆情。高校网络舆情主要是指大学生网络群体通过论坛、QQ、微博、SNS社区、微信等网络平台，针对自己所关注的社会现象、社会问题以及校园生活中的某些现象和问题发表意见和评论，从而形成的某种带有倾向性的情绪、意见和观点的总和。由于互联网虚拟、开放、自由、交互的特点，容易在网络空间内就某一特定事件或问题引发热议并达成规模型共识，因此网络舆情已经成为网络时代观察社会动向的晴雨表。高校网络舆情作为高校把握大学生思想动态的窗口和风向标，已经成为现代网络思想政治教育的重要课题被摆上议事日程。

一方面，网络舆情主体的虚拟性和复杂性、网络舆情内容的丰富性和多元性、网络舆情形成的突发性和不可控性给网络思想政治教育带来了新的挑战。高校作为信息传递较为便捷的场域，移动信息终端在学生和教师中的普及率非常高。尤其对于处于成长关键时期的大学生，由于缺乏社会经验，他们对错误观点、言论、思想的辨别力和分析力不强，四处扩散的网络消极言论有可能给世界观、人生观和价值观处于形成期且群体交往频度高、具有共同认知目标的大学生们造成冲击。各种负面信息的肆意传播、质疑甚至夸大社会阴暗面的情绪和言论，有可能引起网民的情绪波动，使其变得消极懈怠、愤世嫉俗，甚至可能形成非理性群体事件，影响单位和社会的稳定。另一方面，网络舆情又是思想政治教育的重要内容，积极健康的网络舆情不仅有助于把握人们的思想动态、社会心理，有利于保障人们对单位及社会公共事务的知情权、表达权、参与权和监督权，而且有利于营造引导人们更好学习、工作和生活的网络环境，增强网络思想政治教育的实效性。

所以，加强和完善高校网络舆情应对是网络思想政治教育发展的必然要求，正确分析、看待网络舆情，需要从以下几个方面努力。第一，构建理性、宽容、通畅的对话、沟通机制，充分保障大学生享有有效对话与发表意见的权利，不断拓宽学生利益诉求表达的渠道，引导学生通过正当方式表达自身合理诉求。第二，把握网络舆情的传播规律和运行机制，加强对舆情收集、研判、预警和干预机制的研究，提高网络舆论引导能力，讲求引导策略、引导艺术和引导效果。第三，重视网络舆情产生的社会问题，勇于倾听激烈的舆论批评，善于从负面信息中发现产生网络舆情的社会根源，通过现实矛盾和问题的解决来缓解舆情压力。第四，完善高校网络舆情的组织建设、制度建设和队伍建设，用完善的网络舆情管理机制应对复杂的网络舆情。

2.善于辨别、选择网络信息

海量的网络信息为人们的学习、研究提供了丰富的资料，开拓了人们多角度认识世界的视野。但是，数量庞大的信息良莠不齐，如果人们缺乏鉴别真伪、优劣的能力而照单全收，就有可能影响正确世界观、人生观和价值观的形成。这就要求网络思想政治教育工作者要高度重视人们网络信息素养和能力的培养和提高。

所谓网络信息素养的培养和提高，一是要提高人们运用网络的能力，[1]增强在复杂的网络信息生态中的辨别力、批判力与免疫力；二是要增强网络信息对人们发展的促进作用，引导其树立清醒的信息主体意识和正确的信息观念，准确把握信息目标与需求，明确有效信息对自身行为和全面发展的重要意义和作用。人们在浩渺的信息海洋中，通过辨别、选择、运用网络信息而形成的正确判断，有助于他们理性分析和认识各种社会矛盾和社会问题，增强社会参与意识和社会责任感。

3.掌握运用网络的自主权，避免和克服"网瘾""网虫"倾向

互联网的不断发展，使网络不仅成为现代社会最主要的信息渠道，也成为现代社会时尚生活方式的代名词。广大青年的网络化生存与发展，在为他们自身发展和社会发展带来不可估量的正面价值的同时，也引发了很多令人担忧的负面影响。其中一个值得网络思想政治教育者高度关注的问题就是青少年学生因长时间沉迷网络不能自拔而形成的"网瘾""网虫"倾向。网络沉迷又叫网络成瘾，是一种对网络依赖而产生的心理障碍，如同烟瘾、酗酒、毒瘾和赌博成瘾一样，是行为带来的心理后果。网络成瘾存在着生理依赖和心理依赖两个方面，网络成瘾是青少年学生网络异化行为中比较突出的一种。网络成瘾首先是心理问题，并有可能发展为个人思想道德上的缺陷，其病理特征比较类似于习惯与冲动控制障碍。网络成瘾现象在当今青少年学生中的存在令人担忧。网络成瘾会对青少年学生的学业、生活以及身心健康带来负面影响，导致学习成绩下滑、身体机能下降、人际情感冷漠、交往范围狭窄、伦理道德观念淡漠等问题，严重的还

---

〔1〕包括获取、识别、选择、辨析和处理网络信息的能力以及加工、创造信息的能力。教育和引导他们理性使用网络资源，提高对各类网络信息的解读、批判和应用能力。

会影响健康人格的形成和良好道德品质的养成。

网络成瘾的综合干预，重在预防，其中最关键的是要引导青少年学生掌握运用网络的自主权。从思想政治教育的角度来分析，第一，要加强青少年学生的网络意识教育，明确上网需求动机、增强网络心理素质、提高网络道德修养、锤炼网络自律和自制能力；第二，通过有效的技术手段防控网络成瘾。要通过正式的课程教学、技术培训、小组活动、在线咨询等方式，帮助青少年学生提高网络使用技术水平，提升自主运用和掌控网络的能力。

4.正确对待海量信息，避免和克服信息异化

信息技术的迅猛发展，有力地促进了社会各个领域的全面进步。信息作为社会发展的基本动力之一，其推动作用得到了空前的彰显。与此同时，人们对信息的盲目依赖和崇拜所产生的负面效应也日益凸显，"信息异化"现象由小到大，并有与日俱增的趋势，严重危害着一些人的全面发展。

人作为信息的主体，是信息的生产者和创造者，但是由于人在有些条件下没有正确认识和处理人与信息的关系从而使自己在信息面前丧失了主体性，丧失了控制信息的能力，而信息反过来成为支配人的异己力量。信息异化是信息社会条件下人对物即工具依赖的一种新形式，它揭示了现代社会人与信息关系的一个悖论：人类创造了信息和信息技术，但人对信息以及信息技术的过度依赖已使自己如作茧自缚般陷入自己编织的信息网中，人所创造出的信息反过来变成了主宰和支配人的生活的主体力量。

青少年学生中的信息异化，主要表现有：一是网络信息依赖。随着互联网成为青少年学生学习、生活不可或缺的一部分，有些学生过于依赖网络信息使其主体性被消解，甚至对网络信息不分析、不鉴别，变成信息的奴隶。虚拟生存对他们来说，已经成为一种新的信息异化，严重影响身心健康，甚至导致荒废学业。二是网络信息崇拜。信息技术所提供的前所未有的快捷和方便，使得一些青少年学生顶礼膜拜。过度的信息崇拜必然导致盲目性和狂热性，有的无限夸大信息的价值和功能，认为抽象的信息就是一切，在信息追逐和信息刺激中，有的失去了创造力，丧失了主体性。三是网络信息恐慌。信息爆炸带给有些人的不仅是满足，还有惶恐。在获取信息的过程中，有些青少年学生总担心自己比别人知道得少，担心掌握的信息落后于别人，担心遗漏了重要信息。不知道如何识别判断信息的真伪并获取有效信息，是很多学生在网络信息面前表现出来的一种普遍心态。四是网络信息焦虑。信息给人们带来了便利，同时也让一些人愈加困惑和焦虑。由于缺乏足够的鉴别能力，海量信息与青少年学生较差的处理信息能力之间形成了鲜明的反差，对一些学生造成了不同程度的精神压

力，使其在信息面前表现出迷惘和困惑等心理问题。

信息异化现象出现的根源不在信息而在人自身。预防青少年学生信息异化，需要从做好青少年学生工作人手，增强青少年学生运用信息为自身发展服务的主体性意识，引导青少年学生充分认识信息异化的实质和危害，正确获取、选择、利用信息，科学地整合、转化与创新信息，从而促进自身全面发展。

三、网内与网外思想政治教育的关系

网内与网外思想政治教育是一种相辅相成的辩证关系，二者既相互联系，又存在差别，为了提高思想政治教育的针对性和实效性，实现思想政治教育现代化，必须厘清网内与网外思想政治教育的关系，实现二者的紧密结合。

（一）网内与网外思想政治教育的联系

1.教育者的贯通性

思想政治教育的教育者是思想政治教育的组织者和实施者。在网络思想政治教育中，网络思想政治教育者是指基于网络或者运用网络进行思想政治引导和教育的主体。由于互联网给教育活动带来的深刻变化，网络思想政治教育者表现出了与现实思想政治教育者不同的一些变化特征，但究其根本，网内与网外思想政治教育者仍具有本质规定性上的贯通性。

网内思想政治教育者与网外思想政治教育者相比，出现的新变化与新特征主要有以下方面。第一，教育者的广泛性增强。教育活动的过程就是信息观念传递的过程。在开放的互联网时代，只要是能够上网的人都可以制造、传播信息观念并与人进行交流，从这个意义上说，人人都可以充当教育者。第二，教育者的权威性减弱。网络社会扁平化的结构消解了现实社会科层制结构中的权威，客体的权利意识觉醒，更多地渴望平等互动。网络思想政治教育者难以像网外思想政治教育者那样以思想权威、独家报道的方式来输送信息和思想观念，网络上颠覆权威、解构权威的趋势使教育者的权威性减弱。第三，教育者的虚拟性显著。互联网本身是一个虚拟的空间，网络虚拟现实技术使教育者在网络上可以虚拟存在，可以不受任何物理实在的限制，因而可以根据情境的需要，完成不同角色的符号化转换。

尽管网内思想政治教育者出现了一些与网外思想政治教育者不同的新特征，但由于作为教育者的本质规定性没有发生改变，因而从根本上二者是贯通的。首先，在网络世界里虽然人人都能够充当教育者的角色，但只有代表社会规范要求，符合社会和人发展需要的思想和观念才能引起人们的共鸣，并对人产生深刻的影响。其次，虽然网络教育者的权威性有所减弱，但是思想政治教育的灌输本质并没有改变，只有掌握先进思想观念的教育者才能不断向青少年进行传播，完成有效育人的使命。最后，教育者虽然带有一定的虚拟性，但并非教育者及其作用的虚化。网络思想政治教育者与网外思想政治教育者在本质上的贯通性，启示教育者应努力学习现代网络技术手段，适应网络化生存，发挥网络优势，以便更好地完成思想政治教育的任务。

2.教育对象的相通性

网外思想政治教育的对象具有一定的确定性，重点是指青少年学生，而且对教育对象各方面的综合情况大体有所把握，如姓名、年龄、性别、地域、文化程度、心理水平、认知结构等。提高思想政治教育针对性和有效性的重要前提条件就是要科学准确把握教育对象的发展变化。

网络化时代同时赋予了思想政治教育主体与客体新的变化和特点。第一，网络教育对象具有某种不确定性，表现在教育对象的姓名、年龄、性别、地域、文化水平、需求程度等方面都存在较大差异性。第二，网络教育对象更多地具有网络信息主体性特征，表现为他们在信息的甄别、选择、加工、发布上主动意识较强，并努力通过对信息的操控在网络上形成个人影响和权威。从这个意义上说，网络教育对象身上更多地打上了主体性的印迹。第三，网络思想政治教育对象的平等性诉求增强。在网外思想政治教育中，教育者和教育对象的身份是确定的，并且在思想政治教育过程中所承载的角色内涵不同而使二者关系具有某种不平等性。尽管在一些专业化的思想政治教育网站中仍然存在着这种不平等关系，但网络思想政治教育总的趋势是教育对象的平等性诉求越来越强烈，权利意识不断觉醒。

网络化时代思想政治教育对象出现的这些新特点，是时代发展变化的反映和体现。透过这些变化看本质，网内网外思想政治教育的对象也具有相通性。第一，从年龄阶段来看，无论网内还是网外，思想政治教育对象的主体始终是青年。青年正处于社会化的关键时期，由于经济上并未完全独立，网络社会的任何虚拟身份、虚拟社会地位最终均无法实现。真正的社会地位的获得和社会身份的认可，还是要通过自身的现实实践才能获得。作为思想政治教育的主要对象，青年具有很强的可塑性，能否把他们培养教育成为中国特色社会主义事业的合格建设者和接班人，关系重大。

第二，从思想政治素质的培养要求来看，网内网外思想政治教育对象也是相通的。青年在思想政治意识和能力方面与社会规范和期待之间存在着一定的张力，他们处在世界观、人生观和价值观形成的关键时期，需要进行必要的教育和引导。虽然在信息极大丰富的网络时代，他们的主体意识越来越强，但这种主体意识主要体现在对信息的主动性选择上，而在信息的判别和评价标准的把控能力方面，仍需要对他们进行必要的教育和引导。

网内与网外教育对象所具有的内在相通性，启示思想政治教育者要投入更多的精力去把握和了解教育对象，掌握其个性化的真实的思想动态；针对教育对象主体性增强的特点，思想政治教育者要更好地坚持思想政治教育中自我教育和自我修养的原则。总之，网内与网外思想政治教育要紧密结合，不能将二者割裂开来。

3.教育规律的共通性

思想政治教育的规律主要包括人的思想政治品德形成的规律和思想政治教育实施和取得实效的规律。人的思想品德形成发展规律是指在社会实践的基础上，客观外界条件的决定性影响与人的主观内部条件交互作用，在内外部因素相互平衡、相互协调过程中主体内在矛盾运动潜移默化发生转化的规律。它是由思想政治教育的基本矛盾决定的，即由一定社会的发展要求同人的实际思想品德水准之间的矛盾决定的。思想政治教育实施和取得实效的规律，服从、服务于社会发展，一方面受到社会政治、经济、文化的影响和制约；另一方面又能够发挥对社会的能动作用，超越一定的现实社会的客观条件，取得思想政治教育的成效。

互联网与思想政治教育相结合，使思想政治教育活动产生了一些区别于网外现实思想政治教育活动的新特性。第一，系统要素更加丰富。网络介质成为思想政治教育系统中新的要素，网内思想政治教育活动主要依托网络新介质进行，网络虚拟的现实场景增加了新的互动情境，形式更加丰富多样。第二，互动方式更加多样灵活。新的互动方式在有效性和可控性等方面都有别于传统的网外思想政治教育，主客体之间产生新的联系方式，相互之间的关系更加复杂。第三，教育环节更加快速紧凑。无论是单向的信息发布还是双向的网络互动，网络都具有明显的速度优势，这使得思想政治教育在认识教育对象、形成教育对策、具体实施活动以及教育效果反馈、收集、调整等环节的节奏都明显加快。

然而，从根本上说，网内网外思想政治教育规律仍然是共通的。第一，网内思想政治教育的基本矛盾没有发生改变。身处网络时代的青少年依然存在实际思想品德水平与社会发展规范要求之间的差距。第二，网内思想政治教育的社会存在基础没有改变。网络尽管虚拟，但离不开客观的社会现实基础。第三，现实思想政治教育中形成的具体规律和规则在网内依然适用。网络无论怎样发展变化，最终都是现实中人际交往关系的拓展和延伸，它的本质依然是人与人的交往互动，因而在现实人际交往互动中起作用的思想政治教育的具体规律和原则在网络时代并不会失去效力。

（二）网内与网外思想政治教育的区别

1.网络领域中教育的平等性增强

在网外思想政治教育中，教育主体往往处于领导、主导、权威的地位，教育者主体性作用往往强于教育对象的主体性。而网内思想政治教育更多地体现出教育者与教育对象间的平等性和民主性。在现实生活中人际交往所遇到的种种障碍，比如社会地位的高低、文化背景的不同、职业的差别等，在互联网上都会被弱化甚至视而不见，取而代之的是以网民身份平等交往的关系；信息的传递具备双向流通的渠道，意见的表达呈现出去权威化的特征。网络交往中民主性增强，使得教育者主体和教育对象客体能够真正处于平等的地位。

网内思想政治教育平等性与民主性的不断增强，启示思想政治教育者转变教育理念和教育方式，在网内思想政治教育中，教育方式不应再强制要求，而更多的是以观点、思想、信息的提供，进行启发和引导，教育过程充满民主和平等的氛围，从而使思想政治教育的主客体之间交流和沟通更加充分，因而更具有亲和力，教育者和受教育者都能够较好地发挥其主体性。

2.网络领域中教育的交互性显著

网内思想政治教育区别于网外思想政治教育的一个显著特点就是具有更明显的交互性。所谓交互性，是指教育主体和客体在网络思想政治教育过程中所形成的思想、观念、信息和情感之间的双向互动关系。网络思想政治教育过程的交互性打破了教育者与教育对象的固有身份，变被动式教育为互动式教育。在形式上，教育者与教育对象都是网络活动的主体，教育者要认识并尊重受教育者的主体性地位，在更加平等的环境中共同探讨问题；同时，教育对象的主体意识也被极大地调动起来，在与教育者的平等沟通与交流中，实现更广泛而深层的思想、信息和情感的交互。

3.网络领域中教育的隐蔽性突出

网络思想政治教育相对隐蔽性的特点，可以达到润物无声的教育效果。网络思想政治教育的隐蔽性根源于互联网的虚拟性。在互联网所建构的虚拟世界中，个人所具有的社会身份、行为方式、行为目标等都能够得到充分隐蔽。思想政治教育者可以以虚拟身份在网络上对教育对象的思想道德状况进行深入了解，并引导其培养良好道德品质和行为习惯；反过来，网络思想政治教育活动的隐蔽性，也使得教育对象在网络上能够更充分地展示自我，更真实地发表观点、看法和意见。这种思想意识的真实表达，在一定意义上有助于思想政治教育者更好地掌握教育对象的真实思想动态，使教育活动更具有针对性。

4.网络领域中教育的个性特征明显

互联网与思想政治教育的结合，使网络思想政治教育的个性化特征明显增强。因为网络空间原本就是具有共同兴趣、爱好、利益和需要的人群，基于资源共享和互惠合作等目的自愿形成的虚拟社会，个体的思想情绪更加宜于完全而真实的暴露，因而教育对象带有更加明显的个性化、自主性。在网络思想政治教育过程中，教育者必须尊重教育对象的兴趣、爱好、利益和需要，从教育对象的现实个性出发而不是从主观臆断出发，有针对性地对教育对象实施帮助和引导。事实上，网络技术应用的不断发展，也为网络思想政治教育的个性化引导提供了必要的技术支撑：教育者与教育对象的心理距离在缩短，互动效率在提高，思想、信息和情感的交流更加直接、真实、简便、快捷；教育者也能够充分运用网络技术，针对教育对象的思想实际，因材施教、因势利导，大大增强了思想政治教育的实效性。

（三）正确处理网内与网外思想政治教育的关系

网内与网外思想政治教育是相互联系、相辅相成的辩证统一体。网外思想政治教育是网内思想政治教育的基础和前提，而网内思想政治教育作为一种新兴的现代教育形态，有效延伸和发展了网外思想政治教育。

1.网外思想政治教育是网内思想政治教育的基础

网外思想政治教育与网内思想政治教育是现实与虚拟的关系。网外思想政治教育作为现实存在，是网络思想政治教育的基础和前提，网内思想政治教育虽然在网络虚拟空间中进行但并非脱离现实实践。首先，网络思想政治教育不能脱离网外思想政治教育多年来的理论积淀、实践经验、工作队伍以及形式手段，离开了这些基础性的经验，网内思想政治教育就如同无本之木，难以稳固生长。其次，网内思想政治教育的实际效果要以现实思想政治教育问题的解决为依据。网络上反映出的政治、思想、道德以及价值观等方面的问题往往来源于现实社会，是现实社会问题在网络和传播媒介中的集中反映和聚焦放大。网络与现实的虚实关系，决定了网络思想问题的解决，从根本上要以现实思想问题的解决为检验标准。最后，网络思想政治教育的创新要以现实思想政治教育为依托。互联网与思想政治教育的结合，为思想政治教育的创新提供了新的视域、渠道和舞台，但失去了现实思想政治教育的依托，网络思想政治教育的创新就成了无源之水、无本之木，纵然在方式方法上推陈出新，但终究无法获得实质上的真正发展。

2.网内思想政治教育是网外思想政治教育的延伸

网络思想政治教育作为思想政治教育的新领域，是传统的网外思想政治教育在全新社会领域里的延伸和拓展，是现代思想政治教育发展的新形态。首先，网内思想政治教育延伸和拓展了网外思想政治教育的时间和空间。网络的开放性和便捷性使思想政治教育发挥作用的时间和空间越来越广阔，时效性不断提升，覆盖面不断扩大。其次，网内思想政治教育延伸和丰富了网外思想政治教育的内涵和外延。互联网超越时空的技术特性和无限多样的信息含量使思想政治教育的内容与素材得到了极大丰富，网上政治参与、网络伦理道德、网络法制意识、网络技术素养等都成为网络教育的新内容而得以普及和深化，这一切共同作用于教育对象，对其塑造正确的世界观、人生观和价值观起到了积极的引领作用。再次，网络思想政治教育延伸了教育活动过程中教育者和教育对象的主体性。思想政治教育者可以更主动、更全面地收集真实的思想信息，从而增强思想政治教育的针对性和有效性；同时，网络主体的平等性使教育对象的主动性明显增强，自主选择相关信息进行自我教育和对信息进行二次传播，激发了教育对象在网络思想政治教育中的主体意识。最后，网内思想政治教育延伸和拓展了网外思想政治教育的方式和渠道。传统的网外思想政治教育相对于教育对象的思想变化总是有相应的滞后性，而网内思想政治教育的快捷性和实时性能够弥补和消除二者之间的时差，从而突显其方式渠道的有效性。

3.实现网内与网外思想政治教育的结合

在互联网深入普及的时代，思想政治教育的现代化就是要将思想政治教育与网络技术完美结合，实现网内思想政治教育与网外思想政治教育的结合。为此，思想政治教育需要利用现代化的教育手段，充分借助和发挥网络的技术优势，在教育者与教育对象之间架起互信与沟通的桥梁，更广泛、更迅速、更大众化地贴近教育对象，增强思想政治教育的实效性。实现网外思想政治教育与网内思想政治教育的结合，需要继承和发扬现实思想政治教育的原则和经验，并结合新的时代特点注入新鲜元素和内涵，不断地整合网络信息技术与思想政治教育相结合的优秀成果，推进思想政治教育在继承、创新和发展中不断焕发出新的生机和活力。

历史经验表明，新生事物总是在对现实的扬弃中获得内涵并发展进步的。在实现网内与网外思想政治教育相结合的问题上，应纠正两种偏颇认识：一种是在互联网时代，固守传统的思想政治教育模式，拒绝利用网络带来的积极因素，拒绝更新教育理念和手段，视网络为洪水猛兽；一种是对网络表现出极度推崇甚至膜拜，全盘否定传统和现实中思想政治教育的成功经验和时效性，对思想政治教育历史形成的原则、规律、经验等一概抛弃，割断其与网络思想政治教育的历史联系。这两种认识都没有正确把握网外思想政治教育与网内思想政治教育二者之间的辩证联系与发展。在网内与网外思想政治教育的关系上，既不能一切都循规蹈矩，固守现实思想政治教育的模式和经验，也不能割断历史和联系，把现实思想政治教育看得一无是处，把网络的作用吹上了天。

总之，实现网内与网外思想政治教育的结合，必须处理好继承和创新的关系。思想政治教育内容的更新与完善以及实效性的增强要充分借助网络信息技术的充实和支撑，同时思想政治教育实效性的增强还要合理继承现实思想政治教育中行之有效的方法和手段。现实中任何有效的思想政治教育手段都不能因为思想政治教育工具的更新而被抛弃，一切有生命力的思想政治教育手段都应当传承下来并发扬光大。思想政治教育的现代化发展是一个系统工程，网内与网外思想政治教育作为这个工程的不可分割的两个组成部分，相互联系又相互借鉴，相辅相成不可或缺。网内思想政治教育不能代替网外思想政治教育，反过来也是这样。只有把网内与网外思想政治教育有机结合起来，实现网内网外的相互联动、全程覆盖，才能真正增强思想政治教育的时效性与实效性。

第二节　思想政治教育的实践探索

为了更加有力地推进我国经济社会发展，党的十八大提出了"实施创新驱动发展战略"，强调"促进创新资源高效配置和综合集成，把全社会智慧和力量凝聚到创新发展上来。"[1]十八届五中全会提出："坚持创新发展，必须把创新摆在国家发展全局的核心位置，不断推进理论创新、制

[1] 胡锦涛：《坚定不移沿着中国特色社会主义道路前进　为全面建成小康社会而奋斗——在中国共产党第十八次全国代表大会上的报告》，人民出版社，2012年版，第22页。

度创新、科技创新、文化创新等各方面创新，让创新贯穿党和国家一切工作，让创新在全社会蔚然成风。"[1]思想政治教育及其学科建设，具有很强的现实性、综合性、理论性与应用性，与社会实践发展和理论发展，同人们的思想、行为的发展变化，有着紧密的联系。因而，思想政治教育及其学科建设，要适应并推进我国社会科学发展，促进人的全面发展，适应并推进实施创新驱动发展战略，必须不断创新发展。

一、思想政治教育创新发展的时代要求

我国改革开放以来，坚持发展是硬道理、发展是第一要务；强调"创新是一个民族进步的灵魂，是一个国家兴旺发达的不竭动力。"[2]党的十八以来，我国推出了全面建成小康社会、全面深化改革、全面依法治国和全面从严治党的战略布局，是中国共产党治国理政方略与时俱进的新创造，是全国各族人民阔步走向未来的关键抉择。这一战略布局，呼唤并要求思想政治教育创新发展。

（一）社会实践发展的要求

唯物辩证法认为，事物的相互联系，包含事物的相互作用，而相互作用必然导致事物的运动、变化和发展。思想政治教育在当代社会背景下，面对着不断发展变化的新情况、新问题，必须创新发展，社会实践发展对思想政治教育创新发展的需求具体现如下（表7-3）。

表7-3　社会实践发展对思想政治教育创新发展的需求体现

需求层次	具体阐释
全面建成小康社会需要思想政治教育创新发展	全面建成小康社会是我国的战略目标。全面建成小康社会，最根本最紧迫的任务是进一步解放和发展社会生产力。要进一步解放和发展社会生产力，必须发挥思想政治教育的作用，充分调动人们的积极性、主动性与创造性，激发内在动力，增强社会活力，为更好推进我国经济社会发展创造主观条件。

〔1〕《中国共产党第十八届中央委员会第五次全体会议公报》，《人民日报》2015年10月30日。
〔2〕《江泽民文选》第1卷，人民出版社，2006年版，第432页。

需求层次	具体阐释
全面深化改革需要思想政治教育创新发展	全面深化改革特别要把握的重大问题，其一是改革的方向，其二是全面深化改革的总目标，其三是掌握正确的改革方法。掌握正确的改革方法既是我国社会需要共同面对和解决的重大问题，也是思想政治教育工作者需要深入研究的理论与实际课题。只有围绕推进全面深化改革这个大局，开展坚持正确方向、目标的教育，掌握和运用正确方法，思想政治教育才是真正为党的中心工作服务，也才能引导广大群众参与，得到广大群众拥护。
全面依法治国需要思想政治教育创新发展	全面依法治国，标志着我国实施从法律体系向法治体系转化的重大战略，标志着中国共产党治国理政理念的重大飞跃和治国理政方式的重大转型，也标志着国家治理现代化的重大跨越。思想政治教育及学科建设，要适应并推进这一战略实施，必须根据新的任务与要求进行创新发展，思想政治教育工作者必须认真学习法治理论，深入了解、研究依法治国形势，有效培养人们的法治信念与精神，积极主动投入依法治国实践。
全面从严治党需要思想政治教育创新发展	全面从严治党从转变作风入手，通过反腐败发力，用制度作保障，用信仰塑灵魂，从小到大、从外到内，标本兼治、固本培元，是习近平管党治党的实践逻辑。正如习近平所说："腐败是社会的毒瘤，是影响经济社会发展、国家长治久安的致命风险。反对腐败、建设廉洁政治，保持党的肌体健康，始终是我们党一贯坚持的鲜明政治立场。"为此，各级党组织着力集中解决党内存在的形式主义、官僚主义、享乐主义和奢靡之风问题。

（二）人的现代化的需要

当代中国已步入改革的关键期，全面深化改革对人们的素质提出了更高的要求。思想政治教育的目标就是培养社会主义建设者和接班人，这一目标能够推进思想政治教育理论创新发展。现代人需要具备的品格是人的现代化的重要体现。思想政治教育说到底是培养人的思想政治素质的教育活动，承担着与现代社会相适应的人的培养任务。人是处于具体的时代环境之中的，必然随着时代的变迁而有不同的思想状况与发展需求，思想政治教育必须顺应社会的变化和时代的要求，在内容、方式上实现创新发展。

二、高校思想政治教育的队伍保障机制

高校思想政治教育队伍是做好思想政治教育工作的根本保证。高校思想政治教育工作者组成的队伍是高等学校教师和管理队伍的重要组成部分，是学生思想政治工作的组织者和指导者，也是高校思想政治各项制度措施的实施者。这支队伍的优劣及稳定与否直接关系到高校思想政治教育的成效。

（一）高校思想政治教育队伍建设的实践探索

事在人为。高校思想政治教育之"事"要由高校思想政治教育工作者组成的队伍去"为"。高校思想政治教育队伍的状况如何，直接关系到高校思想政治教育目标的实现。

1.高校思想政治教育队伍的含义

根据社会主义事业发展的要求，高等学校思想政治教育者以马克思主义政治观、世界观、人生观、道德品质和法纪意识为积淀，向高校职工和学生进行有目的、有计划、有组织的教育活动，从而提高教职工和学生思想道德素质。这是高校思想政治教育实施的主体。广义上，高校思想政治教育队伍是高校思想政治教育者的集合体，包括高校的全体党员、干部、教师等；狭义上，高等学校思想政治教育队伍则是指由受党组织正式委托从事高校思想政治教育的人员组成的群体。作为高校思想政治教育的主体，政治教育队伍能够在思想政治教育工作中起着至关重要的作用。

本书中所阐述的高等学校思想政治教育队伍是狭义上的理解——受党组织正式委托从事高校思想政治教育的人员组成的群体。中共教育部党组《关于进一步加强高等学校学生思想政治教育队伍建设的若干意见》指出："高等学校学生思想政治工作人员包括专职人员和兼职人员。专职学生思想政治工作人员系学校专职从事和负责学生思想政治工作的人员，包括学校分管思想政治教育工作的党委副书记，学生工作部（处）从事学生思想政治教育工作的人员，院（系）党总支负责学生思想政治教育工作的副书记、团总支书记，学生政治辅导员等。专职学生思想政治工作人员应该承担思想政治理论课或其他课程的教学及相关科研工作。兼职学生思想政治工作人员，是指从教师和品学兼优的党员研究生、高年级大学生中选拔配备的半脱产学生班主任、导师或学生政治辅导员。他们一边从事教学、科研工作或学习，一边从事学生思想政治工作。"

2.高校思想政治教育队伍的结构

高校思想政治教育队伍的主要构成——高校思想政治教育队伍。队伍结构决定了其基本的功能。具体地说，好的结构必定产生合理的功能，不合理的结构，其功能也差强人意。根据系统论的观点，系统功能的发挥取决于两种基本的要素：一是系统内部各要素的质量；二是系统内部各种要素之间的组合构成方式。所以，研究高校思想政治教育队伍的结构是研究高校思想政治教育队伍的职能的必要条件。

按照不同的标准，高校思想政治教育队伍的结构，它可以划分为以下几种类型。

（1）人员构成

高校思想政治教育队伍的人员是由专职人员、兼职人员组成的。目前，我国高校思想政治教育队伍主要是由两部分人员构成（表7-4）。

表7-4 高校思想政治教育队伍的人员结构

人员类型	具体内容
专职人员	包括学校分管学生思想政治教育工作的党委副书记，专职的思想政治理论课教师和哲学社会科学课教师，学生工作部(处)从事学生思想政治教育工作的人员，学校团委干部，院（系）党委（总支部）负责学生思想政治教育工作的副书记、分团委书记（团总支书记），学生政治辅导员等。尽管他们人数不多，但却是高校思想政治教育的中坚力量，在教育活动中起着主要的作用，决定着整个高校思想政治教育队伍功能的强弱。
兼职人员	兼职人员是指那些既担负着其他业务工作，又担负着高校思想政治教育任务的人员。狭义的兼职人员，包括思想政治理论课兼职教师、兼职辅导员、兼职学生班主任和学生助管等。尽管他们只是用部分精力和时间来从事高校思想政治教育工作，但他们却是这支队伍中的重要力量。广义的兼职人员，它包括专职高校思想政治教育人员之外的大学其他人员和社会上与高校思想政治教育有关的人员。

高校思想政治教育队伍的人员结构的基本要求：以专为主，专兼结合，功能相互补充。

（2）知识能力结构

知识能力结构指的是高校思想政治教育队伍的知识与能力的构成（表7-5）。

表7-5　高校思想政治教育队伍的知识能力结构

结构类型	具体内容
合理的知识结构	高校思想政治教育工作者都应具备完善的知识结构，要有扎实的马克思主义理论知识，高校思想政治教育的专门知识和相关学科的知识等。在一支具体的高校思想政治教育队伍中，各成员的知识结构是有所不同的。对队伍成员应有共性的知识结构要求，也应鼓励成员之间围绕工作的需要具有知识结构的个性和知识专长，以形成队伍内部成员之间知识互补。
相应的能力结构	知识的多寡、深厚和完善程度影响高校思想政治教育工作者能力活动的广度、深度以及分析问题和解决问题水平的高低。高校思想政治教育工作者的能力只有在学习和运用相关知识的过程中才能得以形成，只有随着相关知识的获取和运用，才能促使其能力不断提高。另外，高校思想政治教育工作者的能力又是获取、运用和创造相关知识的前提。因此，高校思想政治教育队伍不仅要有好的知识结构，还应当有好的能力结构，主要包括高校思想政治教育信息的整体获取能力、高校思想政治教育信息的整体分析能力、高校思想政治教育整体预测与决策能力、组织与实施能力、宣传能力、组织协调能力、创新能力、运用现代化教育手段的能力、科研能力等。

　　队伍的知识能力结构与队伍的学历层次结构紧密联系。高校思想政治教育队伍应由多层次学历结构的人员组成。根据具体情况，大学所设置的思想政治教育队伍学历结构应当明晰。究竟是以本科学历为主还是研究生学历为主，应依据具体情况而定，层次高一些的大学，其思想政治教育队伍的学历结构层次相应要高一点。

　　（3）年龄性别结构

　　在高校思想政治教育中，合理的年龄结构以及性别结构对思想政治教育有着积极的推动作用（表7-6）。

表7-6　高校思想政治教育队伍的年龄性别结构

结构分类	具体内容	
年龄结构	高校思想政治教育队伍应由老中青三部分组成，前者承担的是思想政治理论课程的教学任务，队伍成员年龄的上限是正常退休年龄；后者承担的是大学生日常的思想政治教育与管理，年龄一般在20多岁到40多岁之间，30多岁的就为"中"。在高校思想政治教育队伍的建设中，我们所需要的是前进型，要避免的和要改造的是静止型和衰退型。	第一种是正三角形模式，即青年人多于中年人，中年人多于老年人。这种结构既有利于发挥老中青各自的优势和作用，也有利于不断地培养接班人。由于这种结构模式在现实工作中效率高，又有助于队伍的正常发展，所以称它为前进型。

结构分类	具体内容	
年龄结构		第二种是橄榄型模式，即两头小、中间大。这种年龄结构因"中间大"而有利于眼前工作的开展，因青少年而不利于队伍未来的发展，因而这种年龄结构模式又称为静止型。
		第三种是倒三角形模式，老年人多于中年人，中年人多于青年人。这种结构问题比较多：一是因老年人太多，难以胜任繁重的工作，且容易因循守旧，排斥创新；二是青年人太少，会使队伍缺乏生气和开拓精神；三是不利于接班人的培养。这种模式故又叫衰退型。
性别结构	高校思想政治教育队伍建设除了要有合理的年龄结构，还应有合理的性别结构。大学生中有男有女，有些工作比较适合女成员做，有些工作则比较适合男成员做，因此，队伍中男女成员都应占有一定的比例。如果性别构成单一，不利于性别上发挥互补效应。一般而言，男大学生多的学校，队伍中男性成员的比例就应大一些；女大学生多的学校，队伍中女性成员的比例就应大一些。	

（二）高校思想政治教育队伍建设的基本思路

1.高校思想政治教育队伍建设工作的指导思想

高校的发展离不开人才，高校思想政治教育队伍作为高校思想政治者的集合体，是思想政治工作中宝贵的、不可或缺的人才资源，是高校发展的第一资源，也是最有增值潜力的资源。目前，高校思想政治教育队伍还存在着总量不足、结构不合理的问题，这直接制约了高校思想政治教育工作的深入开展。因此，加大思想政治教育工作人才引进力度，构建"以人为本"的现代人力资源管理开发体系，不断提升整体水平，是高校思想政治教育队伍建设的当务之急。

在高校思想政治教育队伍建设工作中，要"加强引进，做好稳定，重视开发，激励贡献"。加强引进是前提，做好稳定是基础，重视培养是关键，发挥作用是目的。将思想政治工作人员的全面成长与高校思想政治工作的深入开展有机结合，实现"双赢"。

2.高校思想政治教育队伍建设的基本原则

高校思想政治教育队伍建设的应该遵循以下几个基本原则（表7-7）。

表7-7　高校思想政治教育队伍建设的基本原则

基本原则	内容
增加队伍总量与优化结构	要注重提升思想政治教育队伍总量，加大思想政治工作人才引进的力度。 要注重改善高校思想政治教育队伍的结构,包括年龄结构、学历结构、专业结构、职称结构等,形成科学合理的思想政治教育队伍梯队。
注重培养开发	建立合理的培训机制，运用现代人力资源管理开发技术，对思想政治教育人力资源进行开发、培养，促进其自我完善和自我增值。
激励发挥作用	通过建立合理的人才选拔机制、队伍培养机制、队伍管理机制，以合理使用高校思想政治工作人力资源为目的，使高校思想政治教育工作者充分实现自身的社会价值和自我价值。

（三）加强高校思想政治教育的队伍建设

高校思想政治教育队伍建设是一个系统化的工程，应从队伍的选拔、培养和管理来切实加强队伍建设。

1.认真做好队伍的选拔工作

高校应按照"严格标准、精心挑选、优化结构"的方针，应通过合理的选拔标准、科学的选拔方式，坚持专职与兼职结合的原则将优秀人才选拔到思想政治教育岗位上，为高校思想政治教育队伍建设贡献力量，其具体内容如下（表7-8）。

表7-8　高校思想政治教育的选拔工作

工作程序	具体内容
确立选拔的标准和条件	根据德才兼备的原则，对高校思想政治教育工作者的选拔标准和条件在思想政治素质、专业知识、实践能力等方面做了一些规定。2006年7月《普通高等学校辅导员队伍建设规定》明确指出，辅导员选聘应当坚持如下标准："（一）政治强、业务精、纪律严、作风正；（二）具备本科以上学历，德才兼备，乐于奉献，潜心教书育人，热爱大学生思想政治教育事业；（三）具有相关的学科背景，具备较强的组织管理能力和语言、文字表达能力，接受过系统的上岗培训并取得合格证书。"2008年9月，中共中央宣传部、教育部《关于进一步加强高等学校思想政治理论课教师队伍建设的意见》对高校思想政治理论课教师任职资格、队伍建设的原则、高校思想政治理论课教师人才配置等方面做了规定，应严格按照这一规定进行高校思想政治理论课教师的选拔工作。

工作程序	具体内容
完善选拔的程序	在公开选拔、竞争上岗过程中，要建立高水平的考官队伍，分门别类、科学合理地确定拟选拔职务的报考资格、选拔程序、笔试、面试内容、测评方法；科学地对拟任高校思想政治教育队伍进行综合测评，力求选拔合适的人做合适的事，做到人与事的完美结合。	一是确立选拔的人数和要求。高校思想政治教育队伍尤其是专职队伍的选拔，要在学校党委的统一领导下，由学校相关学科专家、有经验的教师和人事、组织、学工、教务等部门和院系组成思想政治教育队伍选拔工作领导小组，汇总对思想政治理论课教师、辅导员、班主任的需求，根据现有人员的编制、性别、学历、专业结构等，研究决定选留的具体人数及相关要求，然后向社会发布信息，包括岗位设置、人员数量、任职资格等准入要求，面向社会公开招聘和选拔。 二是笔试和面试。经资格审查合格的人员参加学校组织的笔试，从上线人员中按一定比例确定面试对象进入面试。面试应注重考核综合能力。 三是广泛征求意见后报学校党委审批。对面试合格的人员，选拔领导小组要进行认真讨论，实行无记名投票表决制度，确定公示名单，进行公示，广泛征求意见，公示无异议后，报学校党委审批，审批后最终确定任用。

2.不断加大队伍的培养力度

高水平和高素质的思想政治教育工作队伍，是高校思想政治教育工作取得成绩的基本保障。高校通过完善的系统培训体系，有计划、有步骤、有层次地对高校思想政治教育队伍进行定向培养（表7-9）。

表7-9　如何完善高校思想政治教育队伍

完善高校思想政治教育队伍	具体阐释
建立和完善培训体系，提高队伍素质	高校党委应坚持抓好校院两级中心组的学习，以提高全校党政干部思想理论水平。要抓好业务培训以提高他们的领导决策管理能力，加强对高校思想政治教育的领导，为有效开展高校思想政治教育工作打下坚实的思想理论基础。各地各高校要制订思想政治理论课教师和辅导员、班主任培训规划，建立和完善有重点、分层次、多形式的培训体系，让所有专兼职学生思想政治教育人员都具备相应专业技术资格和水平。

完善高校思想政治教育队伍	具体阐释
加强实践锻炼，搭建交流平台	要组织思想政治理论课教师和辅导员、班主任开展社会实践和学习考察活动。通过引进来走出去、打破校园界限、广泛利用社会资源、丰富充实培训内容，通过学习考察、社会调研、挂职锻炼等形式，使辅导员和班主任开阔视野，拓展思路，提高解决实际问题的能力，增长做好思想政治教育工作的才干；帮助思想政治理论课教师进一步了解国情，了解世界，开阔视野，丰富教学素材。

3.建立健全队伍的管理机制

科学的管理机制，能够提高高校的服务质量和业务品质。同时，科学管理制度有利于激发高校教育队伍的工作热情并且能够提升其工作效率。建立健全高校思想政治教育队伍的管理机制包括建立健全考核、激励等机制（表7-10）。

表7-10　建立健全队伍的管理机制

工作程序	具体步骤	
建立健全考核机制	第一，成立高校思想政治教育队伍考核领导机构。	
	第二，制订科学的高校思想政治教育队伍考核标准。	（1）对高校思想政治教育队伍的思想政治素质进行考核。 （2）对高校思想政治教育队伍业务知识和工作能力进行考核。 （3）对高校思想政治教育队伍的工作绩效进行考核。 （4）四是对高校思想政治教育队伍理论学习和业务学习的考核。
	第三，完善高校思想政治教育队伍考核方法。	（1）素质考核与业绩考核相结合。 （2）"软件"与"硬件"相结合。 （3）年终考核与平时考核相结合。 （4）学校考核和学生评议相结合，实现对高校思想政治教育队伍全面真实的考核。

工作程序	具体步骤
建立健全激励机制	第一，坚持物质激励与精神激励并重。要把物质激励和精神激励有机结合起来，才会产生实际的、持久的、强有力的激励作用。通过物质和精神双重激励，使高校思想政治教育工作者工作有条件，干事有平台，发展有空间，以保证队伍的专业化发展。 第二，营造竞争氛围。环境对人有重要的影响作用。良好的竞争氛围对思想政治教育工作者具有重要的激励作用。所以，一是要培育和强化高校思想政治教育工作者的竞争观念；二是创造多种竞争激励形式。
	第三，综合运用多种激励方法。针对个体差异等特点，有的放矢地实施激励，把握好激励的频率和激励的方法，就能使高校思想政治教育工作者始终保持工作的积极性，不断提高工作效率。激励方法：（1）目标激励；（2）政策激励；（3）考评激励。

第三节　思想政治教育的艺术探索

一、思想政治教育艺术的含义

在思想政治教育过程中，科学方法的运用固然重要，思想政治教育艺术的运用也是不可或缺的。

思想政治教育是客观存在的社会活动，具有科学的理论基础、特定的工作对象和科学的教育方法，其工作过程具有逻辑性，因而是一项科学性活动。思想政治教育环境的复杂性、教育对象的层次性、教育任务的艰巨性和教育过程的长期性，要求思想政治教育者要审时度势、娴熟地运用各种方法和技巧开展教育活动，这就决定了思想政治教育具有很强的艺术性。其具体内涵如表7-11所阐释。

表7-11　思想政治教育艺术的内涵

内涵属性	具体阐释
思想政治教育需要对教育方法和技巧进行灵活运用	由于受教育者精神世界发展需要的丰富性，思想问题的复杂性、特殊性，简单地、机械地使用一种方法进行教育往往难以奏效，需要将不同的方法结合起来并灵活运用，有的放矢，方能产生良好的效果。灵活地运用思想政治教育方法和技巧，就是一种创造，就是一种艺术。
思想政治教育需要细致地分析、巧妙地应对各种情况和问题	思想政治教育是培育人的思想道德素质的活动，是教育者与受教育者双向互动的过程。在这一过程中，教育者和受教育者双方的举动以及各种环境因素都可能对教育过程及其效果产生影响。因此需要思想政治教育者仔细分析受教育者的处境和双方互动的情景，巧妙地设计教育活动方案，精心安排每一次活动，机智地应对各种情况和问题。
思想政治教育需要随着形势的变化不断创新	随着我国社会的巨大变化，思想政治教育环境和教育对象都发生了多方面的变化，出现了一些新的情况和新的问题。思想政治教育在面对新的变化和新的问题时，原有的理念、方式和方法可能不完全奏效而面临着挑战。在已有的思想政治教育模式和经验的基础上进行创新以应对新的挑战和问题就是十分必要的。这种创新也在一定程度上体现了思想政治教育的艺术性。

二、思想政治教育的主要艺术

思想政治教育艺术贯穿于思想政治教育过程始终。思想政治教育者履行职责的过程，在某种意义上讲，就是科学因素和艺术因素彼此交织、相互结合的过程。思想政治教育的各个方面、各个环节都存在如何运用思想政治教育艺术的课题，可从不同角度对此进行阐述。限于篇幅，本书仅对以下一些常用的思想政治教育艺术作简略探讨。

（一）运用语言的艺术

教育者对教育对象的任何一个方面的工作，都离不开语言的运用。教育者语言运用的状况，对教育者及受教育者之间的互动及其思想政治教育成效有重要影响。在思想政治教育中，教育者一定要讲究语言运用的艺术，以便取得最佳教育效果，其要点如表7-12所论述。

表7-12　思想政治教育中语言艺术的运用

语言艺术运用的要点	具体阐释
语言应准确通俗	准确通俗是语言艺术运用的首要准则。思想政治教育者在对教育对象进行教育时，一定要使用意义明确的词语，不可模棱两可、含糊不清；措辞要掌握分寸，恰到好处，不说过头话；要深入浅出，通俗易懂，反对故弄玄虚；要说实话，坚决反对打官腔、说空话。
语言要形象生动	思想政治教育者应善于运用生动活泼、声色并茂的语言表述思想政治教育的内容。教育者要有幽默感，善用比喻等各种修辞手法，灵活运用典故、谚语、寓言、警句、名人逸事等，以增强语言的生动性和形象性，进而增强思想政治教育的吸引力。
语言风格要力求多样化	思想政治教育者要在不同场合讲话，要和不同的对象谈话；不同的场合有不同的情况，不同的对象有不同的特点。因而教育者在不同的场合、对不同的对象要运用不同风格的语言，以增强讲话的针对性和亲切感。
注意语气语调的运用	同样的内容，用不同的语气语调表达，其效果可能大不一样。因此，思想政治教育者一定要根据不同的情况，针对不同教育对象把握语气的缓急、语调的高低；或平和或高亢，或娓娓道来或抑扬顿挫，都应与具体情境相协调，恰到好处，以增强语言的愉悦性和感染力。

（二）把握适度的艺术

　　思想政治教育中对"度"的把握十分重要，是灵活性非常强的一门艺术。"教育的伟大艺术与普通教育技巧的不同之处，正在于善于准确地把握分寸。可以说，任何真正的艺术，其'微妙之处'就在于此。"[1]如果思想政治教育者在实施教育的过程中能够精准地把握好合适的度，则会在思想政治教育的过程中收获到事半功倍的效果。

　　所谓的"适度"，是指思想政治教育者要对受教育者施加恰当的影响，同时，还要能够正确估量思想政治教育对受教育者的作用，"过"或是"不及"，都会导致思想政治教育的效果产生偏差。因此，思想政治教育者应强化适度意识，在思想政治教育实践中努力把握适度艺术，以便使思想政治教育取得理想成效，其必要性以及具体方法如表7-13所论述。

---

〔1〕[苏联]A.马尔库沙：《家庭教育的艺术》，王秉钦译，天津人民出版社，1982年版．第15页。

表7-13　思想政治教育的适度艺术

思想政治教育的适度艺术	具体内容
必要性	在受教育者精神品质形成发展的过程中，除了思想政治教育的影响外，还有人的社会实践活动以及各种社会环境因素等对其产生影响；且思想政治教育的影响也是与这些因素联系在一起发生的，而不是单独产生的。由于人的思想品德和思想政治教育的许多方面难以量化，因而在思想政治教育中，适度不能完全用量来衡量，但它却是一个可以为我们所把握的客观存在。
具体方法	思想政治教育的各个方面、各个环节都存在适度的问题。例如，对受教育者的要求高低应适度，教育要求必须既能激励教育对象奋发向上，又切实可行，通过一定的努力可以达到；思想政治教育内容的深浅、分量要适度，注意循序渐进，由浅入深；思想政治教育活动的量要适度，活动应分阶段、有节奏地展开，切不可"狂轰滥炸"；思想政治教育者对教育对象的管理宽严要适度，要做到宽而不纵、严而不苛。此外，思想政治教育者对受教育者态度的刚柔、对问题处理的冷热等，都要适度，不可偏执一端。凡此种种，都说明在思想政治教育中客观地存在着适度的问题。

（三）选择时机的艺术

在思想政治教育过程中，时机的选择非常重要，时机选择得好，则可事半功倍，而错过了时机，则往往事倍功半。选择时机是指思想政治教育者善于选择对特定教育对象进行特定内容教育的最佳时间，具体地说，就是对教育对象的思想政治教育要及时和适时（表7-14）。

表7-14　思想政治教育的时机艺术

思想政治教育的时机艺术	具体内容
采用实际艺术的必要性	思想政治教育是有目的、有计划、有组织的活动，它对受教育者的影响是建立在人的思想品德形成和发展的规律以及思想政治教育规律基础之上的，带有必然性。思想政治教育者要做有心人，善于捕捉各种思想信息和教育时机，及时作出准确的判断和决策，适时地开展思想政治教育，以提高思想政治教育的效果。

思想政治教育的时机艺术		具体内容
采用时机艺术的方法	及时性	当受教育者萌发精神世界发展需要时，思想政治教育者就应及时地给予教育和引导，创造条件尽可能满足其需要；当受教育者遇到重大变故或思想发生重大变化时，教育者应迅速抓住端倪，立即介入，对其进行深入细致的工作，帮助其生活恢复正常，思想健康发展；当社会环境发生巨大变化之初，教育者应敏锐地感知这种变化，尽快调整思想政治教育目标、内容、方法，以应对环境的变化，引导受教育者适应这种变化；当某个问题或某些倾向刚露出苗头时，教育者应敏锐地抓住这种苗头，及早进行教育，防微杜渐，把问题解决在萌芽状态，防止问题恶性发展。
	适时性	要善于根据社会生活的需要，适时进行相应内容的教育，以提高受教育者的思想认识；从主观上讲，要善于捕捉受教育者提升自己精神品质和解决问题的愿望，适时给以帮助，以满足他们发展的需要，解除他们的烦恼、困惑，使其轻装上阵，不断进步。必须在大学生适应性问题刚刚出现且有强烈的解决愿望时及时介入，通过请老教授作报告、高年级学生谈体会以及个别做工作等方法，帮助大学新生解决适应性问题，以使他们较好地融入大学生活。

　　受教育者精神世界发展的丰富性及其思想的多变性，社会环境的复杂性，使得思想政治教育中确实存在许多"时机"，带有一定的偶然性，思想政治教育者应该敏锐地捕捉它们，以有效地开展教育工作，提高思想政治教育的效果。

（四）选择突破口的艺术

　　选择突破口是与选择时机既有联系又有区别的一种思想政治教育艺术。选好突破口对教育对象进行教育引导，是思想政治教育的重要节点，必须给予充分重视，并抓好这一工作。思想政治教育选择突破口艺术的必要性以及具体方法如表7-15所示。

表7-15　思想政治教育选择突破口的艺术

思想政治教育选择突破口的艺术		具体内容
选择突破口的必要性		选择时机重在教育最佳时点的选择，而选择突破口则重在把握教育对象思想上的特点、矛盾以及认识上的焦点，从而找到思想政治教育的入手之处。突破口选择得好不好，对思想政治教育的运行及其效果有重要影响。突破口选择恰当，不仅能直接解决与突破口有关的问题，取得较好的教育效果；而且能带动思想政治教育向纵深顺利展开，使教育效果扩展和倍增。
选择突破口的方法	突破口的切入点	从群体教育看，大多数人共同关心的热点、认识上普遍存在的疑惑之点、情感上的敏感点以及容易发生共振的共鸣点等，都是思想政治教育的突破口。 从个体教育看，应把受教育者身上的长处、优点即所谓闪光点作为主要的突破口，这样做能更好地增强教育对象的自信心、上进心，使其充分发挥主体能动性，自觉克服缺点和不足，不断提高自己的思想品德水平。 此外，教育对象所遭遇的一些重大变故、严重挫折，也可成为对其进行教育的突破口；教育者此时强力介入，对其进行有针对性的教育引导，有助于促使教育对象实现积极的重大转变。
	选择突破口的技巧	在思想政治教育实际工作中，每一次突破口究竟该怎样选择，思想政治教育者要综合了解各方面情况，在总体把握教育对象实际的基础上经过比较确定较佳的突破口；还要权衡从此入手的影响，考虑到突破以后教育工作展开的可能性。只有这样，才能使突破口成为思想政治教育的亮点，成为思想政治教育持续发展的关键点。

（五）综合运用各种教育方式的艺术

思想政治教育的方式多种多样，每一种方式都不能"包打天下""包治百病"，而各有各的适用条件和适用范围，各有各的优势和局限。离开特定条件，超出适用范围，某种方式就难以正常发挥作用。这就要求思想政治教育者在教育实践活动中综合运用各种教育方式，使其优势互补、相互促进，以形成"1+1>2"的综合效应。多种教育方式的有机协调，综合运用，显然会形成较强的教育合力，有助于思想政治教育取得更好的效果。

三、立足教育实践中的创新

思想政治教育创新发展必须立足于思想政治教育实践，针对思想政治教育的实际工作，按照社会发展以及提高全民族整体素质的要求，为思想政治教育系统注入全新的要素，系统地创新与完善思想政治教育方式、内容、方法渠道和载体，有效地推进思想政治教育发展，其着眼点如表7-16所论述。

表7-16　思想政治教育创新发展

创新发展的着眼点	具体阐释
注重榜样教育	新中国成立以来，在社会主义现代化建设中涌现出来的先进集体、先进人物，是实践社会主义核心价值观的榜样。一个个鲜活的人物，作为可亲、可敬、可信、可学的楷模，使群众学有榜样、赶有目标、见贤思齐，从他们的优秀品质中受到鼓舞、汲取力量，提升着全民族的素质。党的十八大报告也提出，"推动学雷锋活动，学习宣传道德模范常态化"。
利用新兴媒介	随着社会信息技术的发展以及新媒体的涌现，我国社会的信息环境正逐渐发生深刻的变化。新媒体的出现为思想政治教育提供了全新的信息环境，改变着社会大众的思想观念，也改变了思想政治教育实践模式。以微信、微博为代表的自媒体不仅改变了思想政治教育的外部环境，而且是思想政治教育可供利用的便捷的传播载体。在实践中，思想政治教育需要借助新型媒介，在虚拟的网络环境与新媒体环境中占领主阵地，把握思想政治教育主导权。同时，应当加强思想政治工作队伍熟练运用新媒体的能力，提升思想政治工作者的媒介素养。
推进思想政治教育制度化	制度化意味着思想政治教育系统的有效运转机制要形成制度，长期稳定下来。思想政治教育制度化首先需要健全制度，即要建立各种形式的思想政治教育制度。这里面既涉及具有行政甚至法律效力的制度，又涉及人们在工作、学习和生活中的规则、规范。思想政治教育制度化需要提升思想政治教育制度化整体的水平，提升思想政治教育制度体系的系统合力。在实践中，应当完善思想政治教育各方面的制度与规范，实现思想政治教育制度之间的衔接与配套。思想政治教育还需要建立学术交流与成果转化制度，实现思想政治教育理论与实践创新，保证服务社会职能的运用。

续表

创新发展 的着眼点	具体阐释
培育思想 政治工作 专家系统	思想政治教育事业需要自己的专家队伍。这支专家队伍应该拥有比其他专业人员更加深厚的马克思主义理论功底，具有丰富的知识结构，具有敏锐的政治鉴别能力和判断能力，具有较高的预测能力，能够在思想政治教育专业化的过程中发挥骨干作用。思想政治教育专家是思想政治教育领域内的带头人，也是思想政治教育队伍中的骨干，他们有能力、有责任对思想政治教育理论与实践中的现象、问题作出解释和回应，澄清思想政治教育领域的种种困惑，进而提升思想政治教育者的素质。

参 考 文 献

[1]思想政治教育学原理[C].北京：高等教育出版社，2016.

[2]思想政治教育原理案例分析[C].北京：中国人民大学出版社，2012.

[3]陈爱国.大学生思想政治工作概论[M].长春：吉林大学出版社，2005.

[4]罗洪铁.思想政治教育学原理[M].重庆：西南师范大学出版社，2009.

[5]范跃进.大学生思想政治教育模式建构与实践[M].北京：中国文史出版社，2014.

[6]张禧，毛平，尹媛媛.大学生思想政治教育实效性探索[M].成都：西南交通大学出版社，2014.

[7]黄蓉生.改革开放以来大学生思想政治教育论纲[M].北京：人民出版社，2014.

[8]谢守成，王长华.国际化视野下大学生思想政治教育创新发展研究[M].北京：人民出版社，2014.

[9]刘基.高校思想政治教育论[M].北京：中国社会科学出版社，2006.

[10]李丽娜，李久林.大学生思想政治教育整合与创新研究[M].北京：首都经济贸易大学出版社，2013.

[11]杜坤林.冲突与重建——当代大学生道德价值观研究[M].上海：上海交通大学出版社，2013.

[12]刘雪峰.高校思想政治教育与校园文化建设创新研究[M].哈尔滨：黑龙江大学出版社，2014.

[13]马勤学.思想政治教育新论[M].北京：中国文史出版社，2013.

[14]王蕊.当代大学生思想政治教育研究[M].北京：中国农业科学技术出版社，2012.

[15]褚海萍.大学生思想政治教育专论[M].成都：西南交通大学出版社，2012.

[16]洪明.高校思想政治理论课互动教学探索[M].武汉：湖北人民出版社，2012.

[17]熊建生.思想政治教育内容结构论[M].北京：中国社会科学出版

社，2012.

[18]伍德勤. 大学生社团活动的理论与实践[M]. 合HE：合肥工业大学出版社，2011.

[19]徐建军. 少数民族大学生思想政治教育理论与方法[M]. 北京：人民出版社，2011.

[20]杨建义. 大学生思想政治教育路径研究[M]. 北京：社会科学文献出版社，2009.

[21]薛芳锦. 文化变迁与当代思想政治教育机制的创新研究[M]. 北京：中国商务出版社，2011.

[22]陈福生，方益权，牟德刚. 大学生思想政治教育新论[M]. 杭州：浙江大学出版社，2008.

[23]张红霞. 高校思想政治教育实效性研究——以文化多样化视角[M]. 北京：光明日报出版社，2011.

[24]祖嘉合. 思想政治教育方法教程[M]. 北京：北京大学出版社，2003.

[25]教育部思想政治教育工作司. 大学生网络思想政治教育[M]. 北京：高等教育出版社，2011.

[26]张秀荣，韦磊. 高校思想政治教育研究热点问题[M]. 北京：北京师范大学出版集团，2010.

[27]林樟杰. 高等学校思想政治工作新认知[M]. 上海：上海教育出版社，2009.

[28]陈国荣. 梳理与构建：大学生思想政治教育理论研究[M]. 北京：中国社会科学出版社，2012.

[29]钟晓龙. 大学班级自我管理的实践[M]. 北京：社会科学文献出版社，2008.

[30]姚海涛. 高职院校校园文化建设理论与实务[M]. 北京：科学出版社，2010.

[31]杜玉银. 高校党建理论研究与实践探究[M]. 昆明：云南大学出版社，2008.

[32]高校思想政治教育[C]. 北京：中国水利水电出版社，2015.

[33]思想政治教育学原理[C]. 北京：高等教育出版社，2015.

[34]思想政治教育学原理与方法[C]. 北京：高等教育出版社，2016.